성장하는 그리스도인을 위한 13주 양육 교재
영적 성장의 길

영적 성장의 길(인도자용)

1쇄 발행 2017년 12월 1일
2쇄 발행 2022년 1월 20일

지은이 양승언
펴낸이 고종율

펴낸곳 주) 도서출판 디모데 〈파이디온선교회 출판 사역 기관〉
등록   2005년 6월 16일 제 319 – 2005 – 24호
주소   서울특별시 서초구 서초대로 141-25(방배동, 세일빌딩 8층)
전화   마케팅실 070) 4018-4141
팩스   마케팅실 031) 902-7795
홈페이지 www.timothybook.com

값 15,000원
ISBN 978-89-388-1624-5 04230
ISBN 978-89-388-1623-8 04230 (SET)
ⓒ 주) 도서출판 디모데 2017 〈Printed in Korea〉

성장하는 그리스도인을 위한 13주 양육 교재

영적 성장의 길

Journey to Spiritual Maturity

머리말

'영적 성장의 길'은 예수님을 따르는 모든 성도가 걸어가야 할 길입니다. 우리는 모두 이 길을 걸어가는 순례자입니다. 때로는 포기하고 싶은 마음이 굴뚝같고 어두운 터널을 지나가는 것같이 힘든 시간도 있지만, 하나님이 우리의 인생길에 허락하신 좋은 친구들과 영적 지도자들의 도움으로 오늘도 우리는 이 길을 계속 걸어갈 수 있습니다.

또한 우리는 하나님이 허락하신 아름다운 공동체의 일원입니다. 각 사람의 영적 수준과 형편에 따라 마련된 양육과 훈련 프로그램의 적절한 도움으로 우리는 예수님께 더 가까이 가며, 점점 더 그분을 닮아갈 수 있습니다.

이 교재는 이런 영적 순례의 길에 들어선 분들에게 도움을 드리기 위해 마련된 것입니다. 아직 신앙의 초보에 있거나 영적 가장자리에 머물고 있는 분들에게 영적 성장과 성숙을 경험할 수 있도록 준비했습니다.

이 교재는 사도신경의 틀을 따라 구성되었습니다. 사도신경은 초대교회부터 세례를 받을 때 믿음을 고백하던 형식이 발전한 것으로, 기독교 기본 진리의 핵심이 무엇인지 알게 해주고, 신앙의 틀을 잡아주는 귀한 고백입니다. 이 고백을 일상의 삶 가운데 선포하고, 적용하며, 실천할 수 있도록 구성한 것입니다.

또 아직 신앙의 초보 단계에 있는 분들도 이해하기 쉽게 썼습니다. 이 교재로 진행하는 훈련 과정에 참여하다 보면, 자연스럽게 삶에 변화가 일어나는 것을 보고 영적 성숙을 경험하게 될 것입니다. 기본적으로 소그룹에서 귀납법적 성경 연구 방식으로 토론할 수 있도록 구성했지만, 인도자가 강의하는 형태로 활용해도 좋습니다.

아무쪼록 영적 성장의 길로 나아가는 13주의 여정에서 주님을 더욱 가깝게 만나고 더욱 성숙한 신앙의 자리로 나아가는 은혜가 있기를 바랍니다.

제자훈련연구소
대표 김 명 호

"오직 우리 주 곧 구주 예수 그리스도의 은혜와
그를 아는 지식에서 자라가라
영광이 이제와 영원한 날까지 그에게 있을지어다."

베드로후서 3:18

목차

머리말   4
영적 성장의 길 개관   8

Part 1
영적 성장의 터다지기

1과	하나님의 말씀인 성경	15
2과	성경 연구와 묵상	41
3과	영혼의 호흡, 기도	69

Part 2
믿음의 내용

4과	하나님은 누구신가?	99
5과	예수님은 누구신가?	125
6과	예수님의 사역은 무엇인가?	151
7과	성령님은 누구신가?	173
8과	구원이란 무엇인가?	195

Part 3
성숙한 삶

9과	하나님 사랑	225
10과	이웃 사랑	247
11과	인생의 목적	269
12과	영적 전투와 고난	289
13과	교회란 무엇인가?	309

영적 성장의 길 **개관**

1-3 영적 성장의 터다지기

1과 _ 하나님의 말씀인 성경

믿음의 기초는 하나님의 말씀인 성경으로 세울 수 있습니다. 이 과에서는 하나님이 성경을 주신 목적이 무엇이며, 성경을 기록한 사람은 누구인지 그리고 성경에 대한 우리의 자세와 태도는 어떠해야 하는지를 배웁니다. 그뿐만 아니라 성경 전체의 구성을 한눈에 볼 수 있는 개관이 첨부되어 있어 성경 전반에 대한 밑그림을 그릴 수 있습니다. 하나님의 말씀인 성경을 나의 삶과 신앙의 뿌리로 고백하게 될 것입니다.

2과 _ 성경 연구와 묵상

하나님의 말씀은 성도의 영적인 성장과 성숙의 뿌리가 됩니다. 문제는 많은 그리스도인이 하나님의 말씀인 성경을 가까이해야 하는 이유와 방법을 잘 모른다는 점입니다. 이 과에서는 우리가 성경을 배우고 연구해야 하는 이유와 성경이 주는 유익을 배웁니다. 또한 스스로 성경을 배우고 익히는 방법인 귀납적 묵상 방법으로 날마다 성경을 묵상하고 성경대로 사는 법을 배웁니다. 말씀을 통해 하나님의 인도하심을 받기로 결단하게 될 것입니다.

3과 _ 영혼의 호흡, 기도

기도는 말씀과 더불어 하나님의 은혜를 받는 통로로, 영적 성장과 성숙의 기초가 됩니다. 그리스도인의 가장 큰 특권이자 축복 중 하나가 바로 기도입니다. 이 과에서는 주기도문을 중심으로 바른 기도가 무엇인지를 배우고, 기도의 내용과 방법과 자세에 대한 실제적인 안내를 받게 될 것입니다. 가장 많이 하면서도 정작 잘 알지 못하는 기도에 대해 다시 한 번 정리하고, 하나님이 원하시는 바른 기도를 배우며 드리게 될 것입니다.

4-8 믿음의 내용

4과 _ 하나님은 누구신가?

그리스도인의 신앙의 근간인 사도신경을 중심으로 우리가 무엇을 믿는지에 대해 5주간 배우고, 이를 통해 믿음의 토대와 교리의 뼈대를 세울 것입니다. 이 과에서는 "전능하사 천지를 만드신 하나님 아버지를 내가 믿사오며"를 중심으로 하나님에 대해 자세히 배웁니다. 하나님이 어떤 분이신지(이름과 속성), 하나님이 하신 일(사역)이 무엇인지 배웁니다. 아버지 되신 하나님이 얼마나 우리를 사랑하시는지를 깊이 깨닫게 될 것입니다.

5과 _ 예수님은 누구신가?

이 과에서는 사도신경의 "그 외아들 우리 주 예수 그리스도를 믿사오니 이는 성령으로 잉태하사 동정녀 마리아에게서 나시고" 부분을 중심으로 예수님에 대해 배웁니다. 예수님의 성육신과 신성과 인성에 대해, 예수님의 이름에 담긴 의미와 예수님의 직무가 무엇인지 다룹니다. 이를 통해 우리를 구원으로 인도하는 유일한 길인 예수님이 어떤 분이신지 분명히 깨닫고, 예수님을 자기 인생의 주인으로 고백하게 될 것입니다.

6과 _ 예수님의 사역은 무엇인가?

이 과에서는 사도신경의 "본디오 빌라도에게 고난을 받으사 십자가에 못 박혀 죽으시고 장사한 지 사흘 만에 죽은 자 가운데서 다시 살아나시며 하늘에 오르사 전능하신 하나님 우편에 앉아 계시다가 저리로서 산 자와 죽은 자를 심판하러 오시리라" 부분을 중심으로 예수님의 사역에 대해 배웁니다. 예수님의 십자가, 부활의 역사성과 그 의미를 배우고, 예수님의 승천과 재림, 심판 또한 다룰 것입니다. 기독교 신앙의 핵심인 십자가와 부활을 통해 다시 한 번 구원의 감격을 나의 것으로 만들게 될 것입니다.

7과 _ 성령님은 누구신가?

이 과에서는 사도신경의 "성령을 믿사오며 거룩한 공회와 성도가 서로 교통하는 것과" 부분을 중심으로 성령님은 어떤 분이시며, 하시는 일은 무엇인지 그리고 성령님을 모신 자로서 어떻게 살아야 하는지를 배웁니다. 이를 통해 성령님을 모신 자에게 있는 특권을 깨닫고, 우리에게 성령님을 주신 놀라운 은혜를 맛보게 될 것입니다.

8과 _ 구원이란 무엇인가?

이 과에서는 사도신경의 "죄를 사하여 주는 것과 몸이 다시 사는 것과 영원히 사는 것을 믿사옵니다" 부분을 중심으로 구원에 대해 다룹니다. 흔들리는 성도에게는 구원의 확신을 갖게 하고, 이미 구원의 확신이 있는 성도는 우리에게 주어진 구원이 얼마나 값진 것인지를 다시 배우게 될 것입니다. 하나님의 놀라우신 구원 계획과 오직 믿음으로 얻는 구원의 은혜를 누리게 될 것입니다.

9-13 성숙한 삶

9과 _ 하나님 사랑

성숙한 그리스도인은 무엇보다 하나님을 사랑하는자입니다. 이 과에서는 대계명을 중심으로 그리스도인이 하나님을 어떻게 사랑해야 하는지를 다룹니다. 하나님을 사랑하는 자는 순종할 수밖에 없고, 다른 성도를 섬김으로 그분에 대한 자신의 사랑을 표현합니다. 순종과 섬김의 모범이 되신 예수님의 모습을 보며 어떻게 하나님을 사랑하는 삶을 살지를 배울 것입니다.

10과 _ 이웃 사랑

성숙한 그리스도인은 이웃 사랑을 실천하는 자입니다. 이 과에서는 대계명과 선한 사마리아인의 말씀을 중심으로 그리스도인이 세상 속에서 어떻게 빛과 소금의 역할을 감당할지를 다룹니다. 특히 선한 사마리아인의 비유를 중심으로 성경에서 말하는 이웃은 누구인지, 이웃을 어떻게 사랑해야 하는지 등을 배웁니다. 최고의 이웃 사랑은 무엇보다 그리스도를 증거하는 것임을 깨닫고 직접 전도를 실천하게 될 것입니다.

11과 _ 인생의 목적

예수님을 믿은 후 반드시 변화가 나타나야 할 영역이 있다면 그것은 삶의 목적입니다. '나는 무엇을 위해 살 것인가?'에 대한 명확한 해답이 있어야 합니다. 이 과에서는 주권자 되신 하나님과 청지기의 삶의 모습에 대해 배우고, 인생의 진정한 목적이 그리스도를 닮아가는 것임을 깨달으며, 삶의 의미와 방향을 새롭게 정립하게 될 것입니다.

12과 _ 영적 전투와 고난

성숙한 그리스도인은 우리가 살고 있는 세상이 보이지 않는 영적 전투의 현장임을 깨닫고, 이 전투에서 승리하기 위해 철저히 준비하며 살아갑니다. 이 과에서는 영적 전투의 실제와 더불어, 성도의 삶 속에서 부득이하게 경험하게 되는 고난의 문제를 배우게 됩니다. 하나님이 영적 전투와 고난을 허락하신 이유와 영적 전투와 고난을 이겨내는 방법을 알고, 이를 통해 세상 속에서 승리하는 그리스도인으로 서게 될 것입니다.

13과 _ 교회란 무엇인가?

하나님이 성도에게 주신 가장 소중한 선물 중 하나는 공동체입니다. 공동체를 통해서 삼위일체 하나님이 누리셨던 기쁨을 우리도 누릴 수 있게 하신 것입니다. 이 과에서는 하나님이 교회 공동체를 세우신 목적과 이유 그리고 어떻게 공동체 안에서 섬김의 삶을 살 수 있을지를 배우게 됩니다. 이를 통해 교회 공동체 안에 심겨두신 하나님의 비전을 발견하고, 하나님 나라에 대한 꿈에 동참하게 될 것입니다.

PART 1

영적 성장의 터다지기

1과
하나님의 말씀인 성경

암송 구절 디모데후서 3장 16-17절

"모든 성경은 하나님의 감동으로 된 것으로 교훈과 책망과 바르게 함과 의로 교육하기에 유익하니 이는 하나님의 사람으로 온전하게 하며 모든 선한 일을 행할 능력을 갖추게 하려 함이라."

암송 구절은 반드시 암송해야 하는 것은 아니지만, 각 과의 핵심 구절이므로 숙지하는 것이 좋습니다. 함께 읽는 정도에서 시작해도 됩니다.

다루게 되는 내용

- 성경을 주신 목적을 이해한다(1-4번).
- 성경의 저자가 하나님이심과 성경을 읽기 위해서는 성령의 도우심이 필요함을 이해한다(5-7번).
- 성경을 어떠한 태도로 대해야 하는지, 삶에 어떻게 적용할지를 배운다(8-9번).

마음의 문을 열며

기독교 신앙은 말씀하시는 하나님으로부터 시작됩니다. 말씀하시는 하나님에 대한 인간의 반응이 바로 믿음입니다. 따라서 하나님의 말씀인 성경을 바로 이해하는 것은 신앙의 기초를 놓는 데 매우 중요합니다. 성경은 하나님의 말씀으로, 저자 40여 명이 주전 1400년부터 주후 90년까지, 히브리어, 헬라어, 아람어 세 가지 언어로 기록했습니다. 성경은 우리의 영혼을 살리고 키우며 고치는 영혼의 양식이며, 우리를 향한 하나님의 풍성한 계획이 담긴 생명의 보화입니다. 그러므로 우리의 영적 생활에 가장 중요한 부분인 성경을 등한시하는 것만큼 어리석은 일은 없습니다. 이 시간 하나님이 왜 우리에게 성경을 주셨는지, 성경을 어떠한 마음과 태도로 봐야 하는지 배웁시다.

🔊 왜 성경에 대해 배워야 합니까?

> 하나님은 그분의 존재를 말씀을 통해 드러내신다. 따라서 우리는 말씀을 통해서만 하나님을 알 수 있고, 말씀을 통해 나타난 하나님께 어떻게 반응하는지가 바로 믿음이다. 그래서 믿음의 기초인 말씀을 배우는 것이 중요하다.
> 또한 말씀은 영혼의 양식이자 생명의 보화다. 즉 하나님은 믿는 우리가 이 땅을 살아가는 데 필요한 양식과 보화를 말씀에 담아놓으셨다. 말씀을 통해 영혼의 생명과 같은 양식을 얻고, 우리 삶을 향한 하나님의 풍성하고 놀라운 계획을 발견하고 누릴 수 있다.

🔊 당신은 어떻습니까? 성경을 충분히 배우고 익히고 있습니까?

이 질문에 쉽게 '예'라고 답할 사람은 없을 것이다. 대부분 어느 정도 노력은 하지만 만족스럽지는 못하다고 답할 것이다. 안타깝게도 말씀을 등한시하는 성도가 많은 것이 우리의 현실이다. 신앙생활은 하지만, 믿음이 흔들리거나 믿음이 자라지 못하는 이유가 바로 말씀을 가까이하지 않기 때문이다. 이 시간 다시 한 번 말씀에 대해 배워보자. 하나님의 말씀인 성경을 왜 우리에게 주셨는지, 어떤 마음과 태도로 말씀을 봐야 하는지 같이 배워보자.

> 성경은 하나님에 대한 지식의 원천으로, 완전히 신뢰할 수 있는 유일한 책이다. 인간은 이성, 철학 혹은 경험으로 하나님을 알 수 없다. 오직 하나님만이 그분 자신에 관한 지식의 원천이시며 다른 어떤 책도 아닌 성경에만 자신을 계시하셨다. **존 맥아더**(John MacArthur)

말씀의 씨를 뿌리며

성경을 주신 목적

1 성경을 기록한 목적은 무엇입니까?

> **요한복음 20:31** 오직 이것을 기록함은 너희로 예수께서 하나님의 아들 그리스도이심을 믿게 하려 함이요 또 너희로 믿고 그 이름을 힘입어 생명을 얻게 하려 함이니라.

🔊 본문에서 "이것"은 무엇인가?

　　좁게는 요한복음을, 넓게는 성경 전체를 가리킨다.

🔊 "이것"을 기록한 목적은 무엇인가?

　　예수님을 믿게 하여 생명을 얻게 하기 위해서다.

🔊 여기서 말하는 생명이란 무엇인가?

　　영원한 생명을 말한다. 즉 성경을 통해 예수님에 대해 배울 수 있고, 예수님을 믿음으로 사망과 죄에서 구원을 받아 영원한 생명을 얻을 수 있다. 구원과 영원한 생명은 예수님을 믿음으로만 얻을 수 있다.

🔊 본문을 정리해보라.

　　성경을 주신 목적은 우리에게 영원한 생명을 주기 위해서다.

🔊 그렇다면 왜 성경이 없이는 영원한 생명을 얻을 수 없는지 2번 질문에서 자세히 알아보자.

---

2 우리에게 성경을 주신 가장 중요한 목적은 생명을 주시기 위해서입니다. 왜 성경이 없이는 생명을 얻을 수 없다고 생각합니까?

> **로마서 10:17** 그러므로 믿음은 들음에서 나며 들음은 그리스도의 말씀으로 말미암았느니라.

🔊 믿음은 어떻게 생기는가?

　　믿음은 하나님의 말씀을 들음으로 생긴다.

🔊 믿음이 생기기 위해서 필요한 것은 무엇인가?

말씀이 필요하고, 말씀을 듣는 것이 필요하다. 당신이 어떻게 믿음을 갖게 되었는지 생각해보라. 누군가에게서 하나님에 대한 이야기를, 더 정확히 말하자면 하나님의 말씀을 들었고, 이를 통해 믿음이 생긴 것이다. 물론 인간이라면 누구나 신의 존재에 대한 개념이 있다. 하지만 하나님에 대해 정확히 알기 위해서는 하나님의 말씀을 듣지 않으면 안 된다. 하나님은 자신이 누구신지를 말씀을 통해 알려주셨기 때문이다.

🔊 성경을 주신 첫째 이유는 우리에게 믿음을 주기 위해서다. 그런데 믿음이 생긴 이후에도 성경을 가까이해야 하는 이유가 있다. 그것은 성경을 주신 둘째 목적 때문이다. 3번 질문에서 이에 대해 살펴보자.

3 성경을 기록한 또 다른 중요한 목적이 있습니다. 그것이 무엇인지 두 가지로 나누어 정리해보십시오.

> 디모데후서 3:16-17 모든 성경은 하나님의 감동으로 된 것으로 교훈과 책망과 바르게 함과 의로 교육하기에 유익하니 이는 하나님의 사람으로 온전하게 하며 모든 선한 일을 행할 능력을 갖추게 하려 함이라.

🔊 본문에서는 성경을 주신 목적은 무엇이라고 말하는가? 두 가지로 정리해보라.

하나님의 사람으로 온전하게 하며, 모든 선한 일을 행할 능력을 갖추게 하기 위해서다.

🔊 여기서 하나님의 사람으로 온전하게 한다는 뜻은 무엇인가?

본문에서 직접적으로 의미를 발견할 수 없으므로, 각자의 평소 생각을 묻고 인도자가 정리해도 좋다. 온전해진다는 말의 의미는 인격과 성품이 예수님을 닮아가고 그리스도인다워진다는 의미다(마 5:48 참고). 하나님이 성경을 주신 이유는 성경을 통해 우리의 인격과 성품이 변해가길 원하시기 때문이다.

🔊 선한 일을 행할 능력을 갖추게 한다는 뜻은 무엇인가?

인격과 성품이 온전해질 뿐만 아니라, 하나님이 맡기신 사역을 감당할 능력이 생긴다는 뜻이다. 성경을 통해 교회와 세상 속에서 하나님이 원하시는 삶을 살 수 있는 지혜와 힘 등을 얻을 수 있다.

🔊 당신은 어떤가? 성경이 주시는 이런 목적을 실제 생활 속에서도 누리고 있는가? 4번 문제에서 점검해보자.

---

4 하나님은 우리의 인격을 온전하게 다듬으시고, 그분이 맡기신 사역을 감당할 수 있도록 성경을 주셨습니다. 우리가 예수님을 믿은 후에도 계속해서 성경을 읽어야 하는 이유가 바로 여기에 있습니다. 최근에 당신은 성경을 가까이하기 위해 어떠한 노력을 하고 있습니까? 이를 통해 얻은 영적 유익이 있다면, 나누어보십시오.

🔊 각자 성경을 가까이하기 위해 어떤 노력을 하고 있는지, 이를 통해 어떤 유익을 얻었는지 나누어보라. 성경 말씀을 통해 예수님을 믿게 된 이야기를 나누어도 좋고, 깨달음, 삶의 지혜 혹은 어렵지만 말씀에 순종하여 받은 은혜가 있다면 나누어보라.

🔊 우리 중에는 말씀이 주는 유익을 맛보지 못한 사람이 있을 수 있다. 그 이유는 무엇인가? 그것은 말씀을 가까이하지 않았기 때문이다. 말씀을 가까이하기 위한 노력 없이는 저절로 이런 은혜를 누릴 수 없다. 우리에게 믿음이 생긴 것도 누군가 우리에게 말씀을 전해주려고 끊임없이 노력했기 때문이다. 인도자는 말

씀의 유익을 경험하고자 하는 사람에게 어떻게 하면 더 말씀을 가까이할 수 있을지 나누어보라.

> 무신론자 시절 나는, 성경이 공상적인 이야기와 허무맹랑한 신화일 뿐, 신의 영감으로 됐을 리 없다고 비웃었다. 우연찮게도 그런 견해는 성경에서 말하는 도덕적 명령을 따를 필요가 없도록 나를 아주 편안하게 해주었다. 한 번도 성경을 제대로 연구해본 적 없으면서 나는 다짜고짜 성경을 거부했다. 성경의 가르침에 어긋나는 내 부도덕한 삶을 맘껏 유지하기 위해서였다. **리 스트로벨**(Lee Strobel)

성경의 저자

5 성경은 누가 기록했습니까? 성경의 실제 저자는 누구라고 생각합니까?

> **베드로후서 1:21** 예언은 언제든지 사람의 뜻으로 낸 것이 아니요 오직 성령의 감동하심을 받은 사람들이 하나님께 받아 말한 것임이라.

🔊 예언은 누가, 누구에게 받아 말한 것인가?

예언은 사람이 쓴 것이 아니라, 성령의 감동하심을 받은 사람들이 하나님께 받아 말한 것이다. 여기서 예언은 성경에 나오는 예언을 의미하지만, 넓게는 성경 전체를 말한다.

🔊 성령의 감동하심을 받아 말했다는 의미는 무엇인가?

성령의 감동하심을 받았다는 의미는 성령님이 영감을 주셔서 기록하게 하셨다는 뜻이다. 하나님은 자신의 말씀을 사람을 통해 기록하길 원하셨다. 단순히 받아 적게 하시지 않고, 성령님이 기록자에게 임하셔서 그들의 지성과 감성과 경험을 충분히 활용하여 글을 쓰게 하셨다.

🔊 결국 성경의 저자는 누구라고 할 수 있는가?

사람이 기록했지만, 성경의 저자는 하나님이시다.

> 성경은 1,500여 년 동안 바벨론부터 로마에 이르는 다양한 장소에서 쓰였다. 저자는 40명 이상으로 왕, 소작농, 시인, 목축업자, 어부, 과학자, 농장주, 제사장, 목자, 장막 만드는 사람, 관리 등 직업과 신분이 다양했다. 또 광야, 동굴, 감옥, 궁궐, 외로운 섬과 전쟁터 등에서 쓰였다. 그럼에도 성경은 수백 가지 주제에 대해 일관된 입장을 취하고 있으며, 신뢰할 만하다. 그리고 처음부터 끝까지 예수 그리스도를 통해 하나님이 인간을 구원하신다는 한 가지를 이야기하고 있다. 어떤 사람이라도 결코 이런 책을 지어내 쓸 수는 없을 것이다. 조시 맥도웰(Josh McDowell)

🔊 성경의 저자가 하나님이시기 때문에 성경 말씀에만 있는 특징이 있다. 6번 질문에서 살펴보라.

---

6 하나님은 기록자에게 영감을 불어넣으셨으며, 그들은 하나님이 자신에게 불어넣어주신 것을 그대로 기록했습니다. 기계적으로 단순히 받아 적은 것이 아니라, 자신의 가슴과 영혼과 지성과 감성과 경험에서 흘러나온 글을 적게 하셨습니다. 따라서 성경은 오랜 기간, 40여 명이 기록했지만, 원저자는 하나님이십니다. 성경은 하나님의 말씀이기에 성경에 기록된 내용은 단 하나의 예외 없이 다 성취되었고, 또한 아직 이루어지지 않은 것도 앞으로 반드시 성취될 것입니다. 당신은 이 사실을 믿습니까? 혹시 의심해본 적은 없습니까?

> **마태복음 5:18** 진실로 너희에게 이르노니 천지가 없어지기 전에는 율법의 일점 일획도 결코 없어지지 아니하고 다 이루리라.

🔊 하나님의 말씀이기 때문에 성경에만 있는 특징은 무엇인가?

하나님의 말씀이기에 변함이 없고 반드시 성취된다. 일점일획도 예외가 없다.

🔊 당신은 성경이 하나님의 말씀임을 믿는가? 또한 하나님의 말씀이기에 성경이 반드시 성취될 것을 믿는가?

우리 중에는 성경이 하나님의 말씀인지 의문이 드는 사람이 있을 수도 있다. 이런 의문은 믿음이 생기는 과정에서 자연스럽게 떠오른다. 어떤 사람은 성경이 하나님의 말씀인 것과 하나님의 말씀이기에 반드시 성취될 것임을 의심하지 않고 믿지만, 어떤 사람은 하나하나 따져보고 의심한다. 각 사람의 믿음의 정도와 상관없이 인도자는 앞으로 계속해서 성경 말씀을 배우면 이런 믿음이 더욱 강해질 것이라고 권면하라.

또한 우리 중에는 하나님의 말씀을 선별적으로 믿는 사람이 있을 수 있다. 자기 생각에 믿을 만한 것만 믿고, 그렇지 않은 것은 받아들이지 않는 것이다. 이는 하나님의 말씀이 아니라 나를 믿는 것이다. 아우구스티누스는 이렇게 말한다. "만일 복음 중에서 마음에 드는 것만 믿고 마음에 들지 않는 것은 믿지 않는다면, 당신은 복음을 믿는 것이 아니라 당신 자신을 믿는 것이다." 혹시 하나님의 말씀을 온전히 다 믿고 있는지, 아니면 당신 자신을 믿는 것은 아닌지 점검해보라.

> 하나님을 완전히 믿든지, 아니면 믿지 말라고 권하고 싶다. 하나님이 쓰신 이 책을 토씨 하나까지 다 믿든지, 아니면 전부 믿지 마라. 부분만 믿는 것은 있을 수 없다. 거룩한 계시의 깊은 바다에서 헤엄치는 믿음에서 만족을 느끼라. 물가에서 첨벙거리는 믿음은 연약한 믿음이다. 메마른 땅과 같은 믿음보다야 조금 낫겠지만, 권하고 싶지는 않다. **찰스 스펄전**(Charles Spurgeon)

🔊 성경의 저자가 하나님이시기 때문에 생기는 또 다른 특징이 있다. 그것이 무엇인지 7번 질문에서 살펴보자.

7 성경은 성령의 감동을 받은 사람들이 기록했기 때문에, 성경을 바로 이해하고 믿기 위해서는 성령의 도우심이 꼭 필요합니다. 이를 성령의 조명이라고 말합니다. 다음 말씀에서 이 사실을 확인해보십시오.

> **누가복음 24:45** 이에 그들의 마음을 열어 성경을 깨닫게 하시고.

🔊 예수님은 제자들에게 어떻게 행하셨는가?

그들의 마음을 열어 성경을 깨닫게 하셨다.

🔊 하나님의 말씀인 성경을 깨닫기 위해 필요한 것은 무엇인가?

본문은 예수님이 엠마오로 가는 두 제자를 만나서 성경 말씀에 대해 설명해주시는 장면이다. 성경에는 그들이 성경을 깨달았다고 표현되어 있지 않고, 주님이 마음을 열어 성경을 깨닫게 하셨다고 나온다. 성경의 저자는 하나님이시다. 따라서 인간의 지혜나 지식으로는 그 말씀을 깨달을 수도 없고 믿을 수도 없다. 하나님이 도와주셔서 그 마음을 열어주셔야 깨달을 수 있는 것이다. 이것을 '성령의 조명'이라고 한다. 성령님이 깨닫도록 도와주셔서 우리가 하나님 말씀을 믿고 깨닫게 되는 것이다. 처음에는 잘 믿기지 않던 말씀이 어느 날 갑자기 이해되고 믿어지는 경험을 누구나 했을 것이다.

🔊 성경을 읽을 때 어떤 자세를 취해야 하는가?

성령의 도우심을 늘 구해야 한다. 달리 표현하면 늘 기도해야 한다. 성령님이 내 마음에 들어오셔서 깨닫게 해달라고 기도한 후에 말씀 보는 습관을 들여야 한다. 왜냐하면 성령의 도우심 없이는 결코 말씀을 깨달을 수 없기 때문이다.

아직 말씀에서 잘 믿어지지 않는 부분이 있을 때 두 가지 노력이 필요하다. 첫째, 말씀을 더 많이 봐야 한다. 어떤 지식이든 일부만 봐서는 이해가 잘 안 된다. 마찬가지로 성경을 잘 깨닫지 못하고 믿을 수 없는 이유는 성경 자체를 너무 모르기 때문이다. 많이 배워야 한다. 둘째, 성령의 도우심을 지속적으로 구해야 한다. 이렇게 지속적으로 기도하다 보면 어느 순간 하나둘씩 깨닫고 믿게 하시는 은혜가 임할 것이다.

> 성령의 조명이 없이 성경을 보는 것은 달빛에 의존하는 해시계와 같다.
> 드와이트 무디(Dwight Moody)

🔊 성경을 주신 목적과 성경의 저자에 대해 배웠다. 이제 하나님의 말씀인 성경을 어떤 태도로 대해야 하는지 살펴보자.

성경을 대하는 태도

8 성도는 하나님의 말씀인 성경을 어떤 자세로 대해야 합니까?

> **여호수아 1:8** 이 율법책을 네 입에서 떠나지 말게 하며 주야로 그것을 묵상하여 그 안에 기록된 대로 다 지켜 행하라 그리하면 네 길이 평탄하게 될 것이며 네가 형통하리라.

🔊 성경을 대하는 세 가지 자세는 무엇인가?

입에서 떠나지 말게 하고, 주야로 묵상하며, 지켜 행해야 한다.

🔊 세 가지 자세가 각각 의미하는 바는 무엇인가?

입에서 떠나지 말게 하라는 것은 지속해서 읽으라는 이야기다. 주야로 묵상하라는 것은 단순히 읽는 데서 그치지 말고 그 뜻이 무엇인지 생각하고 연구하며 고민하라는 뜻이다. 지켜 행하라는 것은 성경을 읽고 이해하는 데 그치지 말고 말씀대로 살고자 노력하라는 뜻이다.

사랑하는 사람이 당신에게 편지를 보냈거나 사장님이 직접 당신에게 이메일을 보냈다고 가정해보라. 당신은 어떻게 하겠는가? 꼼꼼히 읽고 그 의미를 되새기며 그대로 행하려고 노력하지 않겠는가? 하나님이 우리에게 쓰신 편지가 성경이라면, 우리는 마땅히 그것을 읽고 간직하며 행해야 할 것이다.

우리 중에는 게으름 때문에 아예 성경을 가까이하지 않는 사람도 있다. 혹은 성경을 많이 읽고 듣기는 하는데, 그 순간뿐이고 살면서는 하나님의 말씀을 떠올리거나 되새기지 않는 사람도 있다. 또 성경을 단순히 지식으로만 받아들이는 머리만 큰 기독교인이 있을 수 있다. 읽고 묵상하며 실천하는 세 가지는 균형을 이루어야 한다. 당신은 어떤가? 이 세 가지가 균형 잡혀 있는지 점검해보라.

🔊 성경을 읽고 묵상하며 지키려고 노력할 때 하나님이 부어주시는 은혜가 있다. 그것이 무엇인지 9번 질문에서 살펴보자.

9 하나님의 말씀에 담긴 뜻을 깨닫고 순종하는 자에게 주시는 축복은 무엇입니까? 이런 축복을 실제로 경험한 적이 있다면 나누어봅시다.

> 요한복음 15:10 내가 아버지의 계명을 지켜 그의 사랑 안에 거하는 것같이 너희도 내 계명을 지키면 내 사랑 안에 거하리라.
>
> 신명기 29:9 그런즉 너희는 이 언약의 말씀을 지켜 행하라 그리하면 너희가 하는 모든 일이 형통하리라.

🔊 말씀을 듣고 순종하는 자에게 하나님이 주시는 축복은 무엇인가?

첫째, 하나님의 사랑을 받게 될 것이다(요 15:10). 이것보다 더 큰 축복이 있겠는가? 하늘에 계신 하나님의 사랑을 받게 된다고 생각해보라. 자녀는 자녀라는 사실 자체만으로도 사랑스럽다. 하지만 자녀가 자라서 아버지의 마음도 헤아리고 아버지의 뜻을 따르려고 노력하는 모습을 보면 얼마나 더 사랑스럽고 자랑스러운지 모른다. 하나님도 마찬가지시다. 하나님의 말씀을 듣고 익히며 순종하는 자가 얼마나 사랑스럽겠는가? 그리고 하나님의 사랑 안에 거하고, 그 사랑이 당신의 삶에 더욱 풍성히 넘쳐난다고 생각해보라. 얼마나 기쁘겠는가?

둘째, 모든 일이 형통할 것이다. 물론 때로는 하나님의 말씀을 지키는 것이 어렵고, 하나님의 말씀대로 살고자 노력하는데도 상황이 악화되는 것처럼 느껴질 때가 있다. 하지만 하나님의 말씀은 옳은 것일 뿐만 아니라 좋은 것임을 기억하라. 당장은 힘들고 어려워도 순종하며 하나님의 말씀을 지키려고 노력하면 반드시 하나님이 선한 것으로 우리 인생을 채우실 것이다.

🔊 당신은 어떤가? 이런 하나님의 축복을 실제로 경험한 적이 있는가?

각자 나누어보라. 그동안 참 이해가 안 되었는데 하나님의 말씀을 깨달았을 때 느꼈던, 세상이 알 수 없는 기쁨이나 하나님 사랑의 크기를 깨닫는 은혜가 있었는지, 하나님의 말씀을 깨닫고 순종하니 마음속 깊은 곳에 평강이 임했던 경험이나 하나님의 말씀에 어렵게 순종했더니 나중에 더욱 좋은 것으로 응답해주신 경험이 있으면 나누어보라. 어쩌면 당신은 오늘 이 자리도 어렵게 왔을지 모른다. 그래도 하나님께 순종하여 왔더니 마음이 편하고 무언가 뿌듯함이 느껴진다면, 그 역시 일상에서 느끼는 작은 은혜라고 할 수 있다.

만약 이런 은혜를 경험하지 못했다면, 그 이유는 무엇일까? 하나님의 말씀을 가까이하지 않았기 때문은 아닐까? 말씀을 입에서 떠나지 않게 하고 주야로 묵상하며 지켜 행하려고 노력했는가? 이런 은혜를 더욱 풍성히 맛보고 싶다면 어떻게 해야 하는가? 하나님의 말씀을 더욱 가까이해야 한다. '삶의 열매를 거두며'를 보라.

삶의 열매를 거두며

하나님이 인간에게 주신 가장 큰 선물은 바로 성경입니다. 성경이야말로 인간을 향한 하나님의 크신 사랑의 결정체이자 은혜의 요람이라고 할 수 있습니다. 안타까운 점은 많은 사람이 성경에 담긴 보화를 자신의 것으로 누리지 못한다는 사실입니다. 아무리 우물에 물이 차고 넘쳐도 두레박으로 긷지 않는다면, 결코 그 물을 마실 수 없습니다. 이번 한 주간 하나님의 말씀을 가까이하기 위해 당신에게 필요한 노력은 무엇인지 적어봅시다.

🔊 각자 이번 한 주간 하나님의 말씀을 가까이하기 위해 필요한 노력 한 가지를 나누어보라. 이때 중요한 점은 너무 거창하거나 과도한 것을 계획하지 말라는 것이다. 작더라도 실천할 수 있는 것을 계획하라.

영적 성장 PLUS⁺ | 첫째 날

성경 개관

여행을 떠날 때 가장 중요한 도구는 지도와 나침반입니다. 이 두 가지는 내가 지금 어디에 있고, 어디로 가야 하는지를 보여주기 때문입니다. 성경도 마찬가지입니다. 성경을 이해하고 배우기 위해서는 성경 전체의 큰 밑그림이 있는 것이 중요합니다. 이 시간, 성경의 전체적인 흐름을 함께 정리합시다.

구약과 신약

성경은 구약 39권과 신약 27권으로 구성되어 있습니다. 구약과 신약은 예수님의 탄생을 중심으로 구분되며, 구약이 '오실 예수님'에 대한 기록이라면 신약은 '오신 예수님, 다시 오실 예수님'에 대한 기록입니다. 신약이라는 말은 예레미야 31장 31절의 "새 언약"이라는 말에서 비롯되었으며, 구약은 신약과 대비되어 붙여진 말입니다.

구약의 구조

1. 모세오경
- 5권(창세기, 출애굽기, 레위기, 민수기, 신명기)
- 구약의 처음 다섯 권은 주전 1,400년경에 모세가 기록한 것이며, 이 책들은 보통 '모세오경'이라고 부릅니다.

2. 역사서

- 12권(여호수아, 사사기, 룻기, 사무엘상, 사무엘하, 열왕기상, 열왕기하, 역대상, 역대하, 에스라, 느헤미야, 에스더)
- 이 책들은 주전 1,400-450년경에 기록되었으며, 하나님이 택하신 이스라엘 민족의 역사와 하나님이 그들에게 행하신 일을 그리고 있습니다.

3. 시가서

- 5권(욥기, 시편, 잠언, 전도서, 아가)
- 이 책들은 시와 음악으로, 하나님이 어떤 분이신지와 어떤 일을 행하셨는지를 기록했습니다.

4. 선지서

- 17권(이사야, 예레미야, 예레미야애가, 에스겔, 다니엘, 호세아, 요엘, 아모스, 오바댜, 요나, 미가, 나훔, 하박국, 스바냐, 학개, 스가랴, 말라기)
- 하나님이 선지자들을 통해 사람들에게 전하신 메시지를 기록한 책들입니다. 분량에 따라 대선지서 5권과 소선지서 12권으로 나뉘며, 주전 840-400년 사이에 기록되었습니다.

구약의 주요 흐름

1. 창세기

- 언약을 세우시는 하나님

    1) 창세기 1-2장: 하나님 나라의 출발

2) 창세기 3-11장: 하나님 나라가 무너짐

3) 창세기 12-50장: 하나님 나라가 회복되리란 약속

2. 출애굽기 · 레위기 · 민수기 · 신명기

- **백성을 약속의 땅으로 데려오시는 하나님**

    1) 출애굽기 1-19장: 자신의 이름을 말씀하시는 하나님

    2) 출애굽기 20장-레위기: 하나님의 백성으로 사는 법

    3) 민수기: 불순종으로 방황함

    4) 신명기: 약속의 땅 앞에서 율법을 주심

3. 여호수아 · 사사기

- **약속의 땅에서 정체성을 잃어가는 이스라엘**

    1) 여호수아: 약속의 땅을 기업으로 받은 이스라엘

    2) 사사기: 자기 생각에 옳은 대로 행하는 이스라엘

4. 룻기 · 사무엘상하 · 열왕기상하 · 역대상하

- **백성을 위해 왕을 선택해주신 하나님**

    1) 룻기, 사무엘상 1-7장: 왕국을 준비하는 두 사람

    2) 사무엘상 8-31장, 사무엘하, 열왕기상 1-11장: 통일 왕국 시대

    3) 열왕기상 12-22장, 열왕기하 1-17장: 분열 왕국 시대

    4) 열왕기하 18-25장: 남유다 왕국 시대

    5) 역대상하: 다윗 왕조에 대한 재조명

5. 시가서

• 하나님을 찾는 지혜자

1) 욥기: 하나님의 주권을 인정하는 삶

2) 시편: 하나님께 예배하는 삶

3) 잠언: 하나님을 경외하는 삶

4) 전도서: 인생의 허무함을 극복하는 삶

5) 아가서: 하나님을 사랑하는 삶

6. 에스라 · 느헤미야 · 에스더

• 하나님 나라의 도래를 준비하시는 하나님

1) 에스라: 성전과 백성을 준비하심

2) 느헤미야: 성벽을 준비하심

3) 에스더: 하나님의 섭리

7. 선지서

• 백성에게 호소하시는 하나님

시기	대상	선지서
포로 전	이스라엘	호세아, 아모스
	유다	이사야, 예레미야, 예레미야애가, 요엘, 미가, 스바냐, 하박국
	앗수르	요나, 나훔
	에돔	오바댜
포로 시대	유대인	에스겔, 다니엘
포로 후	예루살렘	학개, 스가랴, 말라기

 구약 성경을 네 부분으로 구분해보십시오. 각 권의 핵심 내용을 정리한 후, 구약 성경 목록을 암송해보십시오.

영적 성장 PLUS⁺ | 둘째 날

신약의 구조

1. 역사서
- 복음서(4권), 사도행전
- 예수님의 생애와 교회의 시작과 확장을 기록한 책들입니다.

2. 서신서
- 바울 서신(교회 서신 9권, 목회 서신 4권), 일반 서신(8권)
- 그리스도인의 믿음과 삶을 편지 형식으로 기록한 책들입니다.

3. 예언서
- 요한계시록
- 세상의 마지막 때에 일어날 일들을 예언한 책입니다.

신약의 주요 흐름

1. 복음서

- **자기 백성에게 아들을 보내주신 하나님**
    1) 마태복음: 왕으로 오신 예수님
    2) 마가복음: 종으로 오신 예수님

3) 누가복음: 인자(인간)으로 오신 예수님

4) 요한복음: 하나님의 아들로 오신 예수님

2. 사도행전

- 온 백성을 모으시는 하나님

"오직 성령이 너희에게 임하시면 너희가 권능을 받고 예루살렘과 온 유대와 사마리아와 땅끝까지 이르러 내 증인이 되리라 하시니라"(행 1:8).

지리적 영역	예루살렘	온 유대, 사마리아	땅끝
사도행전	1-7장	8-12장	13-28장
중심인물	베드로	빌립	바울
교회의 발전	확립	확산	확장

3. 서신서

- 하나님의 백성을 다시 조성하시는 하나님

바울 서신	교회 서신	로마서, 고린도전후서, 갈라디아서, 에베소서, 빌립보서, 골로새서, 데살로니가전후서
	개인 서신	디모데전후서, 디도서, 빌레몬서
일반 서신		히브리서, 야고보서, 베드로전후서, 요한일이삼서, 유다서

4. 요한계시록

- 영원한 하나님 나라를 완성하시는 하나님

 신약 성경을 네 부분으로 구분해보십시오. 각 권의 핵심 내용을 정리한 후, 신약 성경 목록을 암송해보십시오.

영적 성장 PLUS⁺ | 셋째 날

신구약 중간 시대

1. 침묵 시대

성경을 연구할 때 보통 구약에 관한 부분과 신약에 관한 부분 둘로 나누어 연구합니다. 그러나 성경을 더욱 바르게 이해하기 위해서는 구약과 신약 사이에 있었던 일을 연구할 필요가 있습니다. 구약에는 한 번도 등장하지 않았던 바리새인이나 사두개인과 같은 단어가 신약이 시작되면서 갑자기 많이 등장합니다. 그러나 많은 그리스도인이 이 단어가 왜 갑자기 등장하는지 궁금해하지 않습니다. 당신은 구약에서 한 번도 등장하지 않던 단어가 왜 갑자기 신약에서 나왔는지 생각해본 적이 있습니까? 이처럼 신구약 중간 시대를 알아야만 성경을 바르게 이해할 수 있기에 신구약 중간 시대에 대해서도 연구해야 합니다.

신구약 중간 시대는 구약 성경의 마지막 부분인 말라기부터 신약 성경이 완성된 시기까지 약 400년의 기간을 말하며 흔히 '침묵 시대'라고 부르기도 합니다. 그것은 말라기 선지자 이후로 세례 요한이 등장할 때까지 약 400년간 어떤 선지자도 등장하지 않고 하나님도 침묵하셨기 때문입니다. 하지만 이 침묵의 시기에 하나님은 우리의 구원을 위해 예수 그리스도를 이 땅에 보내실 만반의 준비를 하고 계셨습니다.

2. 신구약 중간 시대 세계열강

구약에서 신약으로 넘어가는 시기인 신구약 중간 시대에 하나님이 세계 역사를 어떻게 이끌어가셨는지를 살펴보며 각 나라의 특징을 알아두는 것은 성경을 이해하는 데 큰 도움이 될 것입니다.

1) 바사(페르시아): 주전 536-332년까지 세계 전역을 지배했던 나라로 이 시기에 이스라엘 백성의 포로 귀환과 성벽 및 성전 재건이 일어났습니다. 구약 성경이 끝날 때 세상은 바사의 지배를 받고 있었습니다.
2) 헬라(그리스): 주전 332-176년까지 세계 전역을 지배했던 헬라는 알렉산더 대제가 세계를 정복하고, 그 후에 세계를 통치하기 위해 지배국들의 문화와 언어를 통일했습니다. 그 가운데 토속 문화와 헬라 문화가 혼합되어 헬레니즘 문화가 형성되었고, 헬라어가 세계 공용어가 되었습니다.
3) 유대 독립: 주전 176-63년까지는 유다 지파의 한 종족이었던 마카비가(家)가 유대의 독립을 이룬 시기입니다. 침묵 시대에 많은 영적인 활동이 일어났습니다.
4) 로마: 로마는 주전 63년에 팔레스타인을 정복하고 주후 500년까지 통치했습니다. 이 시기는 교통의 발달로 기독교를 전파하는 데는 좋았지만, 인구의 3분의 2가 노예였던 로마 제국이 백성에게 과중한 세금을 부과했기 때문에 경제적으로는 상당히 힘든 시기였습니다.

3. 신구약 중간 시대의 당파들

신구약 중간 시대에 이스라엘을 지배하는 나라는 계속 바뀌었고, 그 가운데 하나님의 백성으로서 거룩함을 지키기 위해 노력하는 자들이 생겨났습니다. 이들은 구약 시대에 일반적이었던 우상 숭배를 방지하고자 긴 율법 목록을 만들었고 그것을 행함으로 거룩함을 지키려고 노력했습니다. 이 가운데 당파 여섯 개가 생겨났습니다.

1) 바리새파: 바리새인은 보수적인 경건주의자로 평민 중심이었습니다. 이들은

구약의 율법과 유대 전통을 주장했고, 후에 형식만 남은 율법주의자가 되어 예수님께 질책을 받았습니다.

2) 사두개파: 사두개인은 다윗이 세운 '사독'의 후손이라고 자칭한 자들로 정치적, 종교적으로 자유주의자였습니다. 이들은 귀족주의, 세속주의 당파로, 부활과 영혼 불멸을 믿지 않으며 바리새인과 유대 전통도 반대했습니다.

3) 엣센파: 극단적인 경건주의자로 쿰란 지역(사해 북서부)의 동굴에서 집단 생활을 하며 종교적 타락과 세속화를 피하려 했던 자들입니다. 일반적으로 세례 요한이 이 엣센파에 속한다고 생각합니다.

4) 열심당: 신정 정치(하나님의 통치)를 주장하며 로마 정권에 대항한 자들입니다. 로마를 대상으로 폭력과 테러를 행하며 투쟁했습니다.

5) 헤롯당: 헤롯을 지지하며 헤롯가가 집권하기를 원한 자들로 정치적으로 타협주의자이자 실리주의자입니다. 이들은 예수님을 헤롯가의 정치적 반대 세력으로 보았습니다.

6) 서기관: 직업적 율법 교사로 구약의 율법과 유대 전통을 가르쳤습니다. 많은 시간을 율법에 대한 논쟁으로 허비했고, 예수님을 증오했습니다.

4. 신구약 중간 시대의 의의

신구약 중간 시대의 가장 중요한 의의는 하나님이 이 기간에 예수 그리스도를 이 땅에 보내실 준비를 하셨다는 것입니다. 그렇다면 구체적으로 어떤 준비를 하셨는지 살펴봅시다.

1) 영적 준비: 메시아 대망 사상
급변하는 세계정세와 계속되는 세계 강국의 지배 아래 이스라엘의 경제적인 어려움과 핍박은 극에 달했습니다. 이런 어려움과 핍박 속에서 자연스럽게 메시아가 오셔서 정치적, 경제적, 영적으로 이스라엘을 회복하실 것에 대한 기대가 생겨났습니다. 예수님이 이 땅에 오셨을 때 이런 메시아 대망 사상이 팽배한 상황이었습니다.

2) 성경 기록을 위한 준비: 헬라어

헬라의 통치와 헬라 문화의 영향으로 지중해 연안의 모든 나라가 헬라어를 공용어로 사용하게 되었습니다. 헬라어는 널리 보급될 수 있도록 만들어진 쉬운 언어였습니다. 그래서 이것은 신약 성경이 전파될 수 있는 기틀이 되었습니다.

3) 복음 증거를 위한 준비: 로마의 도로망

지중해 연안의 모든 나라가 로마 제국이었기에 나라 사이의 국경이 없었던 로마는, 제국을 잘 다스리기 위해 도로망을 개발했습니다. 이것은 후에 복음 증거를 위해 유용하게 사용되었습니다.

 400년간의 신구약 중간기를 '침묵 시대'라고 부르는 이유는 무엇입니까? 하지만 이 기간에 하나님은 무엇을 하셨습니까? 당신의 삶 속에서도 하나님이 침묵하시는 것 같지만, 여전히 일하고 계심을 믿습니까?

영적 성장 PLUS⁺ | 넷째 날

성경 묵상 1

시편 1:1-6

1 복 있는 사람은 악인들의 꾀를 따르지 아니하며 죄인들의 길에 서지 아니하며 오만한 자들의 자리에 앉지 아니하고 2 오직 여호와의 율법을 즐거워하여 그의 율법을 주야로 묵상하는도다 3 그는 시냇가에 심은 나무가 철을 따라 열매를 맺으며 그 잎사귀가 마르지 아니함 같으니 그가 하는 모든 일이 다 형통하리로다 4 악인들은 그렇지 아니함이여 오직 바람에 나는 겨와 같도다 5 그러므로 악인들은 심판을 견디지 못하며 죄인들이 의인들의 모임에 들지 못하리로다 6 무릇 의인들의 길은 여호와께서 인정하시나 악인들의 길은 망하리로다

느낀 점

위의 성경 본문을 여러 번 읽은 후, 느낀 점을 자유롭게 적어보십시오.

영적 성장 PLUS⁺ | 다섯째날

성경 묵상 2

잠언 16:1-9

1 마음의 경영은 사람에게 있어도 말의 응답은 여호와께로부터 나오느니라 2 사람의 행위가 자기 보기에는 모두 깨끗하여도 여호와는 심령을 감찰하시느니라 3 너의 행사를 여호와께 맡기라 그리하면 네가 경영하는 것이 이루어지리라 4 여호와께서 온갖 것을 그 쓰임에 적당하게 지으셨나니 악인도 악한 날에 적당하게 하셨느니라 5 무릇 마음이 교만한 자를 여호와께서 미워하시나니 피차 손을 잡을지라도 벌을 면하지 못하리라 6 인자와 진리로 인하여 죄악이 속하게 되고 여호와를 경외함으로 말미암아 악에서 떠나게 되느니라 7 사람의 행위가 여호와를 기쁘시게 하면 그 사람의 원수라도 그와 더불어 화목하게 하시느니라 8 적은 소득이 공의를 겸하면 많은 소득이 불의를 겸한 것보다 나으니라 9 사람이 마음으로 자기의 길을 계획할지라도 그의 걸음을 인도하시는 이는 여호와시니라

느낀 점

위의 성경 본문을 여러 번 읽은 후, 느낀 점을 자유롭게 적어보십시오.

2과

성경 연구와 묵상

암송 구절 여호수아 1장 8절

"이 율법책을 네 입에서 떠나지 말게 하며 주야로 그것을 묵상하여 그 안에 기록된 대로 다 지켜 행하라 그리하면 네 길이 평탄하게 될 것이며 네가 형통하리라."

암송 구절은 반드시 암송해야 하는 것은 아니지만, 각 고의 핵심 구절이므로 숙지하는 것이 좋습니다. 함께 읽는 정도에서 시작해도 됩니다.

다루게 되는 내용

- 성경에서 얻을 수 있는 유익을 안다(1-2번).
- 성경을 가까이하는 다양한 방법을 배운다(3-4번).
- 귀납적 성경 묵상의 원리를 배우고 실제를 맛본다(5-9번).
- 한 주간 실습을 통해 귀납적 성경 묵상을 몸에 익힌다.

마음의 문을 열며

기도의 사람이었던 조지 뮬러(George Muller)는 "우리의 영적 능력은 하나님의 말씀이 우리 생활과 생각 속에 얼마나 채워져 있느냐에 비례한다"라고 말했습니다. 예수님을 믿는다고 영적으로 저절로 성장하지는 않습니다. 날마다 말씀을 듣고 그 말씀을 가슴에 새기며 말씀대로 살고자 노력할 때 비로소 조금씩 자라게 됩니다. 안타까운 현실은 많은 사람이 말씀에 대해 알고 영적으로 더 성장하기를 바라지만, 말씀을 읽고 묵상하는 방법을 몰라서 영적 성장의 기쁨을 맛보지 못한다는 것입니다. 이번 과에서는 말씀을 어떻게 연구하고 묵상할지에 대해 구체적으로 배우려 합니다. 말씀 안에 담긴 영적인 보화를 자신의 것으로 만드는 복된 시간이 될 것입니다.

🔊 오늘 과의 제목은 '성경 연구와 묵상'이다. 왜 성경 연구와 묵상에 대해 배워야 하는가?

첫째, 영적 성장을 위해서는 말씀을 배우는 것이 필수이기 때문이다. 음식을 제대로 못 먹어 영양분을 충분히 섭취하지 못하면 건강에 이상이 생기거나 성장하지 못하는 것처럼, 영혼의 양식인 하나님의 말씀을 못 먹어 자신의 것으로 만들지 못하면 영적으로 병들거나 영적 성장을 맛볼 수 없다. 많은 그리스도인이 교회에 다니고 신앙생활을 하면서도 참된 신앙이 주는 기쁨과 은혜를 누리지 못하는 이유는 말씀을 배우고 익히지 않기 때문이다.

둘째, 말씀을 연구하고 묵상하는 방법을 모르는 사람이 많기 때문이다. 신앙이 생기면 누구나 성경을 읽으려 한다. 그런데 성경을 펼쳐도 어렵기만 하고, 잘 읽을 수가 없다. 그러다 보면 성경을 점점 멀리하게 된다. 하지만 성경은 어려운 책이 아니다. 어떻게 성경을 읽고 익힐지 조금만 배우면 하나님의 말씀을 자기 것으로 만들 수 있다.

🔊 당신은 어떤가? 평소에 성경을 많이 읽고 연구하며 묵상하는 편인가?

우리 중에 이 질문에 '예'라고 답할 사람은 많지 않을 것이다. 어렸을 때부터 오랫동안 신앙생활을 해왔어도, 예배 때 설교를 듣는 것에만 익숙해서 혼자 스스로 성경을 읽고 익히는 훈련이 제대로 되지 않은 사람이 많다. 슬프지만 이것이 현실이다. 오늘 이 시간, 어떻게 하나님의 말씀인 성경을 읽고 익힐지를 잘 배워보자.

❶ tip 지난주에 성경을 가까이하기 위해 거떤 노력이 필요한지 살펴보았다. 한 주간 성경을 가까이하기 위해 노력하면서 무엇을 느꼈는지 점검해보라. 성경을 읽으려는 의지는 있는데, 방법을 몰라서 어려움을 느낀 사람이 있을 것이다. 사실 많은 사람이 성경을 읽고 배우고 싶어 하지만, 그 방법을 몰라 힘들어하는 경우가 많다.

말씀의 씨를 뿌리며

성경에서 얻는 유익

1 하나님의 말씀에서 얻을 수 있는 네 가지 유익을 디모데후서 3장 16절에서 찾아보십시오. 다음 그림은 이 네 가지 유익을 이해하는 데 도움이 될 것입니다.

> **디모데후서 3:16** 모든 성경은 하나님의 감동으로 된 것으로 교훈과 책망과 바르게 함과 의로 교육하기에 유익하니.

🔊 성경을 읽을 때 얻을 수 있는 유익 네 가지는 무엇인가?

교훈과 책망과 바르게 함과 의로 교육함이다.

🔊 각각의 의미는 무엇인가?

위의 그림을 보면 더욱 이해하기가 쉬울 것이다. 교훈은 믿는 사람으로서 우리가 어느 길로 가야 할지, 즉 어떻게 살아가야 할지를 알려주는 것이다. 책망은 그 길에서 벗어났을 때 알려주는 것, 즉 마음에 잘못을 깨닫게 하는 것을 말한다. 바르게 함은 벗어난 길에서 바른 길로 접어들 수 있도록 안내하는 것, 즉 어떻게 하면 잘못을 바로잡을 수 있는지를 깨닫게 하는 것을 말한다. 의로 교육함은 계속해서 바른 길을 갈 수 있도록 안내하는 것이다.

🔊 당신은 어떤가? 성경이 주는 이런 유익을 실제로 경험한 적이 있는가? 2번 질문을 보라.

2 당신은 하나님의 말씀에서 얻을 수 있는 네 가지 유익을 누리고 있습니까? 이런 성경의 유익을 경험한 적이 있다면 나누어봅시다.

🔊 각자 말씀에서 이런 유익을 누린 적이 있는지 나누어보라. 한 가지 유의할 점은 이 네 가지로 명확히 구분되지 않는 경우가 있을 수 있다. 말씀을 통해 받은 은혜가 있다면 그냥 나누도록 인도해보라. 신앙생활을 처음 시작한 사람이 아니라면 이런 경험이 반드시 있을 것이다. 대단한 무엇인가가 아니라 삶 속에서 경험한 아주 사소한 것이라도 좋다.

> 인도자 자신의 경험을 다음과 같이 나누면 도움이 된다. "제가 아는 목사님이 계세요. 어느 날 아침에 그분이 특별히 관계에 대한 말씀을 읽는데, 어느 집사님 한 분이 생각나는 거예요. 그래서 용기를 내어 그분에게 전화했어요. 그동안 집사님과의 관계에서 소원했던 부분을 나누고 자신의 실수에 대해 사과도 드렸대요. 그러자 깨진 관계도 서서히 회복되고 서로 관계에 대한 깨달음도 얻었다고 해요."

🔊 만약 이런 경험이 없다면 문제는 어디에 있는가? 말씀을 가까이하지 않았기 때문이다. 말씀에는 능력이 있다. 따라서 말씀의 능력을 맛보지 못했다면, 말씀을 가까이하지 않았기 때문이다. 특별한 경험을 못 한 사람에게 인도자는 지금부터라도 말씀을 가까이하기 위해 노력하면 된다고 격려하라.

🔊 분명 말씀은 살아 있고, 말씀이 주는 유익은 크다. 그럼에도 그 유익을 풍성히 누리지 못하는 것이 우리의 현실이다. 그렇다면 왜 그럴까? 그 이유 역시 말씀을 가까이하지 않았기 때문이다. 그렇다면 어떻게 말씀을 가까이할 수 있을지 3번 질문에서 살펴보자.

성경을 가까이하는 방법

3 아래 말씀의 손 예화는 성경을 당신의 것으로 만드는 다섯 가지 방법을 보여주고 있습니다. 각각의 손가락이 무엇을 의미한다고 생각합니까?

암송　연구　읽기　듣기　묵상
(신 6:6)　(행 17:11)　(신 17:19)　(롬 10:17)　(시 1:2-3)

- **암송: 신명기 6:6** 오늘 내가 네게 명하는 이 말씀을 너는 마음에 새기고.

- **연구: 사도행전 17:11** 베뢰아에 있는 사람들은 데살로니가에 있는 사람들보다 더 너그러워서 간절한 마음으로 말씀을 받고 이것이 그러한가 하여 날마다 성경을 상고하므로.

- **읽기: 신명기 17:19** 평생에 자기 옆에 두고 읽어 그의 하나님 여호와 경외하기를 배우며 이 율법의 모든 말과 이 규례를 지켜 행할 것이라.

- **듣기: 로마서 10:17** 그러므로 믿음은 들음에서 나며 들음은 그리스도의 말씀으로 말미암았느니라.

- **묵상: 시편 1:2–3** 오직 여호와의 율법을 즐거워하여 그의 율법을 주야로 묵상하는도다 그는 시냇가에 심은 나무가 철을 따라 열매를 맺으며 그 잎사귀가 마르지 아니함 같으니 그가 하는 모든 일이 다 형통하리로다.

🔊 암송이란?

암송이란 말씀을 외우는 것을 의미한다. 신명기 6장 6절에서는 마음에 새기라고 표현했다. 성경을 읽지 않고도 말씀이 생각날 수 있도록 마음에 두는 것이 암송이다. 암송된 말씀은 즉각적으로 우리의 삶에 적용할 수 있는 장점이 있다.

🔊 연구란?

스스로 말씀의 뜻이 무엇인지 연구하는 것을 말한다. 사도행전 17장 11절을 보면, 베뢰아 사람들은 말씀을 들을 뿐만 아니라, 날마다 그 말씀의 의미를 연구했다고 나온다. 말씀의 특정 부분에 대해 깊이 있게 살펴보는 것이 연구이며, 연구는 말씀을 더욱 깊이 이해하고 적용하는 데 도움을 준다.

🔊 읽기란?

말 그대로 말씀을 읽는 것을 의미한다. 신명기 17장 19절에서는 평생을 말씀을 옆에 두고 읽으면서 하나님에 대해 배우라고 권면한다. 성경 통독을 하는 것같이 하루에 일정 분량을 꾸준히 읽다 보면, 성경 말씀을 깨닫게 될 뿐만 아니라 성경 전체를 어떤 시각으로 봐야 할지 틀이 잡힐 것이다.

🔊 듣기란?

영적 지도자들이 전하는 하나님 말씀을 듣는 것을 의미한다. 대표적인 예는 설교다. 로마서 10장 17절에서 믿음은 들음에서 난다고 했다. 누군가가 말씀을 자세히 설명해주는 것을 들을 때 믿음이 생기고 자라난다. 성경에 대한 자세한 설명을 들으면, 내가 알고 있는 이상으로 성경을 깊이 있게 접하거나 이해할 수 있다.

🔊 묵상이란?

묵상이란 마치 소가 음식을 되새김질하듯, 말씀을 계속해서 떠올리고 생각하며 말씀이 자신에게 주는 의미가 무엇인지, 말씀을 삶에 어떻게 적용할지 고민하는 것이다. 시편 1장 2절에서는 주야로 성경을 묵상하라고 권면한다.

🔊 위의 다섯 가지 중에서 어느 방법이 가장 중요하다고 생각하는가?

모두 중요하다. 특별히 균형이 중요하다. 마치 책을 들 때 한두 손가락만 이용하면 쉽게 놓치지만, 다섯 손가락을 모두 이용하면 튼튼히 잡을 수 있는 것과 같은 원리다.

🔊 당신은 어떤가? 이 다섯 가지 방법을 충분히 사용하고 있는가? 4번 질문을 보라.

---

4 만약 당신이 성경을 한두 손가락만으로 들려 한다면 쉽게 놓치고 말 것입니다. 하지만 다섯 손가락을 모두 사용하면 성경을 더 든든히 잡을 수 있을 것입니다. 위의 다섯 가지 방법 중에서 당신에게 가장 익숙한 방법은 무엇이며, 가장 낯설고 부족한 방법은 무엇입니까?

🔊 각자 자신에게 가장 익숙한 방법이 무엇인지, 달리 말하면 자주 사용하는 방법은 무엇인지 말해보라. 또한 이를 통해 얻은 영적 유익이 있다면 함께 나누어보라.

영적 성숙도에 따라 다르겠지만, 대부분 사람에게 익숙한 방법은 듣는 것이다. 처음 예수님을 믿으면 예배에 나와서 말씀을 듣는 것부터 시작하기 때문이다. 또한 한국 교회의 신앙은 예배 중심으로, 듣는 훈련이 잘되어 있다.

🔊 각자 가장 낯설고 부족한 방법은 무엇인지 나누어보라. 왜 그 방법을 실행하기가 어려운지 이유도 나누어보라. 특정 부분에 어렵다고 말하는 사람에게 인도

자는 누구나 그렇다는 사실을 상기시키고, 앞으로는 그 방법을 잘 익혀가라고 격려하라.

많은 사람이 낯설고 힘들어하는 부분은 암송과 연구다(굳이 익숙하지 않은 것부터 순서를 정하면 연구 → 암송 → 묵상 → 읽기 → 듣기 순이다). 암송은 방법이 힘들기보다는 실천을 하지 않기 때문에 그렇다(읽기도 마찬가지다). 연구는 시도하지 않는 것도 있지만, 어떻게 하는지 잘 몰라서 힘들어하는 경우가 많다. 따라서 연구와 묵상은 방법을 배우는 것이 중요하다. 특히 연구와 묵상을 잘 익히면, 읽기나 암송, 듣기에도 유익이 크다.

◀) 그럼 어떻게 하면 성경을 연구하고 묵상할 수 있는지 계속해서 배워보자.

❶ tip 1-2번 질문에서 성경이 주는 유익을 배웠다. 그런데 많은 사람이 이런 성경의 유익을 풍성히 누리지 못하는 이유가 성경을 가까이하지 않기 때문이다. 그래서 3-4번 질문에서 성경을 가까이하는 다섯 가지 방법에 대해 배운다. 이 다섯 가지 방법은 모두 중요한데, 실제로 많은 성도가 한두 가지 방법밖에는 활용하지 못하기 때문에 성경의 풍성한 은혜를 누리지 못하고 있다. 이 과의 나머지 부분에서는 많은 성도가 어려워하는, 성경을 연구하고 묵상하는 방법에 대해 배울 것이다.

귀납적 성경 묵상

❶ tip 이 부분은 귀납적 성경 묵상에 대한 설명과 실습으로 구성되어 있다. 설명 부분을 토의식으로 운영하기 어려울 경우(구성원들이 답하기가 어려운 문제가 있다), 인도자가 강의하듯이 간단히 설명하고 실습으로 넘어가는 것이 좋다. 이때 이 책에 나오는 강의안과 더불어, 51p에 나오는 표를 활용하면 도움이 될 것이다. 설명 부분에서 충분히 논의가 이루어져 시간이 부족할 경우, 실습 부분은 과제로 넘겨도 된다.

5 성경을 혼자 힘으로 배우고 삶에 적용하는 가장 효과적인 방법 중 하나가 바로 '귀납적 성경 묵상'입니다. 관찰, 해석, 느낌, 적용이라는 네 가지 요소로 구성된 귀납적 성경 묵상은 성경을 자신의 것으로 만드는 데 매우 유용한 방법입니다. 성경 본문을 묵상할 때 제일 처음에 해야 하는 것은 성경을 읽는 것입니다. 성경을 읽을 때 가장 중요한 요소는 무엇이라고 생각합니까?

1. 관찰이란?

정의: 본문이 말하는 객관적인 사실을 파악하는 것입니다.

방법: 본문을 다양한 시각과 방법을 활용하여 여러 번 읽습니다. 핵심 단어나 사항, 명령, 경고, 강조되거나 반복된 것, 연관된 것, 유사한 것, 대조된 것 등을 주의 깊게 살피면서 읽습니다. 그리고 본문의 전체적인 내용을 자신의 말로 요약해봅니다.

2. 해석이란?

정의: 본문의 의미(뜻)와 본문이 말하고자 하는 의도(교훈)을 파악하는 것입니다.

방법: 효과적인 해석 방법은 자문자답이며, 관련 구절과 참고 자료를 활용하는 것이 좋습니다. 본문이 말하려는 핵심 메시지를 파악하는 데 집중해야 합니다.

3. 느낌이란?

정의: 내가 본문에서 무엇을 느꼈는지 비추어보는 것입니다.

방법: 본문에 자신의 모습을 비추어보고 반성하는 점, 감동이나 도전을 받은 점을 적어봅니다.

4. 적용이란?

정의: 삶에서 어떻게 본문 말씀대로 살 수 있을지 결단하고 그것을 실천할 계획을 세우는 것입니다.

방법: 실제 실천으로 옮길 수 있는 행동 계획을 수립합니다. 버리거나 고쳐야 할 태도나 행동은 무엇인지, 반면 새롭게 익혀야 할 태도나 행동은 무엇인지 찾아봅니다.

귀납적 성경 묵상의 네 가지 요소는 신체 부위를 활용하면 이해하기 쉽습니다.

관찰	해석	느낌	적용
눈	머리	가슴	손발
보다	생각하다	느끼다	행동하다
읽으라	질문하라	들으라	실천하라
무엇을 말씀하셨는가?		어떻게 행할 것인가?	
지		정	의

🔊 **귀납적 성경 묵상은 무엇인가?**

혼자 힘으로 성경을 배우고 삶에 적용하는 방법이다. 즉 혼자 성경을 읽고 성경에 담긴 의미를 파악하며 삶에 적용하는 방법이 귀납적 성경 묵상이다.

🔊 **귀납적 성경 묵상의 네 가지 요소는 무엇인가?**

관찰, 해석, 느낌, 적용이라는 네 가지 요소로 구성되어 있다.

🔊 **네 가지 요소로 구분하는 이유는 무엇일까?**

균형을 잡기 위해서다. 자칫하면 성경을 읽기만 하고 삶에 적용하지 않거나, 삶에 적용은 열심히 하는데 성경이 말하려는 바른 의미는 깊이 고민하지 않을 수 있다. 실제로 삶과 신앙이 일치하지 않는 성도가 많은데,

어디선가 들은 것은 많아서 성경은 잘 아는데 삶에 적용하지 않기 때문이다. 따라서 성경을 배울 때 균형 감각을 잃지 않는 것이 중요하며, 균형을 잃지 않기 위해 네 가지 요소로 구분해놓은 것이다.

🔊 먼저 첫 번째 요소인 관찰에서 중요한 점은 무엇인가?

여러 가지 의견이 나올 수 있다. 각각의 답에 대해 좋은 아이디어라고 격려하라.

관찰은 곧 본문을 읽는 것이고, 읽는 데서 중요한 점은 '정확성'이다. 성경은 하나님 말씀이다. 따라서 일점일획도 소홀히 읽어서는 안 된다. 많은 사람이 읽기를 잘 못한다. 성경을 읽기는 하지만, 성경 내용을 제대로 파악하지 못하는 경우가 많다. 따라서 집중해서 꼼꼼히 살피며 정확하게 읽으려고 노력해야 한다.

🔊 본문을 정확히 읽기 위해서는 어떤 노력이 필요할까?

본문을 정확히 읽기 위해서는 우선 여러 번 읽는 것이 좋다. 한 번 읽으면 정보를 놓치거나 잘못 읽을 확률이 크다. 두세 번은 본문을 읽어야 한다. 또한 다양한 방법으로 읽으면 좋다. 접근 방법이 달라지면 본문에서 얻는 정보도 더 풍성해진다. 소리 내서 읽어보고, 중요한 부분은 형광펜으로 칠하면서 읽기도 하고, 다양한 방법으로 본문을 읽어보라. 이때 본문을 처음 보는 것처럼 읽는 것이 좋다. 본문에 대한 선입견이 생기면 흥미도 떨어지고 이전에 알고 있는 내용에서 벗어나지 못한다. 끝으로 본문을 정확히 잘 읽었는지 확인하는 방법으로는 요약이 좋다. 본문을 읽은 다음에는 본문의 핵심 내용을 요약해보라.

🔊 귀납적 묵상의 두 번째 요소, 즉 관찰 다음 요소는 해석(또는 연구와 묵상)이다. 해석 작업이 무엇인지 6번 질문에서 살펴보자.

6 성경을 읽은 후에는 성경이 말하려는 의미(뜻)와 의도(교훈)를 파악해야 합니다. 이를 해석 또는 연구와 묵상 작업이라고 합니다. 본문이 말하려는 의미와 의도를 파악하는 데 유용한 방법은 무엇일까요?

🔊 해석이란 무엇인가?

성경 본문을 읽은 후 본문의 의미(뜻)와 의도(교훈)를 파악하는 것이다. 본문을 읽었는데 그 의미가 무엇인지 정확히 모를 수가 있다. 이럴 경우에는 그 의미가 무엇인지 생각해봐야 한다. 본문을 읽고 그 의미를 다 알았다면, 이제 본문에서 얻을 수 있는 교훈(본문을 기록한 의도)을 파악하는 작업이 필요하다.

🔊 본문이 말하려는 의미와 의도를 파악하는 데 유용한 방법은 무엇인가?

각자의 의견을 들어보라. 본문의 의미를 모를 때 어떻게 해결하는지 들어보라. 대부분 사람은 그냥 넘어갈 것이다. 조금 열심이 있는 사람은 다른 사람에게 물어보거나 자료를 찾아볼 것이다. 본문의 의도를 어떻게 파악하고 있는지도 들어보라. 대부분 오늘 내가 본문에서 얻는 교훈이 무엇인지 깊이 생각하지 않고 성경을 읽을 것이다.

🔊 본문의 의미와 의도를 파악하는 데 유용한 방법은 무엇인가?

여러 가지 방법이 있을 수 있다. 그런데 유용한 방법을 하나 소개하자면, 자문자답이다. 스스로 질문하고 스스로 답을 찾아보는 것이다. 본문에서 모르는 단어나 구절, 얻을 수 있는 교훈에 대해 스스로 질문을 만들고 답을 적어보는 것이다. 이 방법의 장점은 스스로 사고를 자극하고 이해하게 된다는 데 있다. 스스로 질문하고 답을 찾은 후, 해결이 안 된 부분은 참고 자료를 활용하면 좋다.

🔊 본문을 읽고, 본문의 의미와 의도를 파악했으면, 이제 본문 말씀에 자신을 비추어보고, 느낀 점이나 도전받은 부분을 적어본다. 그리고 말씀을 보고 연구한 데서 그치지 말고 실제 삶에 적용해야 한다. 구체적인 적용을 위해 7번 질문을 보라.

7 본문의 의미와 의도를 파악한 후에는 그 교훈을 실제 삶에 적용해야 합니다. 최근에 성경 말씀을 삶에 적용해본 적이 있습니까? 혹시 삶에 적용하기가 어렵지는 않았습니까? 그렇다면 어떤 점에서 어려움을 느꼈습니까?

🔊 각자 실제로 말씀에서 깨달은 점을 적용하고 있는지, 이를 통해 느낀 점은 무엇인지 나누어보라.

사실 많은 사람이 제대로 적용을 하지 못하고 있을 것이다. 그래서 대부분 자기 의지가 부족하다고 느낄 것이다. 의지의 부족도 문제지만, 적용을 어떻게 해야 하는지 몰라서 못하는 경우도 많다. 그렇다면 어떻게 적용하는 것이 효과적인가? 해석에서 찾은 본문의 교훈과 실제 자신의 삶을 비교해본다. 이것을 본문에 나를 비추어보는 작업 혹은 느낌이라고 한다. 그런 다음 자신의 삶에 실천할 수 있는 구체적인 계획을 세운다.

🔊 그런데 구체적인 적용 계획을 세울 때 주의해야 할 점이 있다. 그것이 무엇인지 8번 질문에서 살펴보자.

8 적용에는 중요한 네 가지 원칙이 있습니다. 이것을 '적용의 4P'라고 합니다. 각 요소가 왜 중요하다고 생각합니까?

• 실제적(Practical)이어야 한다.

예를 들어 '기도를 열심히 하자'는 좋은 적용이지만, 실제 삶에서 적용했는지 안 했는지 점검하기가 어렵다. 따라서 '저녁에 잠들기 전에 기도하자' 등 구체적이고 실제적인 적용이 좋다.

- 개인적(Personal)이어야 한다.

  본문 말씀을 다른 사람이나 공동체가 아닌 자신에게 적용해야 한다. "그러니까 우리 교회는 열심히 기도해야 해. 그러니까 아무개 집사는 다른 사람을 비판하지 말아야 해." 이런 적용은 좋지 않다.

- 가능해야(Possible) 한다.

  실천 가능한 적용을 해야 한다. 평소에 10분도 기도하지 않는 사람이 갑자기 한 시간 동안 기도하겠다는 계획을 세운다면 지혜롭지 못하다. 적용을 할 때 주의할 점은 실패를 습관화하지 않는 것이다. 실패가 습관화될 경우 죄책감만 들고 성경을 멀리하게 된다. 자신이 할 수 있는 작은 것부터 적용하는 습관을 들여야 한다.

- 점진적(Progressive)이어야 한다.

  사람의 변화는 천천히 이루어진다. 너무 자신에게 과도한 짐을 지우지 말고, 조금씩 나아지기 위한 계획을 세우고 노력하라.

🔊 앞에서 배운 내용을 기억하며 요한복음 말씀을 연구하고 묵상해보자.

9 요한복음 6장 1-13절을 꼼꼼히 읽고, 다음 네 가지 요소를 적어보라.

- 내용 관찰: 본문의 핵심 내용은 무엇인가? 특별히 와 닿은 부분은?
- 연구와 묵상: 본문에서 얻을 수 있는 교훈은 무엇인가?

- 느낀 점: 당신은 본문에서 무엇을 느꼈는가? 본문에서 얻은 교훈과 당신의 삶을 비교해보라.
- 적용: 당신의 삶에 적용해야 할 점은 무엇인가?

🔊 각자 준비한 내용을 나누어보자. 혹시라도 미리 준비를 못 했거나 새롭게 깨달은 내용이 있을지 모르므로, 현장에서 시간을 주고 다시 한 번 정리하게 하는 것도 좋다. 앞의 설명 부분은 강의식으로 진행하고, 9번 질문을 통해 나눔의 시간을 충분히 보낸다.

다음은 어느 집사님이 요한복음 6장 1-13절을 묵상한 내용이다. 이것을 참고로 인도자는 구성원들에게 어떻게 묵상할지를 지도할 수 있다.

내용 관찰	예수님이 디베랴의 갈릴리 바다 건너편으로 가셔서 제자들과 함께 산에 오르시니 큰 무리가 예수님께로 나아왔다. 예수님이 빌립을 시험하시고자 어디에서 떡을 사서 이 많은 사람을 먹이겠느냐고 물으시니 빌립은 이백 데나리온의 떡이라도 부족할 것이라고 말했다. 이때 안드레가 예수님께 나와 한 아이가 보리떡 다섯 개와 물고기 두 마리를 가지고 있는데 이것으로 무엇을 할 수 있겠느냐고 물어보았다. 예수님은 오천 명쯤 되는 사람을 앉히시고 떡과 물고기에 축사하신 후에 그들이 원하는 대로 나눠주셨다. 사람들이 배불리 먹고 난 후에 예수님이 제자들로 하여금 남은 조각을 거두게 하시니 그것이 열두 바구니에 가득 찼다.
연구와 묵상	1. 예수님이 빌립을 시험하고자 질문을 하셨다고 했는데, 예수님은 무엇을 시험하고자 하신 것일까? 예수님은 이 상황에 대한 빌립의 대처 방법을 보시고, 그의 믿음을 알아보려고 그를 시험하신 것이다. 그렇다고 예수님이 빌립의 마음을 모르셨던 것은 아니다. 이 시험을 통해 빌립이 자신의 믿음을 확인할 수 있도록, 또 이 상황을 지켜보는 다른 제자들도 자신들의 믿음을 돌아보고 깨달아 그들의 신앙이 더욱 커지고 단단해지기를 바라셨던 것이다.
연구와 묵상	2. 무리 중 한 아이만이 자신의 것을 드렸다. 정말 이 아이만 먹을 것을 가지고 있었을까? 그리고 이 아이는 어떻게 자신이 가진 전부를 드릴 수 있었을까? 분명히 아이 외에도 먹을 것을 가지고 있는 사람이 있었을 것이다. 그러나 다른 사람들은 이해타산을 따지며 자신이 가진 것을 드리지 않았을 것이다. 아이는 손해 볼 것과 이익이 될 것을 계산하지 않고 순수한 마음으로 순종하며 드렸고, 아이의 이런 순수한 헌신이 기적을 만들었다.

느낀 점	하나님이 원하실 때 앞뒤를 계산하고 이해타산을 따지며 순종하는 자세를 취해서는 안 된다. 그러나 지금까지 나의 모습은 그렇지 못했던 것 같다. 어린아이가 순수한 마음으로 계산하지 않고 자신의 것을 드리며 헌신하여 많은 사람이 기적을 체험하고 축복을 누렸던 것처럼 나도 나의 것을 내어드리며 온전히 헌신하는 자로 서고 싶다.
결단과 적용	• 선교 물품을 기증해야겠다. 마음먹고도 실천으로 옮기지 못하고 있었는데, 이번 주말에 기증할 물품을 지금 준비해야겠다. • 주일에 교회에서 나의 헌신이 필요한 곳을 찾아 섬겨야겠다. • 대한 사회복지회 아기 돌보기 봉사를 하겠다고 신청해야겠다.

삶의 열매를 거두며

오늘은 성경 연구, 묵상의 중요성과 성경 연구와 묵상을 어떻게 할지에 대해 배웠습니다. 중요한 것은 아는 것이 아니라 실제로 실천하는 것입니다. 물론 아직은 여러 면에서 익숙하지 않아 이것이 어렵게 느껴질 수도 있습니다. 하지만 꾸준히 훈련하다 보면, 말씀에서 얻는 은혜를 더욱 풍성히 누리게 될 것입니다.

나는 이번 한 주간 매일 _____부터 _____까지 _____에서 성경을 읽고 기도하는 시간을 보내겠습니다.

🔊 각자 빈칸을 채우고서 옆 사람과 적은 내용을 나눈다.

영적 성장 PLUS⁺ | 첫째 날

용서 | "저들을 사하여 주옵소서."

누가복음 23장 34절

34 이에 예수께서 이르시되 아버지 저들을 사하여 주옵소서 자기들이 하는 것을 알지 못함이니이다 하시더라

묵상

1. 십자가에 달리신 예수님은 기도하셨습니다. 예수님이 기도하신 내용은 무엇입니까?

2. 예수님의 기도가 이해하기 어려운 기도임에 틀림없습니다. 왜 그렇다고 생각합니까? 특히 그 대상을 주의 깊게 살펴보십시오(롬 5:10 참고).

3. 예수님이 기도하신 내용은 십자가 위에서 예수님이 행하신 일이기도 합니다. 어떤 점에서 그렇습니까?

4. 자신을 십자가에 못 박은 이들을 위해 기도하는 예수님의 모습에서 무엇을 느낍니까? 예수님의 기도를 본받아 오늘 당신이 구해야 할 것은 무엇입니까?

기도
1. 우리를 위해 예수님이 당하신 고난을 묵상하며 한 주를 경건하게 지내게 하옵소서.
2. 십자가의 사랑으로 값없이 용서받은 은혜를 기억하고 감사하게 하옵소서.
3. 주님이 나를 용서하셨듯이 나도 용서해야 할 사람을 위하여 기도하게 하옵소서.

찬양 | 새찬송가 254장 내 주의 보혈은

길잡이

십자가 위에 달리신 예수님이 처음으로 입을 열어 하신 말씀은 기도였습니다. 그날 예수님은 부당하게 체포되어 말로 다할 수 없는 인격적인 모욕을 겪고, 살이 찢기는 극심한 고통을 당하셨습니다. 심지어 하나님 아버지조차도 임재의 은혜를 거두셨습니다. 그러나 예수님은 자신을 십자가에 못 박은 죄인들을 위하여 기도하고 용서의 은혜를 구하셨습니다.

인간이 예수님께 할 수 있는 가장 악한 행동을 할 때도 그분은 하나님의 공의가 아니라 자비를 구하셨습니다. 인간들이 자신에게 저지른 악행의 마땅한 결과에서 면죄받도록 탄원해주셨습니다. 그분이 받으신 상처가 치료된 후에 그런 기도를 하신 것이 아니라, 살이 갈라지고 찢겨 고통스러운 상황에서 그렇게 기도하신 것입니다. 몸에 못이 박혀 극심한 고통을 느끼던 순간에, 고뇌의 파동이 가장 예리한 그때, 그분의 입에서 흘러나온 말은 용서였습니다.

예수님은 용서를 위해 기도하셨을 뿐만 아니라, 용서를 위해 십자가에 달리셨습니다. 우리의 죗값을 치르기 위해 십자가 위에서 대신 형벌을 받으신 것입니다. 겟세마네 동산에서 시작된 예수님의 기도는 십자가를 지나 아버지의 우편에 계실 때도 계속됩니다. "내가 비옵는 것은 이 사람들만 위함이 아니요 또 그들의 말로 말미암아 나를 믿는 사람들도 위함이니"(요 17:20). 예수님은 오늘도 우리의 죄 사함을 위하여 탄원하고 계십니다. 우리를 위하여 중보하고 계십니다. 확신하십시오. 그분은 절대 우리를 잊지 않으십니다.

사람들이 용서받기를 구하는 예수님의 기도에 하나님은 응답하셨을까요? 아버지는 사랑하는 아들의 모든 간구를 들어주셨습니다. 하나님은 자신의 사랑하는 아들을 잔인하게 살해한 죄인까지도 외면하지 않으셨습니다. 십자가 아래 서 있던 군인들, 예수님을 못 박으라고 외쳤던 예루살렘 유대인들, 회심한 수많은 사람… 이 모든 것이 예수님의 기도 응답이었습니다. 예수님의 피는 하나님의 주권적인 은혜 가운데 그들의 마음에 뿌려진 것입니다.

그렇다면 우리 기도에 하나님은 응답하실까요? 우리는 용서받을 자격이 없는데도 십자가의 사랑으로 말미암아 값없이 용서의 선물을 받았습니다. 이 용서의 선물이 얼마나 값진 것인지 알아야 합니다. 십자가의 은혜로 우리 죄를 용서받았기에, 우리도 용서할 줄 알아야 합니다. 우리에게 용서란 하나님께 우리의 원통함을 쏟아놓고, 우리의 대적을 심판하시는 공의의 하나님께 맡김으로써 '용서'하는 것입니다. 십자가에서 들려오는 예수님의 기도 속에 담겨 있는 용서의 은혜를 다시 한번 가슴에 새기길 바랍니다.

영적 성장 PLUS⁺ | 둘째 날

확신 | "오늘 네가 나와 함께 낙원에 있으리라."

누가복음 23장 39-43절

39 달린 행악자 중 하나는 비방하여 이르되 네가 그리스도가 아니냐 너와 우리를 구원하라 하되 40 하나는 그 사람을 꾸짖어 이르되 네가 동일한 정죄를 받고서도 하나님을 두려워하지 아니하느냐 41 우리는 우리가 행한 일에 상당한 보응을 받는 것이니 이에 당연하거니와 이 사람이 행한 것은 옳지 않은 것이 없느니라 하고 42 이르되 예수여 당신의 나라에 임하실 때에 나를 기억하소서 하니 43 예수께서 이르시되 내가 진실로 네게 이르노니 오늘 네가 나와 함께 낙원에 있으리라 하시니라

묵상

1. 예수님은 강도들 사이에서 십자가에 매달리셨습니다. 이 사실에 담긴 의미는 무엇이라고 생각합니까(사 53:12 참고)?

2. 예수님과 함께 십자가에 달린 두 강도는 예수님에 대해 어떤 다른 반응을 보입니까? 강도가 보인 믿음은 매우 놀라운 것임에 틀림없습니다. 왜 그렇다고 생각합니까?

3. 자신을 기억해달라고 요청한 강도에게 예수님은 무엇이라고 말씀하셨습니까? 여기서 알 수 있는 사실은 무엇입니까?

4. 네가 오늘 나와 함께 있으리라고 말씀하시는 예수님의 모습에서 무엇을 느낍니까? 당신도 강도처럼 어떠한 상황 속에서도 하나님을 온전히 신뢰하는 사람입니까?

찬양 | 새찬송가 149장 주 달려 죽은 십자가

기도
1. 예수님이 우리를 위해 당하신 고난을 생각하며 한 주를 경건하게 살아가게 하옵소서.
2. 아무런 자격 없는 우리를 하나님의 자녀로 삼아주신 은혜에 감사하게 하옵소서.
3. 어떤 상황 속에서도 주님 앞에 겸손히 우리의 삶을 맡겨드릴 수 있는 믿음의 사람이 되게 하옵소서.

길잡이

예수님은 강도들 사이에서 십자가에 매달리셨습니다. 죄인인 우리가 서야 할 자리에 예수님이 대신 매달리신 것입니다. 그런데 두 강도 중 한 명은 예수님을 영접하고, 한 명은 예수님을 부인했습니다. "예수여, 당신의 나라에 임하실 때 나를 기억하소서"라고 고백한 강도는 예수님 때문에 의로운 사람이 되어 천국에 들어갔습니다. 죄인 중에 죄인이었던 강도에게도 한 줄기 소망의 빛이 비친 것입니다.

그날 십자가에 매달린 강도는 우리 모두를 대표합니다. 하나님은 우리에게 생명과 능력과 달란트와 친구를 주셨지만 우리는 그분을 섬기기보다 우리 자신을 섬기려 합니다. 하나님께 영광 돌리는 삶을 살기보다는 우리 자신을 위한 삶에 시간을 쏟고 이기적인 욕망을 섬깁니다. 하나님 앞에 우리의 적나라한 삶을 드러내면 예수님을 조롱한 강도보다 더 나은 삶을 살고 있다고 주장하지 못할 것입니다.

예수님 앞에 겸손히 나아온 강도는 그분의 나라가 임할 때 자신이 영광받기를 구하지 않고, 단지 기억되기만을 바랐습니다. 그의 요구는 겸손했습니다. 군중은 예수님을 조롱하고 선동가들은 모욕적인 언사를 내뱉었지만 그는 여론에 휩쓸리지 않고 미혹의 소리에서 과감히 돌아섰습니다. 예수님이 누군가를 구원하기에 너무나도 무력해 보이는 그때에, 그는 믿었습니다. 새 출발을 하기엔 너무 늦은 절망의 순간에 그는 믿었습니다. 그때 예수님은 회개하는 강도가 기대하는 것보다 훨씬 큰 것을 약속하셨습니다. "오늘 네가 나와 함께 낙원에 있으리라"(눅 23:43). 놀랍게도 이 강도는 예수님의 제자들과 동일한 약속을 받은 것입니다(요 14:3). 그러나 예수님을 비웃은 다른 강도는 구원과 멀어졌습니다.

전 인류를 대변하는 두 강도는 우리의 구원이 죄의 크기와 상관없이 주님을 부인하는가 신뢰하는가에 달려 있다는 것을 보여줍니다. 우리의 과거의 죄보다 하나님의 은혜가 훨씬 크다는 사실을 우리는 기억해야 합니다. 강도와 같은 절망스러운 상황 속에서도 예수님을 신뢰하겠습니까? 그 확신이 우리를 영원한 생명의 삶으로 인도할 것입니다.

영적 성장 PLUS⁺ | 셋째 날

긍휼 | "여자여 보소서 아들이니이다…보라 네 어머니라."

요한복음 19장 26-27절

26 예수께서 자기의 어머니와 사랑하시는 제자가 곁에 서 있는 것을 보시고 자기 어머니께 말씀하시되 여자여 보소서 아들이니이다 하시고 27 또 그 제자에게 이르시되 보라 네 어머니라 하신대 그때부터 그 제자가 자기 집에 모시니라

묵상

1. 예수님의 어머니 마리아와 제자 요한은 십자가 곁에 서 있었습니다. 이를 본 예수님은 어머니에게 무엇이라고 말씀하십니까? 이런 말씀을 하신 이유는 무엇입니까?

2. 예수님은 제자 요한에게 무엇이라고 당부하십니까? 여기서 알 수 있는 사실은 무엇입니까?

3. 죽음의 고통 앞에서도 마리아의 아픔과 고통을 보시고 위로하길 원하시는 예수님의 모습에서 무엇을 느낍니까?

4. 예수님은 자신의 곁에 있던 요한에게 마리아를 모시는 특권을 허락하셨습니다. 십자가의 사랑을 본받아 예수님의 손발이 되어 오늘 내가 섬겨야 할 일은 무엇입니까(마 25:40 참고)?

기도

1. 예수님이 우리를 위해 당하신 고난을 생각하며 한 주를 경건하게 살아가게 하소서.
2. 우리의 아픔과 고통을 보시고 긍휼히 여기는 예수님의 사랑을 기억하게 하여 주옵소서.
3. 십자가 사랑을 본받아 우리에게 맡기신 사람을 섬기며 사명에 순종하게 하옵소서.

찬양 | 새찬송가 151장 만왕의 왕 내 주께서

길잡이

죽음의 고통이 심할 경우, 인간은 누구나 자신의 절박한 필요에 몰두하게 됩니다. 그러나 십자가에 달리신 예수님은 자기 자신이 아니라, 어머니가 자신이 가고 나서 겪게 될 외로움을 생각하셨습니다. 예수님은 어머니를 주목하시며, 사랑과 연민 그리고 그리움으로 가득한 말을 남기십니다. "여자여 보소서 아들이니이다."

마리아는 십자가 위에서 고통스러워하는 아들의 모습을 보고만 있어야 했습니다. 그리고 그 아들이 "여자여 보소서 아들이니이다"라고 말하며 요한 쪽으로 얼굴을 가리킬 때 아들이 자신의 죽음에 대해 그녀를 준비시키고 있음을 깨달았습니다. 마리아는 오랫동안 침묵하며 괴로워했습니다. 아무것도 할 수 없었기 때문입니다. 그녀는 사람의 지각을 넘어서는 하나님의 뜻을 거스르려 하지 않았습니다. 이해할 수는 없었지만 순종하며 받아들였습니다. 그녀는 하나님의 구원 사업에 도움을 주려고 그곳에 있었던 것이 아니었습니다. 그녀 자신도 아들로 말미암아 구원받고 있었던 것입니다. 그녀 역시 지금 아들이 피로 사는 그 용서가 필요한 존재였습니다.

하나님의 창조 목적은 구원입니다. 예수님은 세상이 창조된 목적을 지금 행하고 계십니다. 십자가의 중심에서 온 시대의 목적이 완성되고 있습니다. 하나님의 사랑과 공의가 만인에게 그대로 드러났습니다. 그러나 그 순간에도 예수님은 가족으로서 담당해야 하는 의무를 간과하지 않으셨습니다.

요한은 마리아를 모시는 특권을 받았습니다. 왜냐하면 다른 제자들보다 그리스도의 사랑을 더 잘 이해하고 있었기 때문입니다. 우리는 요한처럼 세상에서 그리스도를 대신하라는 요구를 받습니다. 십자가는 모든 자기 자랑을 무력화합니다. 겸손히 십자가 아래 설 때 우리에게는 오직 단 하나의 질문만이 남습니다. '제가 어떻게 세상에서 예수님의 손과 발이 될 수 있을까요?' 우리는 십자가를 통해 주어지는 책임을 겸손히 받아들여야 합니다.

영적 성장 PLUS⁺ | 넷째 날

고뇌 | "나의 하나님, 나의 하나님, 어찌하여 나를 버리셨나이까."

마태복음 27장 45-46절

45 제육시로부터 온 땅에 어둠이 임하여 제구시까지 계속되더니 46 제구시쯤에 예수께서 크게 소리 질러 이르시되 엘리 엘리 라마 사박다니 하시니 이는 곧 나의 하나님, 나의 하나님, 어찌하여 나를 버리셨나이까 하는 뜻이라

묵상

1. 예수님은 십자가 위에서 무엇이라고 소리 질러 말씀하셨습니까? 이렇게 외치신 이유는 무엇이라고 생각합니까? 특별히 하나님에 대한 호칭을 주의 깊게 살펴보십시오(사 53:4 참고).

2. 예수님이 외치셨음에도 하나님은 어떻게 행하셨습니까? 이를 통해 알 수 있는 사실은 무엇입니까(롬 5:8 참고)?

3. 십자가 위에서 예수님이 외치셨던 말은 언젠가 우리가 외쳐야 할 것이었습니다. 하나님께 버려진다는 사실이 얼마나 두려운 일인지 알고 있습니까?

4. 우리를 대신해 하나님의 진노를 받으시는 예수님의 모습에서 무엇을 느낍니까? 예수님의 순종을 본받아 오늘 내가 행해야 할 일은 무엇입니까?

기도

1. 예수님이 우리를 위해 당하신 고난을 생각하며 한 주를 경건하게 살게 하소서.
2. 우리를 대신해 십자가의 형벌을 받으신 예수님의 사랑을 기억하게 하옵소서.
3. 예수님 덕분에 얻은 빛과 자유에 합당한 삶을 살게 하옵소서.

찬양 | 새찬송가 143장 웬 말인가 날 위하여

길잡이

십자가에서 하나님의 타협할 수 없는 거룩함과 무한한 사랑이 충돌했습니다. 그리고 예수님의 고뇌의 외침과 함께 우리는 구원을 얻었습니다. 예수님은 우리를 하나님 앞으로 인도하시려고 의인으로서 불의한 자를 대신하여 죽으셨습니다(벧전 3:18). 그리고 하나님은 아들에게 자신의 진노를 쏟아부으실 때 공의와 사랑을 보이심으로 그분의 역사를 이루셨습니다.

예수님은 오전 아홉 시에 십자가에 못 박히셨습니다. 그리고 정오에 세상은 어둠으로 변했습니다. 어둠은 우리 모든 사람의 죄 때문에 받는 하나님의 심판을 의미합니다. 또한 아들에 대한 아버지의 심판을 의미하기도 합니다. 죄 없으신 분이 우리를 위해 죄인이 되셨을 때 인간은 어둠에 가려 그것을 볼 수 없었습니다.

십자가에 못 박힌 예수님은 아들을 구원하기 거절하시는 하나님께 울부짖고 계십니다. "나의 하나님, 나의 하나님, 어찌하여 나를 버리셨나이까?" 하지만 아버지는 아들에게서 얼굴을 돌리셨습니다. 그런데 아들이 고난받을 때 아버지가 아무 느낌이나 동요 없이 그냥 계셨을까요? 하나님은 우리의 죗값을 치르시기 위해 고통 속에서 스스로에게 등을 돌리셔야만 했습니다. 하나님은 기꺼이 고난을 택하셨습니다. 하나님은 아들의 고난을 통해 인류를 구원하기로 정하셨습니다.

모든 완전함의 총체이신 분이 아버지께 버림 받았습니다. 하나님의 모든 충만함으로 가득 차신 분이 아버지의 얼굴을 볼 수 없게 되었습니다. 왜 아들은 아버지에게 버려져야 했습니까? 아버지의 거룩하심 때문입니다. 아버지는 아들을 많은 사람의 죄를 대신 진 자로, 즉 극악무도한 죄를 진 자로 여기셨습니다. 죄인인 우리가 자유로워질 수 있도록 우리를 대신하여 저주를 받으신 것입니다. 아버지의 진노가 아들에게 불같이 쏟아졌습니다. 말로 표현할 수 없이 큰 죄가 영원한 거룩, 공의와 충돌한 것입니다.

우리를 하나님께 안기게 하기 위해 예수님이 버려지셨음을 기억해야 합니다. 예수님은 우리가 빛에 거하도록 어둠을 통과하셨습니다. 우리가 복을 받을 수 있도록 저주를 당하셨습니다. 그리스도 안에서 죽는 사람에게는 어둠이 있을 수 없습니다. 우리는 빛 가운데 살다가 빛 가운데서 죽습니다. 그러므로 우리가 예배드리는 것은 당연합니다. 순종하는 것도 당연합니다. 섬기는 것 또한 당연합니다.

영적 성장 PLUS⁺ | 다섯째 날

고통 | "내가 목마르다."

요한복음 19장 28절

28 그 후에 예수께서 모든 일이 이미 이루어진 줄 아시고 성경을 응하게 하려 하사 이르시되 내가 목마르다 하시니

묵상

1. 예수님은 십자가 위에서 무엇이라고 말씀하셨습니까? 이렇게 말씀하신 이유가 무엇이라고 생각합니까?

2. 예수님은 성경을 응하게 하려고 하셨다고 말씀합니다. 여기서 알 수 있는 사실은 무엇입니까(요 8:29 참고)?

3. 예수님은 참 인간이 되셔서 이 땅에서 겪을 수 있는 모든 고통을 경험하셨습니다. 이 사실에서 당신이 얻는 위로는 무엇입니까(히 4:15 참고)?

4. 예수님은 우리의 목마름을 알고 해결해주기를 원하십니다. 당신은 얼마나 자주 예수님 앞에 나아갑니까? 예수님이 해결해주시기 원하는 당신의 목마름은 무엇입니까?

기도
1. 예수님이 우리를 위해 당하신 고난을 생각하며 한 주를 경건하게 살아가게 하소서.
2. 십자가 위에서 우리의 목마름을 대신 경험하신 예수님의 사랑을 기억하게 하옵소서.
3. 생명의 근원이신 그리스도를 만나 우리 영혼이 목마르지 않게 하소서.

찬양 | 새찬송가 144장 예수 나를 위하여

길잡이

심문과 채찍질 그리고 십자가를 거치면서 예수님은 심한 갈증을 느끼셨습니다. 예수님은 이때 "내가 목마르다"라고 말씀하셨습니다. 이 단순한 문장에는 수많은 의미가 있습니다. 예수님은 목마른 모든 사람 그리고 충족되지 않은 욕망이 있는 모든 사람을 대변하시는 것입니다.

그날의 목마름은 예수님 참 인간이셨음을 보여주는 증거입니다. 예수님의 갈증은 하나님의 진노가 가져온 맹렬한 열기 속에서 그 영혼이 당한 고뇌의 결과였습니다. 우리를 영원한 목마름에서 구원하시고자 예수님이 타는 목마름을 경험하신 것입니다. 예수님은 자신의 갈증을 해소하시려고 이 말씀을 하신 것이 아닙니다.

예수님이 이렇게 외치신 이유는 구약의 예언을 이루기 위해서입니다. 예수님은 십자가에 달리셔서 분명히 타는 듯한 목마름이 느끼셨습니다. 그런데 이 말씀을 통해 예수님이 당하신 고통의 깊이뿐단 아니라 그분이 하나님의 말씀에 얼마나 철저하게 순종했는지도 볼 수 있습니다. 예수님은 기록된 말씀에 모두 순종하셨습니다. 그분이 인간 세상에 오셔서 우리를 대신하여 하나님 말씀에 온전히 순종하셨기 때문에 우리 또한 순종할 수 있게 되었습니다.

물 한 모금이 없어서 갈증을 느끼시던 예수님 덕분에 우리는 이제 구원의 샘물을 마실 수 있습니다. 더 이상 목마를 필요가 없습니다. 예수님이 우리 대신 메마른 입술을 경험하셨기 때문입니다. 지옥의 불꽃이 우리에게 닿지 못하도록 예수님이 대신 지옥의 목마름을 경험하신 것입니다.

예수님은 누구든지 목마르거든 내게로 와서 마시라고 말씀하셨습니다. 우리를 대신해 목마름을 경험하셨기에, 목마른 자는 누구나 값없이 생수를 받을 수 있게 된 것입니다. 예수님께 나아오면 더는 목마르지 않을 것입니다. 예수님께 나아가십시오. 그러면 인생의 참된 기쁨과 평안을 맛보게 될 것입니다. 그리고 더는 목마르지 않을 것입니다.

2과 · 영적 성장 PLUS

3과

영혼의 호흡, 기도

암송 구절 요한복음 16장 24절

"지금까지는 너희가 내 이름으로 아무것도 구하지 아니하였으나 구하라 그리하면 받으리니 너희 기쁨이 충만하리라."

암송 구절은 반드시 암송해야 하는 것은 아니지만, 각 고의 핵심 구절이므로 숙지하는 것이 좋습니다. 함께 읽는 정도에서 시작해도 됩니다.

다루게 되는 내용

- 기도해야 하는 이유와 근거를 확실히 안다(1-2번).
- 어떤 내용으로 어떻게 기도할지를 배운다(3-6번).
- 기도를 방해하는 요소에는 어떤 것이 있으며, 어떻게 극복할 수 있을지를 배운다(7번).
- 서로를 위한 기도가 중요하다는 것을 이해한다(8-10번).
- 오늘 배운 내용을 기도를 직접 실천하는 계기를 삼아, 실제로 기도하는 사람이 된다.

마음의 문을 열며

흔히 기도를 영혼의 호흡이라고 말합니다. 그만큼 기도는 우리의 영적 성장에 중요한 요소라고 할 수 있습니다. 안타까운 현실은 오늘날 많은 그리스도인이 마치 영혼의 실어증에 걸린 것처럼 기도하지 않고 살아간다는 사실입니다. 통풍이 잘 안 되는 방에 있는 화초는 당장은 괜찮아 보일지 몰라도 시간이 지남에 따라 점점 시들해지는 것처럼, 기도를 게을리하는 사람은 영혼에 호흡 장애가 일어나서 결국은 그 영이 메말라버리고 맙니다. 이 시간 우리가 왜 기도해야 하는지, 무엇을 어떻게 기도해야 하는지에 대해 함께 배우고자 합니다. 예수님께 나아가 기도를 가르쳐달라고 간청했던 제자의 심정으로 성령의 음성에 귀 기울이는 시간이 되길 바랍니다(눅 11:1 참고).

> **누가복음 11:1** 예수께서 한곳에서 기도하시고 마치시매 제자 중 하나가 여짜오되 주여 요한이 자기 제자들에게 기도를 가르친 것과 같이 우리에게도 가르쳐 주옵소서.

🔊 오늘은 기도에 대해 배운다. 왜 기도에 대해 배워야 하는가?

신앙에서 가장 중요한 요소는 하나님과의 관계다. 하나님과 어떤 관계를 맺느냐에 따라 우리의 믿음과 삶의 질과 방향이 달라진다. 그런데 하나님과 풍성한 관계를 누릴 수 있는 수단이 바로 기도다. 하나님 앞에 나아가 기도하면 할수록 하나님과의 관계는 더욱 깊어지며, 우리 믿음이 자라게 된다. 그래서 기도를 영혼의 호흡이라고 한다. 호흡하지 못하면 성장하지 못하고 죽는 것처럼, 기도는 영적으로 성장하고 생명을 유지하는 데 필수다.

🔊 그렇다면 우리의 문제는 무엇인가?

영혼의 실어증이 걸린 사람처럼 기도하지 않고 살아가는 그리스도인이 많다는 것이다. 환기가 안 되는 곳에 화초를 두면 당장은 괜찮아 보여도 시간이 흐름에 따라 시들해지는 것처럼, 기도를 게을리하면 당장은 괜찮아 보일지 몰라도 영혼에 호흡 장애가 생겨 결국 그 영은 메말라버린다.

🔊 당신은 어떤가? 혹시 영혼의 실어증에 걸리지는 않았는가?

사실 우리는 모두 처음 신앙생활을 할 때부터 기도에 대해 배웠다. 그리고 기도에 대해 많이 들어왔다. 그래서 기도에 대해 잘 알고, 자신을 기도하는 사람이라고 생각하기 쉽다. 하지만 우리 중에 실제로 기도하는 사람은 많지 않다. 삶이 조금만 분주해져도 게을러지기가 쉬운 것이 기도다. 종교 개혁자 루터는 바쁠수록, 할 일이 많은 날일수록 평소보다 더 기도했다고 한다. 빌 하이벨스 목사는 "바빠서 기도합니다"라고 말했다. 이런 간절한 마음으로 기도 생활을 하는 사람이 많지 않은 것이 우리의 현실이다.

누가복음 11장 1절에서 예수님의 제자들은 예수님께 기도하는 방법을 가르쳐달라고 말한다. 그들은 이미 기도에 대해 충분히 알고 있었고, 시간을 정해서 매일 기도하던 사람들이었다. 그럼에도 그들은 예수님께 기도에 대해 배우길 원했다. 우리에게도 제자들과 같은 심령이 필요하다.

🔊 이 시간 기도란 무엇인지, 또 어떻게 하면 기도의 사람이 될 수 있는지 함께 살펴보자.

말씀의 씨를 뿌리며

기도해야 하는 이유

1 성경에서는 항상 깨어 쉬지 말고 기도하라고 가르칩니다. 그렇다면 믿는 성도가 기도해야 하는 이유가 무엇인지 다음 성경 말씀에서 살펴보기 바랍니다.

1) 기도는 명령이기 때문입니다.

> 데살로니가전서 5:17 쉬지 말고 기도하라.

🔊 데살로니가전서 5장 17절에서는 무엇이라고 말하는가?

> 쉬지 말고 기도하라고 하신 말씀에서 성도가 마땅히 따라야 할 명령이 기도임을 알 수 있다. 특히 이 명령은 기도가 얼마나 중요한지를 강조하고 있다.

🔊 기도는 하나님의 명령이다. 따라서 우리는 기도해야 한다. 그런데 기도해야 할 또 다른 중요한 이유가 있다. 다음 문제를 보라.

2) 예수님이 모범을 보이셨기 때문입니다.

> 누가복음 22:39 예수께서 나가사 습관을 따라 감람산에 가시매 제자들도 따라갔더니.

🔊 예수님이 어디로 가셨다고 말하는가?

감람산에 가셨다고 말한다. 본문에서 예수님이 십자가에 달리시기 전날 밤에 감람산에 가서 기도하시는 모습을 볼 수 있다. 예수님은 인생의 중요한 문제와 고난 앞에서 무엇보다 기도하기를 원하셨다. 그런데 성경에는 "습관을 따라"고 나왔다. 즉 예수님이 단순히 그때만 기도하신 것이 아니라, 항상 기도하셨음을 알 수 있다. 성경에는 쉬지 말고 기도하라는 명령뿐 아니라 예수님이 실제로 기도하신 모범이 잘 나와 있다.

🔊 그렇다면 왜 하나님은 기도하라고 명령하실까? 왜 예수님은 기도의 모범을 보이셨을까? 다음 질문을 보라.

> 기도에 관한 한, 주님은 별다른 갈등이 없으셨던 것처럼 보인다. 온갖 문제를 붙들고 씨름하는 나와는 차원이 달랐다. 그리스도는 한 번도 하늘 아버지의 존재를 의심하지 않으셨다. 정말 기도를 들으시기는 하는 걸까 초조해한 적도 없으셨다. 기도가 중요하다는 사실에 회의를 품지도 않으셨다. 오히려 보살펴주길 바라며 몰려드는 군중을 피해 하나님과 단둘이 시간을 보내셨으며, 기도에 전념하느라 밤을 꼬박 새우신 일도 있었다. **필립 얀시**(Philip Yancey)

3) 기도를 통해 하나님과의 인격적인 교제를 경험할 수 있기 때문입니다.

> **시편 42:1-2** 하나님이여 사슴이 시냇물을 찾기에 갈급함같이 내 영혼이 주를 찾기에 갈급하니이다 내 영혼이 하나님 곧 살아 계시는 하나님을 갈망하나니 내가 어느 때에 나아가서 하나님의 얼굴을 뵈올까.

🔊 시편 기자가 하나님을 찾기에 갈급했던 이유는 무엇인가?

하나님의 얼굴을 뵈옵기 위해서, 하나님과의 교제를 나누기 위해서 갈급했다고 말한다. 특별히 사슴이 시냇물을 찾기에 갈급한 것같이 갈급하다고 말한다. 이 갈급함은 가뭄이 들었을 때 물 한 모금을 찾기 위해 사방을 헤매는 간절함을 표현한 것이다.

🔊 하나님이 우리에게 기도하라고 명령하신 이유는 무엇이라고 생각하는가?

하나님은 우리의 필요를 아시고, 항상 채워주시는 분이다. 하지만 하나님은 우리에게 기도하라고 명령하시고, 기도할 때 응답하겠다고 말씀하셨다. 우리의 필요를 알고 채우시는 데, 기도라는 방식을 사용하시겠다는 것이다. 예를 들어 누군가에게 생일 선물을 줄 때 파티에서 줄 수도 있고, 우편으로 보낼 수도 있으며, 자고 있을 때 몰래 줄 수도 있다. 선물을 주는 방법은 다양하고, 주는 사람이 그것을 결정할 수 있다. 하나님은 기도라는 방식으로 우리의 필요를 채우기로 하신 것이다.

그렇다면 왜 하나님은 기도라는 방식으로 우리의 필요를 채우시는가? 그것은 교제가 목적이기 때문이다. 하나님은 기도하는 자리에 나온 우리와 만나고 교제하길 바라신다. 하나님이 정말로 우리에게 주길 원하시는 것은 바로 하나님과의 교제의 시간, 즉 하나님 자신이다. 물론 하나님은 우리가 기도하지 않은 것들도 주신다. 왜냐하면 하나님은 늘 우리가 기도하는 것 이상 주시는 분이기 때문이다. 다만 기도하지 않고 우리가 받는다면, 기도의 현장에서 하나님과 풍성한 교제를 나누며 얻는 기쁨과 은혜는 맛보지 못한다. 그래서 시편 기자는 이 기쁨과 은혜를 알기에 하나님을 찾기에 갈급하다고 말하는 것이다.

🔊 인격적인 교제와 더불어 기도의 현장에 가면 얻을 수 있는 것이 또 있다. 다음 질문을 보라.

> 우리는 하나님이 모르고 계신 사실을 가르쳐드리려고 기도하는 게 아니다. 잊고 계신 것을 상기해드리려는 것도 아니다. 하나님은 자녀가 구하는 일들을 벌써부터 보살펴오셨다. 자녀가 함께 문제를 해결하자고 찾아오길 오랫동안 기다리셨을 뿐이다. **필립 얀시**

> 기도는 무엇을 하거나 무엇을 얻기 위한 도구가 아니라, 존재하고(being) 존재가 되어가기(becoming) 위한 도구다…결과적으로 적절한 도구가 없기 때문에 사람은 대부분 내면세계 깊이 탐험해 들어가지 못한다. 혹 탐험한다 해도 그리 멀리 가지 못한다. 그래서 인생은 바다와 광야 사이의 경계에만 머물러서 무엇을 하고 무엇을 얻는 매우 한정된 능력만을 발휘하고 살게 된다. 유진 피터슨(Eugene Peterson)

4) 기도를 통해 위로와 도움을 경험할 수 있기 때문입니다.

> **히브리서 4:16** 그러므로 우리는 긍휼하심을 받고 때를 따라 돕는 은혜를 얻기 위하여 은혜의 보좌 앞에 담대히 나아갈 것이니라.

🔊 은혜의 보좌 앞에 나아가는 자는 무엇을 얻을 수 있다고 하는가?

> 긍휼하심과 돕는 은혜를 얻을 수 있다고 말한다. 긍휼하심은 '불쌍히 여기심' 혹은 '함께 아파하심'이라는 뜻이다. 하나님은 우리가 아픔을 느낄 때 함께 아파하고 우리를 위로해주시며, 실질적인 도움을 주신다. 즉 우리의 기도를 들으시며 그것에 세밀하게 응답해주신다. 은혜란 받을 자격이 없는 사람에게 후히 주는 것을 말한다. 이 모든 것은 은혜의 보좌, 즉 모든 것을 줄 수 있는 능력을 소유하신 주권자가 계신 곳으로 나아갈 때 얻을 수 있다.

🔊 인격적인 교제와 더불어 위로와 돕는 은혜를 기도의 현장에서 경험할 수 있다. 그리고 기도를 통해 우리가 할 수 있는 것이 또 한 가지 있다. 다음 질문을 보라.

5) 기도를 통해 영광 돌려드릴 수 있기 대문입니다.

> **요한복음 14:13** 너희가 내 이름으로 무엇을 구하든지 내가 행하리니 이는 아버지로 하여금 아들로 말미암아 영광을 받으시게 하려 함이라.

🔊 기도해야 하는 이유는 무엇인가?

하나님께 영광을 돌리기 위해서다. 그런데 왜 기도가 하나님의 영광을 위한 것인가? 기도는 하나님을 하나님으로 인정한다는 표시다. 하나님이 하나님이시면, 당신이 내게 필요하다고 고백하는 것이다. 하나님을 하나님으로 인정하지 않는 사람은 결코 기도할 수 없다. 우리가 하나님을 하나님으로 인정할 때(인정한다는 사실 자체가 높이는 것이다) 그분은 영광을 받으신다.

🔊 이 외에도 우리가 기도해야 하는 여러 가지 이유가 있을 수 있다. 그중 대표적인 다섯 가지를 살펴보았다. 당신은 어떤가? 기도해야 할 이유에 대한 분명한 확신이 있는가? 2번 질문을 보라.

---

2 위에서 살펴본 기도해야 하는 이유 중 새롭게 깨달았거나 특별히 와 닿는 점이 있습니까? 있다면 그 이유는 무엇입니까?

🔊 위에서 살펴본 다섯 가지 이유 중 새롭게 깨달은 점이 있는지, 아니면 특별히 와 닿는 점이 있는지 나누어보라.

이때 두 가지 측면을 고려해서 나누면 좋다. 첫째, 그동안 많이 느꼈던 점을 나누어보라. 실제로 기도를 통해 하나님과 교제하며 받았던 은혜나 기도 응답에 대해 나누어보라. 나눔을 하며 기도해야 하는 이유를 다시 한 번 확신할 수 있다. 둘째, 그동안 느끼지 못했었던 점을 나누어보라. 오늘 이 시간의 배움을 통해 새롭게 도전받았던 점이 있는지 점검해보라.

🔊 이상에서 우리는 기도해야 하는 이유를 배웠다. 그렇다면 어떻게 기도하면 좋을까? 주님이 가르쳐주신 기도로, 어떻게 기도하면 좋을지 살펴보자.

기도의 내용

3 기도의 생명은 기도의 내용에 있다고 할 수 있습니다. 하나님의 뜻에 합당한 기도는 반드시 응답되기 때문입니다. 예수님이 제자들에게 가르쳐주신 기도의 모범을 보고 우리가 어떻게 기도해야 할지를 배울 수 있습니다. 마태복음 6장 9-13절을 암송하십시오.

🔊 주기도문을 함께 암송해보라. 그동안 주기도문을 어떤 마음으로 암송해왔는가? 형식적으로 외웠는가? 아니면 주기도문의 의미를 충분히 이해하고 외웠는가?

신앙생활을 할 때 제일 처음에 배우는 것이 주기도문이다. 주기도문의 깊은 의미를 알 수 없다 하더라도, 주기도문을 외우는 것만으로 위로와 은혜를 받을 수 있다. 하지만 그 의미를 더 깊이 깨닫고 기도한다면 도움이 될 것이다. 안타깝게도 많은 사람이 신앙이 자라가면서 주기도문을 더 형식적으로 외우는 경우가 많다. 그래서 종교 개혁자 루터는 기독교 역사상 가장 큰 순교자가 주기도문이라고 말했다.

🔊 주기도문은 주님이 가르쳐주신 기도다. 그렇다면 예수님이 주기도문을 통해 기도의 어떤 부분을 가르치셨다고 생각하는가? 기도의 형식인가 아니면 내용인가?

기도의 형식이 아니라 기도의 내용을 가르치셨다. 기도를 가르쳐달라는 요구에 예수님이 형식이 아닌 내용을 가르치신 이유는 그만큼 내용이 중요하기 때문이다. 사실 기도는 말이기 때문에 어떻게 말하느냐가 중요하다고 생각하기 쉽다. 하지만 기도는 말이기 이전에 마음이다. 따라서 어떤 마음으로, 어떤 내용을 기도하느냐가 기도에서는 매우 중요하다. 말을 잘 못 해도 바른 내용으로 기도한다면 충분히 훌륭한 기도가 될 수 있다.

🔊 그럼 주기도문을 살펴보며 기도의 내용을 하나씩 살펴보자.

4 예수님은 하나님을 어떻게 부르라고 가르치셨습니까? 이런 호칭으로 하나님을 부르라고 하신 이유는 무엇입니까?

> 마태복음 6:9 　그러므로 너희는 이렇게 기도하라 하늘에 계신 우리 아버지여…

🔊 예수님은 하나님을 어떻게 부르라고 가르치셨는가?

"하늘에 계신 우리 아버지"라고 부르라고 가르치셨다. 여기서 "하늘에 계신"이라는 표현은 공간적 개념이 아니다. 하늘에 계시다는 것은 이 땅의 모든 것을 초월해서 계신 분이라는 뜻으로, 하나님이 이 땅의 모든 피조물을 다스리고 통치하는 분이심을 나타내는 표현이다. 그렇다면 왜 "하늘에 계신"을 언급하셨는가? 그만큼 우리가 기도하는 대상이 크신 분임을 보여주기 위해서다. 우리가 기도하는 대상은 모든 만물을 다스리고 통치하시는 분이다. 그분의 능력과 지혜는 광대하다. 그런데 우리는 그분을 너무 작은 분으로 여기고 있지는 않은지 돌아보아야 한다.

둘째, "아버지"라고 부르라고 가르치셨다. 하나님을 아버지라고 부르라고 하신 이유는 무엇인가? 하나님과 우리의 관계를 나타내기 위해서다. 아버지가 자녀를 위하듯, 하나님은 우리를 위하고, 우리를 위해 싸우는 분이심을 기억하라는 것이다. 또한 우리는 그분의 자녀로서 언제든지 그분 앞에 나갈 수 있고, 그분의 상속자로서 하나님의 부유함을 누릴 수 있다는 사실을 잊지 말아야 한다.

셋째, "우리" 아버지라고 부르셨다. '나의' 하나님이 아니라 '우리' 하나님으로 부르라는 것은 우리 기도가 자신에게만 집중되어 있으면 안 됨을 보여준다. 기독교인의 삶 자체가 그렇지만, 기도 응답은 선물이자 책임이다. 하나님이 값없는 선물로 우리에게 많은 것을 허락하시는데, 이것을 내가 아닌 우리를 위해 사용해야 할 책임이 있다.

5 주기도문에서 처음으로 구하는 세 가지는 무엇입니까? 이는 우리가 기도할 때 우선순위를 어디에 두어야 하는지를 보여줍니다. 평소 당신이 드리는 기도와 예수님의 기도를 비교해볼 때 무엇이 다릅니까?

> **마태복음 6:9-10** 그러므로 너희는 이렇게 기도하라 하늘에 계신 우리 아버지여 이름이 거룩히 여김을 받으시오며 나라가 임하시오며 뜻이 하늘에서 이루어진 것 같이 땅에서도 이루어지이다.

> **마태복음 6:33 참고** 그런즉 너희는 먼저 그의 나라와 그의 의를 구하라 그리하면 이 모든 것을 너희에게 더하시리라.

🔊 주기도문에서 처음으로 구하는 것은 두엇인가?

> 하나님의 이름과 나라와 뜻이다. 여기서 이름은 영광을, 나라는 통치를, 뜻은 목적과 계획을 의미한다. 우리는 우리 삶 가운데 하나님의 영광이 나타나도록, 그분의 통치가 이루어지도록, 또 그분의 목적과 계획이 이루어지도록 기도해야 한다. 예를 들어 직장을 위해 기도한다고 생각해보라. 내가 원하는 직장이나 내가 보기에 좋은 직장이 아니라, 하나님의 영광을 나타낼 수 있고, 하나님 나라를 확장하는 데 유익하며, 나를 향한 하나님의 목적과 계획에 합당한 직장이 어딘지 고민하고 기도하며 결정해나가는 것이 필요하다.

🔊 당신은 어떤가? 당신이 평소 전력을 다하는 기도 제목과 주님이 가르쳐주신 기도의 우선순위를 비교할 때 어떤 생각이 드는가?

🔊 각자 자신이 구하는 기도의 초점이 어디에 있는지 점검해보라.

🔊 그런데 여기서 기억할 점이 있다. 마태복음 6장 33절에서 우리가 하나님 나라와 그 의를 구할 때 어떻게 된다고 약속하셨는가?

> 모든 것을 더하시리라고 약속하셨다. 우리 삶 가운데 하나님의 이름과 나라와 뜻이 이루어진다고 생각해보라. 우리의 삶에서 하나님의 영광이 나타나고, 삶의 모든 부분에서 하나님의 통치가 이루어지며, 나를 향한 하나님의 뜻과 계획이 온전히 이루어진다고 생각해보라. 과연 우리 인생이 잘못되겠는가? 하나님의 뜻은 선하고 좋은 것이다. 왜냐하면 그분은 자녀에게 가장 좋은 것을 주는 아버지시기 때문이다.
>
> 또한 하나님의 이름과 나라와 뜻을 위해 기도할 때, 우리는 하나님이 반드시 응답하시리라고 확신할 수 있다. 이기적인 욕심 때문이 아니라 하나님의 이름과 나라와 뜻을 구한다면, 그분은 반드시 응답하실 것이기 때문이다.

❗ **TIP** 주기도문의 각 내용을 너무 자세히 다루면 시간이 모자랄 수 있다. 각 기도의 내용보다는 기도의 우선순위를 중심으로 나누도록 하라. 필요하다면 나중에 주기도문에 대해서 자세히 나누는 것이 좋다.

🔊 주기도문 앞의 세 가지가 하나님을 위한 기도라면, 뒤의 네 가지는 우리를 위한 기도라고 할 수 있다. 그것은 무엇인지 6번 질문에서 살펴보자.

---

6 다음으로 예수님이 구하라고 말씀하신 네 가지는 무엇입니까? 여기서 배울 점은 무엇이라고 생각합니까?

> **마태복음 6:11-13** 오늘 우리에게 일용할 양식을 주시옵고 우리가 우리에게 죄지은 자를 사하여 준 것같이 우리 죄를 사하여 주시옵고 우리를 시험에 들게 하지 마시옵고 다만 악에서 구하시옵소서 나라와 권세와 영광이 아버지께 영원히 있사옵나이다 아멘.

> **마태복음 7:11 참고**   너희가 악한 자라도 좋은 것으로 자식에게 줄 줄 알거든 하물며 하늘에 계신 너희 아버지께서 구하는 자에게 좋은 것으로 주시지 않겠느냐.

🔊 예수님이 구하라고 말씀하신 네 가지는 무엇인가?

일용할 양식과 죄 용서와 시험과 악에서 구원 받음을 위해 기도하라고 가르치셨다. 여기서 알 수 있는 사실은 무엇인가? 예수님이 구하라고 하신 것은 포괄적이다. 이 땅을 살아가면서 필요한 모든 것, 즉 일용할 양식(육적인 것), 죄 용서(영적인 것), 악과 시험에서의 구원(도덕적인 것)을 모두 포함한다. 하나님은 우리의 필요에 관심이 있으시고, 우리에게 무엇이 필요한지 우리 자신보다 더 잘 아시며, 그것을 채워주려고 하신다. 그리고 우리가 삶의 모든 것을 주님께 맡기고 의지하길 바라신다. 그런데 우리의 문제는 무엇인가? 하나님을 의지하지 않고 내 힘으로 하려고 애쓴다는 점이다. 대중목욕탕에 인생의 진리가 쓰여 있다. "맡기지 않은 물건은 책임지지 않습니다." 주님께 맡겨야 한다. 온전히 맡길 때 우리는 최선의 삶을 살 수 있다. 주님이 도우실 것을 확신하며 더 노력하기 때문이다.

또한 마태복음 7장 11절에서 하나님은 반드시 좋은 것으로 주시겠다고 말씀하셨다. 지금 당장은 안 좋아 보여도 결국 하나님이 좋고 선한 것으로 우리 인생의 필요를 채우실 것이다. 왜냐하면 그분의 우리의 아버지시기 때문이다.

🔊 당신은 어떤가? 하나님이 우리의 모든 필요를 아시고, 좋은 것으로 채워주시리란 사실을 믿는가?

믿는다면, 기도해야 한다. 그런데 많은 사람이 인생의 문제가 닥쳤을 때 구체적으로 기도하지 못한다. 이유는 무엇인가? 믿지 않기 때문이다.

🔊 왜 기도해야 하는지, 어떻게 기도해야 하는지 배웠다. 그런데 우리가 기도하는 삶을 살기 위해 반드시 필요한 것이 한 가지 있다. 그것은 무엇인지 7번 질문에서 살펴보자.

기도의 장애물

7 많은 성도가 기도해야 한다는 것을 알면서도 꾸준히 기도하지 못합니다. 당신은 언제 기도하기 어렵다고 느낍니까? 그리고 이것을 어떻게 극복했는지 나누어보십시오.

> **시편 116:1-2** 여호와께서 내 음성과 내 간구를 들으시므로 내가 그를 사랑하는도다 그의 귀를 내게 기울이셨으므로 내가 평생에 기도하리로다.

🔊 기도 생활을 꾸준히 하는 것이 어려운 이유는 무엇인가? 그리고 이것을 극복했다면 어떻게 그럴 수 있었는지 나누어보라.

기도하는 데 방해가 되었던 것들이 무엇이 있었는지 각자 나누어보고, 어떻게 극복하려고 노력했는지도 나누어보라. 각자의 이야기에 대한 해답을 주기보다는 공감을 해준 다음, 시편 116편 1-2절 말씀으로 정리하라.

🔊 시편 기자는 평생 기도했다고 말한다. 그가 이렇게 평생을 기도할 수 있었던 이유는 무엇인가?

시편 기자는 "내가 그를 사랑하는도다"라고 말했다. 결국 문제는 주님을 사랑하는 마음이다. 우리가 기도하지 못하는 이유는 주님을 향한 사랑이 식었기 때문이다. 환경이나 여건은 핑계일 뿐이다. 결국 주님을 찾는 마음이, 주님을 향한 간절함이 식었기 때문에 기도하지 못하는 것이다. 그렇다면 어떻게 주님에 대한 사랑을 키울 수 있을까? 첫째, 하나님에 대해 배워야 한다. 오늘 기도에 대해 배우는 이유도 여기에 있다. 기도를 왜 해야 하는지, 기도를 하면 어떤 유익이 있는지 배울 때 우리는 하나님을 더욱 사랑하게 되고, 기도의 자리로 나아가게 된다. 둘째, 행해야 한다. 기도하기 싫을 때가 있다. 그럴 때라도 억지로라도 기도의 자리에 나가면 그 자리에서 받는 은혜가 있다. 그 은혜를 맛보다 보면 하나님에 대한 사랑도 커지고 기도에 대한 열정이 불타는 것을 느끼게 될 것이다.

🔊 마지막으로 서로를 위한 기도에 대해 배워보자.

서로를 위한 기도

8 출애굽기 17장에는 이스라엘과 아말렉의 전투 장면이 나옵니다. 이 전투에서 여호수아는 한 군대를 이끌며 칼을 들고 열심히 싸웁니다. 이 군대 외에 기도로 싸움에 함께한 사람들을 발견할 수 있습니다. 그들은 누구며, 어떻게 기도했습니까?

> **출애굽기 17:8–13** 그때에 아말렉이 와서 이스라엘과 르비딤에서 싸우니라 모세가 여호수아에게 이르되 우리를 위하여 사람들을 택하여 나가서 아말렉과 싸우라 내일 내가 하나님의 지팡이를 손에 잡고 산꼭대기에 서리라 여호수아가 모세의 말대로 행하여 아말렉과 싸우고 모세와 아론과 훌은 산꼭대기에 올라가서 모세가 손을 들면 이스라엘이 이기고 손을 내리면 아말렉이 이기더니 모세의 팔이 피곤하매 그들이 돌을 가져다가 모세의 아래에 놓아 그가 그 위에 앉게 하고 아론과 훌이 한 사람은 이쪽에서, 한 사람은 저쪽에서 모세의 손을 붙들어 올렸더니 그 손이 해가 지도록 내려오지 아니한지라 여호수아가 칼날로 아말렉과 그 백성을 쳐서 무찌르니라.

🔊 모세가 기도할 때 누구의 도움이 필요했는가?

아론과 훌의 도움이 필요했다.

🔊 그들은 어떻게 모세를 도왔는가?

모세의 팔이 내려오지 않게 붙들어주었다. 손을 드는 것은 기도의 행위다. 모세가 계속 기도할 수 있도록 도와서 함께 기도한 것이다.

🔊 이스라엘이 승리하는 데 결정적 역할을 한 것은 무엇이었는가?

전쟁을 이기기 위해서는 두 가지 요소가 필요했다. 첫째, 군사다. 실제로 나가서 싸우는 군대가 필요했다. 둘째, 기도다. 이들을 위해 모세와 아론과 훌이 기도했다. 이 두 가지 없이는 승리할 수 없었다. 이 둘 중 하나만을 강조하기 쉬운데, 반드시 모두 필요하다.

🔊 공동체와 다른 사람을 위한 기도의 중요성은 성경 전체의 가르침이기도 하다. 9번 질문을 보라.

9 아말렉과의 전쟁에서 승리하도록 결정적 역할을 한 것은 모세와 아론과 훌의 기도였습니다. 다음 성경 구절에서 기도의 중요성을 확인해보십시오.

> **마태복음 18:19** 진실로 다시 너희에게 이르노니 너희 중의 두 사람이 땅에서 합심하여 무엇이든지 구하면 하늘에 계신 내 아버지께서 그들을 위하여 이루게 하시리라.

> **야고보서 5:16** 그러므로 너희 죄를 서로 고백하며 병이 낫기를 위하여 서로 기도하라 의인의 간구는 역사하는 힘이 큼이니라.

🔊 마태복음에서는 어떻게 기도하라고 나오는가?

주님은 두 사람이 합심하여 기도하라고 말씀하셨다. 여기서 두 사람은 기도해야 하는 명수를 강조한 것이 아니다. 함께 기도하기 위한 가장 작은 단위가 두 명이기 때문에 그렇게 표현한 것이다. 이 말씀은 믿는 성도들이 한마음으로 기도해야 한다는 의미다.

🔊 야고보서에서는 어떻게 기도하라고 나오는가?

서로 기도하라고 말한다. 한마음으로 함께 구할 뿐만 아니라 서로를 위해 기도하라고 말씀하신다.

🔊 왜 우리는 서로를 위해 기도해야 하는가?

첫째, 우리는 모두 약하기 때문이다. 이스라엘 민족 역사상 모세는 가장 위대한 지도자였다. 하지만 혼자 힘으로만 기도할 수는 없었고, 아론과 훌의 도움이 필요했다. 우리도 마찬가지다. 우리는 모두 연약한 존재다. 그래서 하나님은 우리가 서로를 돕고 세워주길 바라신다. 하나님이 당신에게 주신 가장 귀한 선물은 사람이다. 당신의 연약함을 다른 사람이 채워주고, 다른 사람의 연약함을 당신이 채워줄 때 우리는 더욱 든든히 세워질 수 있다.

둘째, 우리 자신을 위해서다. 다른 사람을 위해 기도하는 것 같지만, 기도하는 사람이 받는 은혜가 더 크다. 다른 사람을 위해 기도하다 보면 자신의 문제를 새로운 관점으로 보게 되고, 자신이 얼마나 많은 것을 받았는지 깨달을 수 있다. 또 어려운 형편 가운데 살아가는 사람들을 보며 도전받고 자신의 문제를 해결할 힘이 생기기도 한다.

셋째, 그리스도를 닮아가기 위해서다. 다른 사람을 위해 기도할 때, 우리를 위해 기도하는 예수님의 마음을 이해하고 닮게 된다.

🔊 당신은 서로를 위한 기도의 중요성을 이해하고 있는가? 그렇다면 무엇을 해야 할까? 10번 질문을 보라.

10 신앙이 성숙하지 못한 사람의 특징 중 하나는 기도의 내용이 자신에게 집중되어 있다는 것입니다. 믿음이 자랄수록 기도의 초점을 하나님과 다른 사람에게 맞추게 됩니다. 당신의 기도는 어디에 초점이 맞춰져 있습니까? 당신 주변에 당신의 기도가 절실히 필요한 사람이 있습니까?

🔊 서로를 위한 기도도 마찬가지다. 서로를 위한 기도의 중요성을 아는 것보다 실제로 기도하는 것이 더 중요하다. 각자 자신의 중보기도가 필요한 사람이 누구인지 나누어보라.

삶의 열매를 거두며

오늘 우리는 기도해야 하는 이유와 기도의 내용, 방법 그리고 기도 생활을 가로막는 장애물에 대해 배웠습니다. 하지만 기도에 대해 아는 것보다 중요한 것은 실제로 기도하는 것입니다. 예수님은 기도를 이론으로만 가르치지 않으시고, 기도의 본을 직접 삶으로 보여주셨습니다. 이번 한 주간 예수님의 모범을 따라 매일 기도하는 시간을 보내봅시다.

나는 이번 한 주간 매일 _____부터 _____까지 _____에서 기도하는 시간을 보내겠습니다.

🔊 각자 빈칸을 채우고서 옆 사람과 적은 내용을 나눈다.

영적 성장 PLUS⁺ | 첫째 날

ACTS 기도 복습

기도의 내용과 기도의 네 가지 요소를 배웠습니다. 이제 다음 내용을 참조하여 매일 아침과 저녁에 드릴 수 있는 자신만의 기도문을 작성하기 바랍니다.

1. 경배와 찬양(Adoration)

하나님을 높이는 찬송을 선택하여 부르거나 찬양 시편 중 하나를 선택하여 읽는 것으로 시작해보십시오(시 8, 18, 19, 23, 46, 100, 148편 등). 그리고 당신의 마음에 감동이 오는 하나님의 속성과 하나님이 하신 일을 생각하며 그분을 높입니다.

예 "든든한 반석이신 하나님, 당신의 힘과 능력을 찬양하며 경배합니다."

2. 고백(Confession)

> 요한일서 1:9 만일 우리가 우리 죄를 자백하면 그는 미쁘시고 의로우사 우리 죄를 사하시며 우리를 모든 불의에서 깨끗하게 하실 것이요.

생각나는 죄를 하나님 앞에 고백합니다. 미쁘시고 의로우신 하나님이 용서해 주실 것을 믿으십시오.

예 "신실하신 하나님 저의 죄를 고백합니다. _____ 죄를 용서해주시길 기도합니다. 그 죄에서 돌이켜 주님 용서의 은혜를 힘입고 다시 반복해서 죄를 짓지 않게 해주세요."

3. 감사(Thanksgiving)

> **데살로니가전서 5:18** 범사에 감사하라 이것이 그리스도 예수 안에서 너희를 향하신 하나님의 뜻이니라.

다양한 감사의 조건을 찾아보기 바랍니다.

예 "늘 신실하셔서 저의 기도를 들으시고 응답하시는 하나님 _____ 해주심을 감사드립니다. 주님이 베푸신 은혜에 늘 감사를 잊지 않게 하소서."

4. 간구(Supplication)

> **히브리서 4:16** 그러므로 우리는 긍휼하심을 받고 때를 따라 돕는 은혜를 얻기 위하여 은혜의 보좌 앞에 담대히 나아갈 것이니라.

오늘 나 자신과 다른 사람들의 필요를 생각하고 간구하며 나아갑니다.

예 "하나님, 간구합니다. _____ 를 위해 기도합니다. 예수님의 이름으로 기도드립니다. 아멘."

영적 성장 PLUS⁺ | 둘째 날

말씀으로 드리는 기도

시편 23편과 시편 121편 말씀을 묵상해보십시오. 그런 다음 '나'(또는 '너') 대신에 자신이나 가족의 이름을 넣어 기도문을 작성하여, 잘 보이는 곳에 붙여놓고 읽으면서 기도해보십시오.

1. 시편 23편

여호와는 나의 목자시니 내게 부족함이 없으리로다
그가 나를 푸른 풀밭에 누이시며 쉴 만한 물가로 인도하시는도다
내 영혼을 소생시키시고 자기 이름을 위하여 의의 길로 인도하시는도다
내가 사망의 음침한 골짜기로 다닐지라도 해를 두려워하지 않을 것은
주께서 나와 함께하심이라 주의 지팡이와 막대기가 나를 안위하시나이다
주께서 내 원수의 목전에 내게 상을 차려주시고 기름을 내 머리에 부으셨으니 내 잔이 넘치나이다
내 평생에 선하심과 인자하심이 반드시 나를 따르리니 내가 여호와의 집에 영원히 살리로다.

2. 시편 121편

내가 산을 향하여 눈을 들리라 나의 도움이 어디서 올까
나의 도움은 천지를 지으신 여호와에게서로다
여호와께서 너를 실족하지 아니하게 하시며 너를 지키시는 이가 졸지 아니하

시리로다

이스라엘을 지키시는 이는 졸지도 아니하시고 주무시지도 아니하시리로다

여호와는 너를 지키시는 이시라 여호와께서 네 오른쪽에서 네 그늘이 되시나니

낮의 해가 너를 상하게 하지 아니하며 밤의 달도 너를 해치지 아니하리로다

여호와께서 너를 지켜 모든 환난을 면하게 하시며 또 네 영혼을 지키시리로다

여호와께서 너의 출입을 지금부터 영원히 지키시리로다.

영적 성장 PLUS⁺ | 셋째 날

가정을 위한 기도

다음 기도 내용을 참고하여 가정과 자녀를 위한 기도문을 작성하고 가족이 함께 기도하는 시간을 보내십시오.

> **에베소서 6:1-4** 자녀들아 주 안에서 너희 부모에게 순종하라 이것이 옳으니라 네 아버지와 어머니를 공경하라 이것은 약속이 있는 첫 계명이니 이로써 네가 잘 되고 땅에서 장수하리라 또 아비들아 너희 자녀를 노엽게 하지 말고 오직 주의 교훈과 훈계로 양육하라.

"이 땅에 하나님의 기초 공동체인 가정을 세워주신 하나님 아버지께 감사합니다. 사랑하는 부모님과 형제자매 그리고 아들과 딸을 한 가족으로 만나게 해 주셔서 부모님을 통해 하나님의 사랑과 은혜를 배우게 하시고 자녀를 바라보며 하나님 아버지의 마음을 알 수 있도록 우리에게 아름답고 축복된 가정을 허락하신 하나님께 감사드립니다.

　머리 숙여 간절히 바라는 것은 우리 가정이 하나님이 의도하신 목적대로 하나님을 기쁘시게 해드리는 가정이 되기를 원합니다. 그러나 때로는 우리의 욕심과 부족함 때문에 자녀에게 상처를 주고 부모님의 뜻에 불순종하며 하나 되어야 하는 형제와 분리되어 하나님이 기뻐하시는 가정의 모습을 잃어버리고 고통스러울 때가 있습니다. 우리 가족을 긍휼히 여겨주시고 온 가족이 오직 주님의 말씀에 순종하여 하나님이 기뻐하시는 작은 천국을 이루게 하옵소서. 우리 자녀가 부모에게 순종하는 마음을 품을 수 있게 하셔서 부모를 통하여 전해지는 하나님의 은혜와 축복을 공급받게 하시옵소서. 부모는 자녀를 오직 주님의 교훈과 훈계로 양육하여 하나님의 기업으로 세우게 하옵소서. 그래서 우리가 하나님이 기뻐하시는 가정으로 세워지기 원합니다.

가족을 사랑할 때 예수 그리스도의 사랑을 기준으로 삼게 하시고 감사와 존경으로 그 사랑을 표현하게 하셔서 온 가족에게 천국의 은혜가 넘쳐나게 하옵소서. 그리하여 어두운 세상 속에서 길 잃은 가정들을 향하여 그리스도의 빛, 희망의 빛을 발하게 하소서. 예수님의 이름으로 기도합니다. 아멘."

영적 성장 PLUS⁺ | 넷째 날

교회를 위한 기도

다음 기도 내용을 참고하여 교회를 위한 기도를 작성해보십시오.

> 에베소서 4:14-15 이는 우리가 이제부터 어린아이가 되지 아니하여 사람의 속임수와 간사한 유혹에 빠져 온갖 교훈의 풍조에 밀려 요동하지 않게 하려 함이라 오직 사랑 안에서 참된 것을 하여 범사에 그에게까지 자랄지라 그는 머리니 곧 그리스도라.

"교회의 머리가 되시는 주님, 우리에게 귀한 공동체를 허락하셔서 성도가 교제하며 더불어 기쁨과 성장을 맛보게 하심에 감사드립니다. 또한 각 공동체를 통해 삶 속에서 예수 그리스도를 닮아가도록 도전받게 하시고 믿음의 사람으로 더욱 자라가게 하심을 찬양합니다.

이 시간 주님께 간구하오니 우리 공동체 가운데 임재하셔서 우리로 말씀 안에 하나 되게 하시고 성령으로 뜨거워져 가정과 사회를 변화시키는 신실한 제자로 일어서게 하옵소서. 특별히 섬기는 리더 가운데 함께해주셔서 목자의 심정으로 이끌어가게 하시고 마귀의 영적 공격에서 철통같이 보호하여 주옵소서. 모임에서 우리 각자의 삶을 나눌 때마다 형제애로 뜨겁게 공감하고 함께 기도하여 하나님의 뜻을 발견하고 응답받는 은혜를 체험하게 하옵소서. 그래서 공동체가 함께 울고 웃으며 믿음 안에 하나 되는 천국 공동체가 될 뿐만 아니라 어린아이에서 온전한 제자가 되는 영적 훈련소가 되게 하옵소서.

공생애 3년 동안 제자들을 훈련하여 그들로 교회를 세우신 주님, 공동체를 통해 무한한 믿음의 능력으로 무장되게 하시고, 기도와 헌신이 살아나는 영적 성장을 경험하게 하옵소서. 그래서 이 공동체가 주님의 귀한 제자들이 성장하는 영적 재생산의 현장이 되게 하옵소서. 또한 치열한 영적 전투의 현장에서 정면 돌파하는 믿음의 용사들이 세워지는 곳이 되게 하옵소서. 예수님의 이름으로 기도합니다. 아멘."

영적 성장 PLUS⁺ | 다섯째 날

세상과 일터를 위한 기도

다음 기도 내용을 참고하여 세상에서, 특별히 직장에서 승리하는 삶을 위한 기도를 작성해보십시오.

> **시편 37:4-6** 또 여호와를 기뻐하라 그가 네 마음의 소원을 네게 이루어 주시리로다 네 길을 여호와께 맡기라 그를 의지하면 그가 이루시고 네 의를 빛같이 나타내시며 네 공의를 정오의 빛같이 하시리로다.

"우리를 세상의 빛으로 부르신 하나님, 우리에게 세상으로 보냄 받은 그리스도의 제자로서의 소명을 허락하시고, 소명의 터전인 직장에 파송하시며, 직장 내에서 그리스도의 향기로서 빛 된 사명을 감당하게 하심에 감사를 드립니다.
 하나님께서 우리에게 귀한 직장을 허락하셨음에도, 그곳에 보내신 소명을 감당하지 못한 채 영적으로 무기력한 직장 생활을 할 때가 많음을 고백하오니, 불쌍히 여겨주옵소서. 우리를 보내신 분이 하나님이심을 다시 한번 깨닫고, 직장에 보내신 하나님의 목적과 소명을 가슴에 새기며, 우리를 통해 이루실 하나님 나라의 확장에 대한 소망을 품고 직장 내에서 영적으로 승리하는 소명자의 삶을 살게 하옵소서. 세상의 유혹 속에서도 흔들리지 않고 다니엘처럼 평생 하나님만을 섬기며 직장 내에서 구별된 삶을 살게 하옵소서. 우리의 인격과 삶을 통해 믿음의 본을 보이고, 우리의 입술과 행동을 통해 그리스도를 드러내게 하셔서, 우리가 섬기는 직장이 그리스도를 전하는 소명의 땅이 되게 하옵소서. 한 영혼을 소중히 여기는 마음을 허락하시고, 관계를 통해 서로 덕을 세우게 하시며, 만남을 통해 그리스도의 사랑을 나타내고 예수님께로 인도하는 은혜를 주옵소서. 요셉에게 지혜와 능력을 허락해주셔서 그가 맡은 일들을 잘 감당했던 것같이 우리도 업무나 능력 면에서 세상 사람들에게 모범이 되게 하셔서 지혜와 능력의 근원이 하나님이심을 세상에 선포하게 하옵소서.

우리의 직업을 통해 하나님의 영광을 드러내고, 우리 일터가 하나님을 예배하는 장이 되길 간절히 사모합니다. 예수님의 이름으로 기도드립니다. 아멘."

PART 2

믿음의 내용

4과

하나님은 누구신가?

암송 구절 요한계시록 1장 8절

"주 하나님이 이르시되 나는 알파와 오메가라 이제도 있고 전에도 있었고 장차 올 자요 전능한 자라 하시더라."

"전능하사 천지를 만드신 하나님 아버지를 내가 믿사오며"(사도신경).

암송 구절은 반드시 암송해야 하는 것은 아니지만, 각 과의 핵심 구절이므로 숙지하는 것이 좋습니다. 함께 읽는 정도에서 시작해도 됩니다.

다루게 되는 내용

- 하나님이 어떤 분이신지(하나님의 속성) 이해한다(1-4번).
- 하나님이 하신 일(하나님의 사역)을 알고 그분의 위대하심을 깨닫는다(5-7번).
- 하나님 이름의 종류와 의미를 깨닫고, 그 가운데 위로와 은혜를 경험한다(8-10번).

마음의 문을 열며

사도신경은 기독교 신앙의 핵심 진리가 담겨 있는 신앙 고백으로, 그리스도인이라면 반드시 깨닫고 믿으며 고백해야 할 내용으로 구성되어 있습니다. 또 기독교 신앙의 정수가 담겨 있으며, 우리가 무엇을 믿고 있는지 함축적으로 표현되어 있습니다. 안타까운 점은 많은 사람이 사도신경 안에 담긴 기독교 진리의 풍성함을 깨닫지 못하고 형식적으로 신앙을 고백하는 경우가 많다는 것입니다. 앞으로 다섯 과에 걸쳐 사도신경의 고백을 중심으로 기독교의 핵심 진리에 대해 배우게 될 것입니다. 이를 통해 믿음의 확신과 그리스도인으로서의 정체성이 더욱 분명해지고 믿음이 깊어질 것입니다. 오늘은 하나님이 어떤 분이신지를 다룹니다. 하나님을 아는 지식만큼 인간에게 소중한 것은 없습니다. 왜냐하면 하나님을 어떤 분으로 알고 있느냐에 따라 우리의 신앙과 삶의 수준, 방향이 달라지기 때문입니다.

🔊 **왜 사도신경에 대해 배워야 하는가?**

사도신경에는 기독교 신앙의 핵심 진리가 담겨 있다. 사도신경은 그리스도인이라면 반드시 깨닫고 배우며 시인해야 할 내용을 고백 형식으로 표현한 것이다. 따라서 사도신경을 통해 우리는 믿음에 대한 분명한 확신을 품고, 우리가 갖춰야 할 그리스도인의 정체성이 무엇인지 배울 수 있다.
삶을 여행이라고 비유한다면, 수백만 단어로 된 성경은 그 안에 온갖 정보를 담고 있는 지도(각 지역의 세세한 정보를 담고 있는)라고 할 수 있다. 반면 백여 단어로 된 사도신경(사도들이 썼다는 의견도 있으나 사도적 교리를 담고 있기 때문에 사도신경이라고 부르며, 신경은 신앙의 원칙, 신앙 고백을 의미한다)은 기독교 신앙의 핵심만을 담고 있는 약도(목적지를 가기 위한 핵심 정보가 담긴)라고 할 수 있다. 우리가 여행을 떠날 때 지도는 물론 어떤 경우에는 약도도 필요한 것처럼, 사도신경 역시 우리 믿음에서 중요한 역할을 한다.

🔊 당신은 어떤가? 사도신경에 대해 잘 알고 있는가?

기독교 신앙을 접하고 제일 먼저 배우며 익히는 것이 주기도문과 사도신경이다. 그런데 사도신경의 내용을 온전히 숙지하여 자기 것으로 고백하는 사람은 많지 않다. 교회도 다니고 오랜 시간 신앙생활을 해왔음에도, 자신이 믿는 신앙의 내용이 정확히 무엇인지 대답하지 못하는 경우가 많다. 따라서 사도신경을 통해 다시 한 번 우리가 믿는 믿음의 내용을 정리하는 것은 믿음 생활에 많은 도움이 될 것이다.

🔊 오늘은 사도신경의 내용 중 하나님에 대해 배운다. 왜 하나님에 대해 배워야 하는가?

하나님을 어떤 분으로 생각하느냐에 따라 우리의 신앙, 삶의 수준, 방향이 결정되기 때문이다. 신앙이란 결국 하나님과의 관계의 문제다. 관계에서 가장 중요한 것은 상대방에 대한 이해다. 상대방을 잘못 이해한다면, 관계에서 얻는 유익을 누리지 못하게 된다.

어느 부자가 있었다. 아들이 너무 말을 듣지 않자 아버지는 이렇게 말했다. "하나님은 우리를 늘 지켜보고 계신단다. 그런데 이렇게 네가 잘못하면, 하나님이 천국으로 가는 사다리에서 다리를 하나씩 빼신단다. 그러면 나중에 천국에 가지 못하게 돼." 물론 교육적으로는 효과가 있을지 모르지만, 하나님을 무서운 분으로, 우리의 잘못을 지켜보고 책망하시는 분으로만 이해하게 할 위험이 있다. 이렇게 하나님을 무서운 분으로만 안다면, 하나님의 사랑과 은혜가 주는 풍요로움을 누리지 못할 수도 있다. 하나님이 어떤 분이신지에 대한 이해는 우리가 삶과 신앙에 어떤 태도와 자세를 취할 것인지 매우 큰 영향을 준다.

🔊 당신은 어떤가? 당신의 하나님은 어떤 분이신가?

하나님이 어떤 분이신지에 대한 질문을 접할 때마다 느끼는 것은 우리가 하나님에 대해 여전히 많이 모른다는 점이다. 어쩌면 이는 당연한 일일지도 모른다. 그만큼 하나님은 크고 위대하며 무한한 분이시기에, 인간이 다 이해할 수는 없다. 그렇기 때문에 우리는 매일 하나님에 대해 배워가기 위해 힘써야 한다.

🔊 이 시간 함께 하나님에 대해 배우고, 하나님을 아는 지식이 주는 유익이 얼마나 큰지 나누어보자.

말씀의 씨를 뿌리며

하나님의 속성

1 사도신경은 "전능하사"라는 단어로 시작합니다. 이 단어는 하나님이 어떤 분이신지를 보여주는 단적인 표현으로, 성도가 알아야 할 첫 번째 지식은 하나님의 성품에 대한 것입니다. 다음 성경구절에서 하나님이 어떤 분이신지 살펴보십시오.

> **창세기 18:14** 여호와께 능하지 못한 일이 있겠느냐 기한이 이를 때에 내가 네게로 돌아오리니 사라에게 아들이 있으리라.

🔊 창세기 18장 14절에서는 하나님을 어떤 분이시라고 소개하는가?

"능하지 못한 일이 있겠느냐"라고 말한다. 달리 말하면 하나님은 못하실 일이 없는 전능하신 분이라는 것이다. 전능하심이란 모든 능력이 있으신 하나님이 뜻하신 모든 일을 이루실 수 있다는 뜻이다. 다만 전능하신 하나님도 자신의 성품과 어긋난 일은 행하실 수 없다. 예를 들어 하나님은 거룩하신 분이다. 따라서 악을 행하실 수는 없다.

🔊 실제로 하나님은 아브라함에게 자신의 전능하심을 어떻게 나타내셨는가?

하나님은 사라에게 아들이 있을 것이라고 약속했다. 당시 사라는 나이가 많아 아이를 낳을 수 없는 형편이었다. 따라서 하나님이 아들을 주겠다고 하셨을 때, 사라는 속으로 비웃었다. 하지만 하나님은 약속대로 사라에게 아들을 주셨다. 자신이 행하지 못할 일이 없음을 보여주신 것이다.

🔊 하나님은 전능하신 분이다. 그럼 요한계시록에서는 하나님을 어떤 분이라고 말하는가?

> **요한계시록 1:8** 주 하나님이 이르시되 나는 알파와 오메가라 이제도 있고 전에도 있었고 장차 올 자요 전능한 자라 하시더라.

🔊 요한계시록 1장 8절에서는 하나님을 어떤 분으로 소개하는가?

하나님은 이제도 계시고 전에도 계셨었다고 말한다. 즉 하나님은 영원하신 분이라는 뜻이다. 하나님은 그 존재에 있어 시작과 끝이 없는, 즉 시간을 초월하신 분이다.

🔊 하나님은 시간을 초월하신 분일 뿐만 아니라, 공간도 초월하신 분이다. 예레미야 말씀을 보라.

> **예레미야 23:23-24** 여호와의 말씀이니라 나는 가까운 데에 있는 하나님이요 먼 데에 있는 하나님은 아니냐 여호와의 말씀이니라 사람이 내게 보이지 아니하려고 누가 자신을 은밀한 곳에 숨길 수 있겠느냐 여호와가 말하노라 나는 천지에 충만하지 아니하냐.

🔊 예레미야 23장 23-24절에서는 하나님을 어떤 분이시라고 소개하는가?

하나님을 어느 곳이나 계시는, 천지에 충만하신 분으로 소개한다. 하나님은 장소에 제약을 받지 않고 공간을 초월하여 모든 곳에 계신 분이다.

🔊 당신은 하나님이 전능하시고, 시간과 공간을 초월하여 존재하시는 분임을 믿는가?

'어떻게 하나님이 시간과 공간을 초월해 계시지? 어떻게 하나님은 무엇이든지 다 행하실 수 있지?'라는 의문이 들 수 있다. 사실 시간과 공간에 갇혀 있는 유한한 피조물인 인간이, 시간과 공간을 초월한 무한한 하나님의 존재를 온전히 이해하는 것은 불가능하다. 예를 들어 개미는 1차원의 개념밖에는 없다고 한다. 따라서 개미는 곡선이라는 개념을 이해할 수 없다. 2차원 동물인 달팽이에게는 곡선의 개념은 있지만 높이라는 개념이 없다. 따라서 달팽이는 점프라는 개념을 이해할 수 없다. 아무리 메뚜기가 점프라는 개념을 설명하려 해도 달팽이는 결코 알 수 없을 것이다. 마찬가지로 인간은 하나님에 대해 온전히 이해할 수 없다. 다만 하나님이 어떤 분이신지 배우고, 이런 지식이 주는 유익을 누릴 수 있어야 한다. 사과가 있다고 가정해보자. 사과가 왜 이렇게 생겼는지 이해한 다음, 사과의 존재를 받아들이는 사람은 없다. 먼저 사과의 존재를 받아들이고 사과의 특성을 이해한 뒤 사과가 주는 유익을 누린다. '사과가 왜 이렇게 생겼을까?'라는 질문에 빠져, 정작 맛있는 사과를 즐기지 못하는 우를 범해서는 안 된다.

하나님이 시간과 공간을 초월해 존재하시고, 전능하시다는 사실이 우리에게 주는 위로가 얼마나 큰가? 이미 여자로서 기능을 다한 사라에게 아들을 주신 하나님의 전능하심을 믿는다면, 우리에게 두렵고 염려할 것이 있겠는가? 시간과 공간을 초월해서 존재하시는 하나님이 내가 어디에 있든지 함께 계시다는 사실이 살아가는 데 얼마나 큰 힘을 주겠는가?

> 하나님께는 당신을 보호해줄 모든 능력, 당신을 인도해줄 모든 지혜, 당신을 용서해줄 모든 자비, 당신을 부요하게 할 모든 은혜, 당신에게 입혀줄 모든 의, 당신에게 전해줄 모든 선 그리고 당신에게 부어줄 모든 복이 있다.
> **토머스 브룩스**(Thomas Brooks)

🔊 하나님은 전능하시고 영원하시며 모든 곳에 계신 분이시다. 이런 속성이 유한한 인간에게는 절대 있을 수 없다. 하지만 하나님의 속성 중에는 우리에게도 있는 것이 있다. 2번 질문을 보라.

---

2 하나님의 속성은 크게 두 가지로 구분할 수 있습니다. 하나는 하나님만이 소유하시는 비공유적 속성이고, 다른 하나는 하나님과 인간이 함께 소유하는 공유적 속성입니다. 공유적 속성은 우리가 닮아가야 하는 것임을 의미하기도 합니다. 다음 성경 구절에서 우리가 닮아가야 할 하나님의 속성이 무엇인지 찾아보십시오.

> **레위기 19:2** 너는 이스라엘 자손의 온 회중에게 말하여 이르라 너희는 거룩하라 이는 나 여호와 너희 하나님이 거룩함이니라.

🔊 레위기 19장 2절에서는 하나님을 어떤 분이시라고 말하는가?

거룩하신 분이라고 말한다. 거룩하다는 말은 '구별하다, 깨끗하다'는 뜻이다. 하나님은 죄와 악과는 분리된(구별된), 죄와 악을 하나도 찾아볼 수 없는, 도덕적으로 완전한 분이시다.

🔊 하나님이 그분 자신을 거룩한 존재라고 말씀하신 후, 우리에게 주신 명령은 무엇인가?

자신처럼 거룩해지라고 하셨다. 성경은 우리는 하나님의 형상을 따라 지어졌다고 말한다. 달리 말하면 하나님은 우리가 자신을 닮아가길 바라신다. 따라서 우리는 하나님이 어떤 분이신지 아는 것에서 멈추지 않고, 그분을 닮아가야 한다.

🔊 하나님은 그분 자신을 거룩하다고 말씀하셨다. 계속해서 시편 기자는 하나님을 어떤 분으로 고백했는지 살펴보자.

> **시편 100:5** 여호와는 선하시니 그의 인자하심이 영원하고 그의 성실하심이 대대에 이르리로다.

🔊 시편 100편 5절에서는 하나님을 어떤 분으로 소개하는가?

선하시고 인자하시며 성실하신 분으로 소개한다. 여기서 선하심이란 좋다는 뜻으로, 하나님은 어떤 나쁜 의도나 계획, 행함이 없는 완벽하게 좋으신 분이다. 인자하심이란 용서와 긍휼을 베푸는 자비로운 성품을 말한다. 성실하심이란 변함없는, 한결같은 분이라는 뜻이다. 특히 시편 기자는 "대대에 이르리로다"라고 말함으로, 하나님이 언제나 선하시고 인자하시며 성실하신 분임을 강조한다. 시편 36편을 보라.

> **시편 36:5** 여호와여 주의 인자하심이 하늘에 있고 주의 진실하심이 공중에 사무쳤으며.

🔊 시편 36편 5절에서는 하나님을 어떤 분으로 소개하는가?

인자하시고 진실하신 분으로 소개한다. 여기서 진실하심은 성실하심과 같은 의미다. 특히 하늘에 있고 공중에 사무쳤다는 표현을 통해, 하나님의 인자와 진실(성실)이 그만큼 크고 확실함을, 공간적으로 어디서나 동일함을 보여준다.

> 인간의 신앙은 때때로 실망하게 하지만, 하나님의 신실하심은 절대 그분을 실망하게 하지 않는다. **윌리엄 그린힐**(Willian Greenhill)

🔊 하나님은 거룩하시고 선하시며 인자하시고 성실하신 분이다. 그런데 이런 하나님의 성품은 우리가 닮아가야 할 성품이기도 하다. 당신은 어떤가? 하나님을 닮아가야 한다는 사실에서 무엇을 느끼는가?

물론 우리에게 부담이기도 하다. 하지만 기억할 것이 있다. 그것은 좋은 것을 주고픈 아버지의 마음이다. 우리는 누군가를 미워하는 것이 더 마음이 편하고 우리에게 좋다고 생각한다. 하지만 그렇지 않다. 미움은 오히려 우리 자신을 상하게 만든다. 미워하는 것보다 품고 사랑하는 것이 우리 자신을 위해서 좋다. 하나님을 닮으라고 말하는 이유는 자녀에게 좋은 것을 주고자 하는 아버지의 심정 때문이다.

🔊 이상에서 우리는 하나님의 여러 성품에 대해 배웠다. 그런데 가장 중요한 하나님의 성품이 있다. 그것이 무엇인지 3번 질문에서 살펴보자.

---

3 인간이 하나님을 온전하게 이해한다는 것은 불가능합니다. 앞에서 살펴본 성품이 하나님의 성품을 전부 나타내는 것도 아닙니다. 또한 하나님께는 모든 성품이 동시에 있지 그분은 성품별로 구분되는 존재도 아닙니다. 우리는 다만 성경이 말하는 범위 내에서 하나님을 끊임없이 알아가고 닮아가고자 노력해야 할 것입니다. 하나님의 성품 중 가장 중요한 것은 무엇일까요?

> **요한일서 4:16** 하나님이 우리를 사랑하시는 사랑을 우리가 알고 믿었노니 하나님은 사랑이시라 사랑 안에 거하는 자는 하나님 안에 거하고 하나님도 그의 안에 거하시느니라.

🔊 요한일서 4장 16절에서는 하나님을 어떤 분으로 표현하고 있는가?

> 하나님은 사랑이시라고 말한다. 하나님이 우리를 사랑하신다고 말하는 게 아니라 그분이 사랑 자체이심을 말하고 있다.

🔊 왜 사랑이 가장 중요한 속성이라고 생각하는가?

> 사랑은 하나님의 모든 사역(행함)의 동기이기 때문이다. 우리를 구원하신 이유도 우리를 사랑하시기 때문이고, 우리에게 그리스도를 닮으라고 말씀하신 이유도 우리를 사랑해서 좋은 것을 주기 원하시기 때문이다. 또 우리를 하나님의 형상으로 지으신 이유도 사랑 때문이고, 우리의 인생길을 지키고 보호하시는 이유도 사랑 때문이다. 더 정확히 하나님은 사랑 자체이시다.

🔊 하나님은 사랑 자체라는 사실에서 당신은 무엇을 느끼는가? 4번 질문을 보라.

---

4 우리는 하나님의 성품에 대해 살펴보았습니다. 앞에서 살펴본 하나님의 성품 중 새롭게 깨닫거나 특별히 느낀 점은 무엇입니까?

🔊 우리가 살펴본 하나님의 성품 중에서 특별히 깨달았거나 느낀 점이 있는지 나누어보라.

> 각자 하나님이 어떤 분이신지 배우면서 새롭게 깨닫거나 느낀 점이 있다면 자유롭게 나누어보라. 한 사람의 성품은 그 사람의 삶과 행동의 토대가 된다. 하나님의 성품에 대해 배우는 이유도 이 때문이다. 하나님의 사

역과 역사를 이해하기 위해서는 하나님의 성품을 알아야 한다. 특히 하나님은 사랑이시다. 그분이 행하신 모든 일이 사랑에 근거한 것임을 기억한다면, 삶에 많은 위로와 도전을 받게 된다.

🔊 이상으로 하나님이 어떤 분이신지에 대해 살펴보았다. 이제 하나님이 어떤 일을 행하셨는지를 다루어보자.

하나님의 사역

5 사도신경에 전능하신 하나님이 행하신 사역에 대한 고백이 계속해서 나옵니다. 특히 "천지를 지으셨다"라고 고백합니다. 당신은 하나님이 이 세상을 지으신 창조주 되심을 믿습니까?

> **창세기 1:1-2** 태초에 하나님이 천지를 창조하시니라 땅이 혼돈하고 공허하며 흑암이 깊음 위에 있고 하나님의 영은 수면 위에 운행하시니라.

🔊 창세기 1장 1절에서는 하나님이 어떤 일을 행하셨다고 말씀하는가?

천지를 창조하셨다고 말한다. 하나님이 제일 먼저 하신 사역이자 가장 중요한 사역은 이 세상 만물을 창조하신 것이다.

🔊 하나님이 창조주이시라는 말씀에서 알 수 있는 사실은 무엇인가?

하나님의 주권을 알 수 있다. 이 세상 모든 만물을 지으신 분은 하나님이시다. 따라서 하나님은 이 세상 모든 만물의 주인, 즉 주권자 되신다. 또한 하나님은 모든 계획과 목적을 세우셨다. 이 세상 모든 만물은 우연히 생겨난 것이 아니라, 하나님의 특별한 계획과 목적으로 지어진 것이다.

🔊 당신은 하나님이 창조주이심을 믿는가?

우리 가운데 이 부분에 의심이 드는 사람이 있을 수 있다. 앞으로 계속 신앙생활을 하다 보면 의심스러운 부분에 대한 확신이 생길 것이다.

🔊 그런데 하나님의 창조에 독특한 측면이 있다. 그것이 무엇인지 6번 질문에서 살펴보자.

6 창세기 1장 1절에 사용된 "창조"라는 히브리어 원어는 '기존에 존재하던 물질의 도움 없이 생겨나게 하다'라는 뜻입니다. 이것을 통해 알 수 있는 하나님의 창조의 독특함은 무엇입니까?

🔊 하나님의 창조 활동과 인간의 창조 활동의 근본적인 차이는 인간은 유에서 유를 창조할 뿐이지만, 하나님은 무에서 유를 창조하신다는 사실이다.

🔊 그런데 하나님은 천지를 창조하셨을 뿐만 아니라 지금도 다스리고 계신다. 7번 질문을 보라.

7 하나님은 아직 땅이 혼돈과 공허 가운데 있을 때 세상 만물을 창조하셨습니다. 그뿐만 아니라 창조하신 세상 만물을 방치하지 않고 하나님의 영광스러운 목적을 위해 보존하고 통치하고 계십니다. 이것을 '하나님의 섭리'라고 말합니다. 당신은 하나님이 이 세상과 당신의 인생을 지키고 다스리는 분이심을 믿습니까? 우리의 인생을 다스리고 인도하며 보호하는 하나님의 섭리를 느낀 경험이 있다면 나누어보십시오(눅 12:7 참고).

누가복음 12:7 너희에게는 심지어 머리털까지도 다 세신 바 되었나니 두려워하지 말라 너희는 많은 참새보다 더 귀하니라.

🔊 하나님이 이 땅을 창조하셨을 뿐만 아니라 다스리고 계심을 믿는가?

신에 대한 잘못된 개념 중에 이신론이라는 것이 있다. 이는 하나님이 세상을 창조하시고 자연법칙에 맡겨두고 관여하지 않으신다는 것이다. 인간이 보기에는 자연법칙에 따라 세상이 돌아가는 것 같다. 하지만 성경에서는 하나님은 이 세상을 창조하셨을 뿐만 아니라 다스린다고 말씀한다["또 그들이 그 나무뿌리의 그루터기를 남겨 두라 하였은즉 하나님이 다스리시는 줄을 왕이 깨달은 후에야 왕의 나라가 견고하리이다"(단 4:26), 다니엘이 느부갓네살 왕에게 한 말].

🔊 당신은 이런 하나님의 다스리심을, 달리 말하면 우리 인생을 인도하고 보호하심을 느낀 적이 있는가?

각자 하나님의 인도하심과 보호하심을 느낀 적이 있는지 나누어보라. 물론 우리 중에는 이런 경험을 못한 사람이 있을 수도 있다. 비록 우리가 느끼지 못할 수도 있지만, 하나님은 지금 이 순간에도 이 땅을 다스리고 통치하시며 자신의 백성을 인도하고 보호하고 계신다.

오스왈드 샌더스(Oswald Sanders)라는 사람이 소개한 "모래 위의 발자국"이라는 시가 있는데, 이 시는 하나님의 인도하심을 멋지게 표현하고 있다.

"어느 날 밤에 꿈을 꾸었네/ 주와 함께 바닷가 거니는 꿈을 꾸었네/ 하늘을 가로질러 빛이 임한 그 바닷가 모래 위에/ 두 쌍의 발자국을 보았네/ 한 쌍은 내 것 또 한 쌍은 주님의 것/ 거기서 내 인생의 장면들을 보았네/ 마지막 내 발자국이 멈춘 그곳에서/ 내 인생의 길을 돌아보았네/ 자주 내 인생길에는 오직 한 쌍의 발자국만이 보였네/ 그때는 내 인생의 가장 비참하고 슬펐던 계절이었네/ 나는 의아해서 주님께 물었네/ '주님 저와 함께하신다고 약속하셨잖아요? 그러나 보세요. 주님이 가장 필요한 그때는 발자국이 제 것밖에 없어요. 주님은 어디 계셨나요?'/ 주님께서 대답하셨네/ '나의 귀하고 소중한 아이야/ 나는 너를 사랑하였고 한순간도 너를 떠나지 않았단다/ 너의 시련의 때도 고통의 때도/ 네가 본 한 쌍의 발자국은 너의 것이 아니라 나의 발자국이란다.'"

🔊 지금까지 하나님의 성품과 사역에 대해 배웠다. 마지막으로 하나님의 이름에 대해 살펴보자.

하나님의 이름

8 사도신경에 하나님의 성품과 사역에 대한 내용이 잘 나옵니다. 성경에는 다양한 하나님의 이름과 그 의미를 밝히고 있습니다. 각 이름의 뜻을 찾아 연결해보십시오.

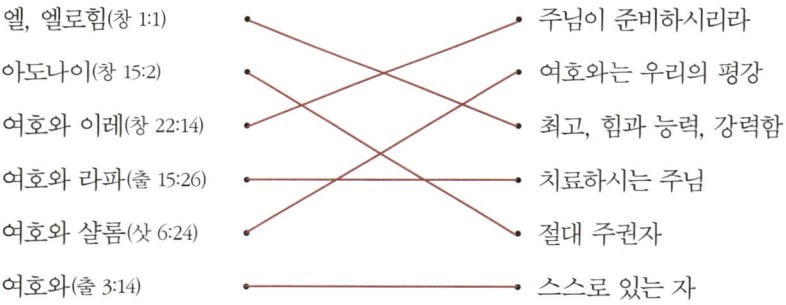

엘, 엘로힘(창 1:1) • • 주님이 준비하시리라
아도나이(창 15:2) • • 여호와는 우리의 평강
여호와 이레(창 22:14) • • 최고, 힘과 능력, 강력함
여호와 라파(출 15:26) • • 치료하시는 주님
여호와 샬롬(삿 6:24) • • 절대 주권자
여호와(출 3:14) • • 스스로 있는 자

창세기 1:1 태초에 하나님이 천지를 창조하시니라.

창세기 15:2 아브람이 이르되 주 여호와여 무엇을 내게 주시려 하나이까 나는 자식이 없사오니 나의 상속자는 이 다메섹 사람 엘리에셀이니이다.

창세기 22:14 아브라함이 그 땅 이름을 여호와 이레라 하였으므로 오늘날까지 사람들이 이르기를 여호와의 산에서 준비되리라 하더라.

출애굽기 15:26 이르시되 너희가 너희 하나님 나 여호와의 말을 들어 순종하고 내가 보기에 의를 행하며 내 계명에 귀를 기울이며 내 모든 규례를 지키면 내가 애굽 사람에게 내린 모든 질병 중 하나도 너희에게 내리지 아니하리니 나는 너희를 치료하는 여호와임이라.

> **사사기 6:24** 기드온이 여호와를 위하여 거기서 제단을 쌓고 그것을 여호와 살롬이라 하였더라 그것이 오늘까지 아비에셀 사람에게 속한 오브라에 있더라.
>
> **출애굽기 3:14** 하나님이 모세에게 이르시되 나는 스스로 있는 자이니라 또 이르시되 너는 이스라엘 자손에게 이같이 이르기를 스스로 있는 자가 나를 너희에게 보내셨다 하라.

◀)) 한 사람의 이름은 어떤 역할을 하는가?

한 사람의 이름은 다른 것과 구별 짓기 위해 붙여진다. 달리 말하면 이름에는 그 사람이 누구인지와 그 사람에게만 있는 독특성이 담겨 있다. 하나님의 이름에는 하나님이 어떤 분이신지가 담겨 있는 것이다. 또한 이름은 관계를 전제로 하고 있다. 무인도에 혼자 사는 사람은 이름이 필요하지 않다. 그 이름을 불러줄 사람이 아무도 없기 때문이다. 예를 들어 양승언이라는 이름은 고유 명사이지만, 집에서는 아빠라는 이름으로 불린다. 이 이름은 자녀와의 관계를 보여주며 내가 어떤 존재인지를 나타낸다. 하나님의 이름 역시 하나님이 우리와 어떤 관계를 맺고 계신지를 보여준다. 따라서 이름은 하나님이 어떤 분이신지 알려줄 뿐만 아니라, 하나님이 나와 어떤 관계를 맺고 계신지를 보여준다.

◀)) 창세기 1장 1절에서는 하나님을 어떻게 부르고 있는가?

한글로는 "하나님"이지만, 원어로는 "엘로힘"이라고 되어 있다. 엘로힘은 모든 만물을 창조하는 능력이 있음을 보여주는 이름으로, 하나님의 능력, 권능을 담고 있다.

◀)) 창세기 15장 2절에서는 하나님을 어떻게 부르는가?

아브라함은 하나님을 "주 여호와"라고 부른다. 하나님을 '주님'이라고 부르는 것이다. 원어로는 "아도나이"인데 모든 것의 주인 되심을 가리킨다.

🔊 창세기 22장 14절에서는 하나님을 어떤 분으로 소개하는가?

엘리에셀은 하나님이 이삭을 위해 리브가를 예비해놓으셨다고 고백한다. 이를 "여호와 이레" 하나님이 준비하셨다는 이름으로 부른다. 여호와 이레는 아브라함이 하나님이 이삭 대신 제물을 미리 준비하셨음을 고백하며 부른 이름이다.

🔊 출애굽기 15장 26절에서는 하나님을 어떻게 부르는가?

"치료하는 여호와"라고 부른다. 원어로는 "여호와 라파"다. 하나님은 우리의 치료자 되신다. 이는 단순히 질병뿐만 아니라, 우리의 모든 고통, 죄의 문제를 치료하시는 분이라는 것을 보여준다.

🔊 사사기 6장 24절에서는 하나님을 어떻게 부르는가?

"여호와 샬롬"이라고 부른다. 샬롬이란 평강이라는 뜻이다. 하나님이 우리에게 참된 안식과 평안을 주시는 분임을 보여준다.

🔊 출애굽기 3장 14절에서는 하나님을 어떻게 부르는가?

"스스로 있는 자"라고 표현한다. 원어로는 "여호와"이며, 이는 하나님의 고유한 이름으로, 스스로 있는 자라는 의미다. 하나님의 자존하시는 특성을 보여준다.

🔊 성경에는 하나님을 가리키는 이름이 많이 등장한다. 이중 중요한 몇 가지를 점검해보았다. 당신은 이런 하나님의 이름에서 무엇을 느끼는가? 9번 질문을 보라.

9 위에서 열거한 하나님의 이름 중에서 당신에게 특별히 와 닿은 이름은 무엇입니까? 그 이유는 무엇입니까?

🔊 각자 나누어보라.

🔊 그런데 하나님의 이름 중 가장 중요한 것이 있다. 그것이 무엇인지 10번 질문에서 살펴보자.

10 사도신경에서는 하나님을 아버지라고 고백하고 있습니다. 오직 독생자 예수 그리스도만이 하나님을 아버지라 부를 수 있었는데 예수 그리스도를 영접하고 그 이름을 믿은 우리 역시 하나님의 자녀가 되어 하나님을 아버지라 부를 수 있는 특권을 갖게 된 것입니다. 당신은 이것이 얼마나 놀라운 특권인지 알고 있습니까? 그리고 이 특권을 누리고 있습니까?

> **요한복음 1:12** 영접하는 자 곧 그 이름을 믿는 자들에게는 하나님의 자녀가 되는 권세를 주셨으니.

🔊 믿는 자들에게 주신 특권은 무엇인가?

하나님의 자녀가 되는 권세를 주셨다고 말한다. 달리 말하면 하나님은 우리의 아버지가 되셨고, 우리는 하나님을 아버지라고 부를 수 있다.

🔊 하나님을 아버지라고 부르는 것이 왜 특권인가?

아들은 언제든지 아버지에게 나아갈 수 있고, 아버지와 대화를 나눌 수도 있으며, 아버지에게 필요한 것들을 구할 수 있고, 아버지의 재산을 상속받을 권리가 있다. 그런데 하나님이 우리의 아버지 되신다고 말한다.

얼마나 놀라운 특권인가? 아버지는 자녀를 아끼고 위하며 어떤 희생도 마다하지 않는다. "악한 자라도 좋은 것으로 자식에게 줄 줄 알거든 하물며 하늘에 계신 너희 아버지께서 구하는 자에게 좋은 것으로 주시지 않겠느냐"(마 7:11)라고 예수님은 반문하신다. 얼마나 감사한 일인가. 왜 하나님은 그분 자신을 아버지라고 부르라고 하셨는가? 자신을 신뢰하고 믿어 보라는 것이다. 믿고 따르라는 것이다. 하나님의 이 마음을 알아야 한다.

🔊 하나님을 아버지라고 부를 때 어떤 느낌이 드는가? 하나님을 아버지라고 부르는 것에 대한 감격이 있는가?

감격이 사라진 이유는 하나님을 아버지라고 부를 수 있는 것이 얼마나 놀라운 특권인지 모르기 때문일 것이다.

예전에는 아무나 왕 앞에 나갈 수 없었다. 왕 앞에 나가기 위해서는 특별히 이유가 있어야 했고, 특별히 준비된 과정을 거친 조건에 합당한 사람만 왕 앞에 나갈 수 있었다. 구약 시대에는 오직 하나님이 임명하신, 자격을 갖춘 제사장만 하나님 앞에 나갈 수 있었다. 하지만 이제 누구나, 언제든지 하나님 앞에 나아갈 수 있게 되었다. 어떻게 나갈 수 있는가? 그분이 우리의 아버지 되시기 때문이다. 아들이 아버지를 만나러 가는 데 무슨 조건이 필요하겠는가? 과거의 왕은 아무나 만날 수 없었지만, 왕자는 언제든지 편하게 왕인 아버지를 만날 수 있었다. 마찬가지다. 이제 누구나, 언제든지 하나님을 만날 수 있다. 하나님 앞에 나가는 데 아무것도 필요하지 않다. 어떠한 형식도 필요 없다. 그저 만나러 가기만 하면 된다.

우리 중에 '나는 하나님에 대해서 잘 모르고, 믿음도 많이 부족하고 기도하는 법도 모르는데, 나 같은 사람이 기도한다고 하나님이 들어주실까?'라고 생각하는 사람이 있을 수 있다. 하지만 성경은 그렇지 않다고 말한다. 믿음이 부족해도, 기도할 줄 몰라 앞뒤가 맞지 않는 말을 한다고 해도, 하나님께 나아가는 자는 그분을 만날 수 있다. 신하는 왕과 대면할 때 사용하는 어법과 예절을 배워야 한다. 하지만 아들은 그렇지 않다. 또한 우리 중 어떤 사람은 '나는 자격이 없어. 일주일 내내 세상 속에서 죄 짓고 세상 사람처럼 살다가 기도한다고 하나님이 들어주시겠어?'라고 생각할지도 모른다. 물론 우리가 성결한 삶을 유지하고, 하나님 앞에서 바르게 살고자 노력해야 하는 것은 맞지만, 아무리 죄를 짓고 아무리 부족하며 아무리 연약해도 우리는 언제든지 하나님께 나아갈 수 있다. 이것이 얼마나 놀라운 특권인지 알아야 한다.

아버지는 자녀를 사랑하신다. 하나님은 우리를 끔찍이 사랑하셔서 자기 목숨까지 내놓으셨다. 그분이 우리를 위해서 무엇을 아끼시겠는가? 외아들까지 우리를 위해서 내어주신 그분이 우리를 위해 무엇을 아끼시겠는가? 마태복음 7장 11절을 보라. "너희가 악한 자라도 좋은 것으로 자식에게 줄 줄 알거든 하물며 하늘에 계신 너희 아버지께서 구하는 자에게 좋은 것으로 주시지 않겠느냐?" 우리도 자녀에게 좋은 것을 줄 줄 아는데, 하늘의 하나님은 어떠시겠느냐는 것이다. 이 사실을 가슴에 새길 때마다 얼마나 신나는지 모른다.

물론 우리 중에는 이런 아버지의 사랑이 아직은 멀게 느껴지는 사람이 있을 수 있다. 하나님 아버지라고 불러도 별다른 마음의 감동이 없는 사람도 있을 수 있다. 그럼 성경을 펴서 한번 읽어보라. 하나님이 우리를 위해 무엇을 하셨는지 보라. 이 사실을 진정으로 깨달을 때 우리 가슴에 사랑이 타오를 것이다. 하나님이 우리를 위해 일하시는 공사장으로 나아가라. 하나님이 우리를 위해 일하시는 십자가의 현장으로 나아가라. 하나님이 우리를 위해 일하시는 눈물의 현장, 피의 현장, 싸움의 현장으로 나아가라. 그곳에서 그 사랑을 가슴에 담아보라. 하나님이 계시기에 우리는 절대 불행한 사람이 아니다. 또한 그분이 내 아버지가 되시는 이상 우리는 절대 가난한 사람이 아니며, 하늘에 계신 하나님이 내 아버지가 되신 이상 우리는 절대로 실패자가 아니다. 하나님을 아버지라고 부르는 특권과 감격을 빼앗기지 마라.

🔊 '삶의 열매를 거두며'를 보라.

삶의 열매를 거두며

지금까지 하나님의 속성과 사역, 이름의 의미를 나누었습니다. 그런데 중요한 것은 사도신경의 고백처럼 전능하사 천지를 만드신 하나님 아버지를 내가 믿는 것입니다. 우리가 하나님을 온전히 아는 것은 불가능하지만, 하나님이 성경을 통해 계시하신 만큼 알기 위해 배워야 합니다. 더 나아가 하나님을 닮아가기 위해 노력해야 합니다. 하나님의 자녀로서 하나님에 대해 배우고 닮아가기 위해 한 주간 실천해야 할 일 하나를 정해봅시다.

🔊 하나님에 대해 배우기 위해 혹은 하나님을 닮아가기 위해 한 주간 실천해야 할 것을 한 가지씩 정해보라.

배우는 것이 필요한 사람이 있을 수 있고, 아는 것을 실천해야 할 사람이 있을 수 있다. 각자의 상황에 맞게 실천 계획을 세워보라.

영적 성장 PLUS⁺ | 첫째 날

완전하신 하나님의 사랑

산악인 박정헌 씨의 이야기다. 그는 후배와 함께 히말라야의 촐라체에 올라 천하를 소유한 듯한 기쁨을 누렸다. 이제 자일 하나로 자신과 후배의 허리를 묶고 내려오는데, 그만 후배가 발을 헛디뎌 큰 얼음 빙벽 사이에 난 골짜기에 빠지고 말았다. 그곳은 빠졌다 하면 꼼짝없이 죽음에 이르는 골짜기였다. 앞서 가던 박정헌 씨는 어떻게든 버티려고 사투를 벌였다.

산을 오르느라 힘이 다 소진된 데다 두 사람을 연결하던 자일이 가슴을 후려쳐 갈비뼈 두 개가 부러진 상황이었다. 공중에 매달린 후배를 보며 죽을힘을 쓰던 그는 선택의 기로에 섰다. 자신이 죽을지언정 후배를 살리기 위해 어떻게든 버틸 것인가? 아니면 자일을 끊고 혼자라도 살아 돌아갈 것인가?

이 일이 있기 20년 전, 세계적인 산악인 라인홀트 메스너도 똑같은 상황에 놓인 적이 있다. 그때 그는 자기 목숨을 구하기 위해 자일을 끊고 말았다. 안타깝게도 골짜기에 빠진 사람은 그의 친동생이었다. 하지만 박정헌 씨는 피도 섞이지 않은 후배를 살리기 위해 몇 시간 동안 사투를 벌였고 결국 죽음의 골짜기에서 그를 끌어낼 수 있었다.

사람들은 그들이 원래 계획했던 날보다 9일이 지나도록 돌아오지 않자 죽은 줄 알았다. 하지만 박정헌 씨는 추락 중에 두 다리가 부러진 후배를 업고 안고 부축하여 빙벽을 타고 암벽을 넘어 살아 돌아왔다. 하지만 이 과정에서 손가락 여덟 개와 발가락 일부를 못 쓰게 되어 한국으로 후송된 후에 모두 잘라내야 했다. 30대 후반의 젊은이가 손가락과 발가락을 잃었으니 산악인으로서의 생명이 끝난 것은 물론이고, 어떤 일도 제대로 하기 힘든 상황이 되고 말았다.

당시 이 사건은 세상에 알려졌고 숭고한 희생이라고 칭송받았다. 하지만 정직하게 자문해보자. 나라면 어떻게 했을까? 다른 사람을 살리겠다고 자기 인생을 포기할 사람이 몇이나 될까? 만약 우리 자녀가 그 상황이라면 어떻게 하겠는가? "그래 네 손가락 여덟 개가 잘리더라도 남을 살린 것은 잘한 일이야"라고 말할 수 있을까?

 성경은 이렇게 말합니다. "우리가 아직 죄인 되었을 때에 그리스도께서 우리를 위하여 죽으심으로 하나님께서 우리에 대한 자기의 사랑을 확증하셨느니라"(롬 5:8). 우리가 얼마나 큰 사랑을 받았는지, 그 사랑이 어떤 점에서 큰지 묵상해보십시오.

영적 성장 PLUS+ | 둘째 날

생각보다 가까이 계신 하나님

수전 앤더슨이란 여성이 있었다. 불행히도 그녀는 눈 수술을 받다가 실명했다. 급작스럽게 닥친 고난 때문에 그녀는 많은 슬픔과 좌절을 겪어야 했다. 하지만 그녀는 결코 자신의 삶을 포기할 수 없었다. 특히 사랑하는 남편 덕분에 조금씩 아픔을 이겨낼 수 있었다.

그녀의 남편은 항상 옆에 있으면서 그녀를 지켜주었다. 출퇴근뿐만 아니라 그녀와 함께 다니면서 모든 일을 도와주었다. 그러던 어느 날, 남편은 그녀에게 조심스럽게 이렇게 말했다. "여보! 계속해서 이렇게 지낼 수는 없을 것 같아요. 그러니까 내일부터는 혼자 출근하는 것이 좋겠어요."

사실 남편 말이 틀린 것이 아니었다. 앞으로 평생을 보지 못할 텐데, 스스로의 힘으로 생활할 수 있어야 했다. 하지만 남편의 말에 그녀는 심한 배신감을 느꼈다. 그때부터 그녀는 이를 악물고 혼자 출퇴근했다. 여러 번 넘어지며 서러워 눈물도 흘렸지만, 시간이 지남에 따라 점차 출퇴근이 익숙해졌다.

그렇게 보름쯤 지날 무렵, 그녀가 버스를 탔을 때 운전기사가 무심코 말을 건넸다. "부인은 참 좋겠어요. 좋은 남편을 두셨네요. 매일 한결같이 부인을 살펴주시네요." 알고 보니 그녀의 남편은 매일 아내와 같이 버스를 타서 뒷자리에 앉아 아내의 출퇴근길을 말없이 등 뒤에서 지켜보고 있었던 것이다. 그녀는 비록 보지 못했지만, 남편의 시선은 그녀를 한 번도 떠나지 않았던 것이다.

우리 눈에 하나님은 보이지 않을지 모르지만, 하나님은 우리를 보고 계신다. 우리는 하나님이 나와 함께하지 않으신다고 생각할지 모르지만, 하나님은 우리와 함께 계신다. 우리는 하나님이 나에 대해 관심이 없다고 생각할지 모르지만, 하나님은 단 한 순간도 우리에게서 눈을 떼신 적이 없다. 우리는 하나님이 나를 돕지 않으신다고 생각할지 모르지만, 하나님은 한결같이 우리를 위해 일하고 계신다.

 하나님은 보이지 않지만 언제나 우리와 함께 계십니다. 당신은 이 사실을 믿습니까? 언제 어디서나 어떤 상황 가운데서도 함께하시는 하나님을 묵상하고 그분께 감사 기도를 올려보십시오.

영적 성장 PLUS+ | 셋째 날

아버지 되신 하나님

1986년 8월의 어느 날, 미국 전역은 캐나다에서 벌어진 철인 3종 경기에 온통 집중되어 있었다. 그 이유는 그 대회에서 세계 신기록이 나왔기 때문이 아니다. 그렇다고 그 코스가 인간이 정복하기 가장 어려운 코스였기 때문도 아니었다. 그 이유는 단 하나, 아들을 위한 한 아버지의 가장 아름다운 도전이 진행되고 있었기 때문이다.

아버지 딕 호잇은 평범한 사람이었다. 그런데 아들 릭 호잇이 태어난 지 8개월이 되는 어느 날 그의 삶에 문제가 생겼다. 소아과 의사가 딕 부부에게 "아들 릭이 '식물'과 같은 상태이며, 그들에게 슬픔만 줄 것"이라고 말했다. 아들 릭은 말조차 전혀 할 수 없는 경련성 전신마비 상태로, 차라리 요양원에 맡기는 게 좋을지도 모르겠다는 말까지 들었다. 하지만 딕 부부는 릭을 사랑했고 그를 위해 모든 노력을 아끼지 않았다.

릭이 여덟 살 되던 해, 머리를 움직여 자판을 눌러 의사소통을 할 수 있는 기계를 고안해냈다. 드디어 아들과 대화를 할 수 있게 된 것이다. 그러던 어느 날 릭이 다니던 학교에서 '하반신 마비가 된 두기를 위한 자선 달리기 대회'가 열렸다. 릭은 그 광고를 보고 아버지 딕에게 자선 달리기 대회에 참석하고 싶다고 말했다. 하지만 전신마비 상태로 휠체어를 타고 다니던 릭에게는 불가능한 일이었다.

결국 딕은 릭을 휠체어에 밀고 자신이 함께 달리기로 결심했다. 드디어 자선 달리기 대회가 열렸고, 릭과 딕 부자는 결승선을 통과했다. 아버지 딕은 이렇게 말했다. "결승선을 통과하자 아들 릭은 제가 지금껏 본 미소 중 가장 환한 미소를 지어 보였어요. 집에 돌아온 릭은 컴퓨터에 다음과 같이 썼죠. '아빠와 달리고 있으면 내가 장애인이라는 사실을 까마득히 잊게 돼요.'" 릭의 이 말 때문에 그들의 도전은 시작되었다. 딕은 철인 3종 경기에 관심도 없었지만, 아들 때문에 경기에 나가게 된 것이다.

아들을 고무보트에 매단 채 3.8킬로미터를 헤엄쳐 건넌 후, 릭을 앞에 태우고 달릴 수 있도록 설계된 자전거로 180킬로미터의 머나먼 거리를 달린다. 러닝체어에 아들을 태우고 밀면서 42.195킬로미터 마라톤 풀코스를 달리는 아버지의 모습을 상상해보라. 아버지 되신 하나님은 우리를 사랑하고 위하시며 우리를 위해 희생하셨다. 아들 릭처럼 우리는 아무것도 할 수 없는 존재이지만, 하나님이 우리와 함께하실 때 릭이 그랬던 것처럼 우리도 연약함이나 부족함을 느끼지 못한 채 달릴 수 있다.

 하나님이 아버지 되신다는 사실에서 당신은 무엇을 느낍니까? 오늘도 우리를 위해 일하고 희생하시는 아버지 되신 하나님을 신뢰하며, 그분께 당신의 인생의 짐을 온전히 맡기고 있습니까?

영적 성장 PLUS⁺ | 넷째 날

완전하신 하나님

존 비비어는 그의 책에서 자신의 경험담을 소개한다.

> 어릴 때 일이었다. 결핵 예방 주사를 맞으러 가기 전에 친구한테 주사가 너무 아프다는 이야기를 들었다. 그 말을 들은 나는 무슨 수를 써서라도 맞지 않기로 결심했다. 간호사 두 명이 나랑 씨름하다가 결국 포기했다. 그러자 부모님은 나를 앉히고 예방 주사를 맞지 않으면 어떤 일이 일어날 수 있는지 말씀해주셨다. 누나가 암으로 죽는 것을 이미 지켜본 나는 부모님이 나를 보호하려고 그러신다는 것을 알았다. 주사가 아프다는 것을 알지만 더 큰 아픔을 겪지 않으려면 주사를 맞아야 했다. 어쩌면 죽을 수도 있는 병에 걸리지 않으려면 말이다. 그 사실을 깨닫고 나는 자진해서 주사를 맞으러 갔다.

하나님의 말씀에서 불편하거나 심지어 고통스럽기까지 한 진리를 만날 때마다 나는 그때의 기억을 떠올린다. 너무나 자주 우리는 하나님이 계시지 않는 세상에서 자유와 안전을 구한다. 참되고 영원한 자유는 하나님의 권위 밖에 있다는 속임수를 믿는 것이다. 하지만 우리는 당장은 쓰리고 아파 보이는 일도 실은 보호, 축복, 다른 이의 구원을 위해 하나님이 허락하신 일이라는 것을 기억해야 한다.

성경은 하나님을 아버지라고 소개한다. 아버지는 자녀를 사랑하고 자녀가 더 나은 삶을 살 수 있도록 노력한다. 마찬가지로 하나님은 우리를 위해 오늘도 일하고 계신다. 또한 그분은 우리를 위한 특별한 계획을 세우셨다. 이 사실은 언제나 변함이 없다. 비록 우리가 힘들고 고통스러운 상황에 처한다 할지라도, 마치 예방 주사처럼 더 나은 내일을 위해 우리를 지키고 보호하시기 위해 그런 상황을 임시로 허락하셨을 뿐이다.

하나님의 품 안에는 참된 자유와 공급과 보호가 있다. 그리고 우리는 아버지 되신 하나님의 품 안에 안긴 사람들이다. 이 사실을 확신할 때 평안과 기쁨이 솟아난다. 이상하게 세상이 두렵지 않다. 문제가 눈앞에 버티고 있는데도 걱정이 안 된다. 왜냐하면 아버지 되신 하나님이 우리를 위해 오늘도 싸우고 계시기 때문이다.

 지금 어디서 자유와 안전을 찾고 있습니까? 혹시 하나님의 날개 밑이 아닌 세상의 그늘은 아닙니까? 하나님은 우리를 위한 특별한 계획을 세우셨고, 오늘도 일하고 계십니다. 그 사실을 믿고 의지할 때 우리는 참된 평안과 기쁨을 맛볼 수 있습니다.

영적 성장 PLUS⁺ | 다섯째 날

우리를 다듬으시는 하나님

연단은 사랑의 표현 방식 중 하나다. 나와 무관한 사람이라면 굳이 훈계할 필요성을 못 느낀다. 관계가 깊으면 깊을수록 사랑이 크면 클수록, 훈계에 대한 욕구는 커진다. 그래서 성경에는 이런 말씀이 나와 있다. "대저 여호와께서 그 사랑하시는 자를 징계하시기를 마치 아비가 그 기뻐하는 아들을 징치함같이 하시느니라"(잠 3:12). 하나님이 우리를 연단하시는 동기도 우리에 대한 사랑 때문임을 기억해야 한다.

연단을 이해하기 위한 가장 중요한 요소는 목적이다. 하나님이 우리를 연단하시려는 목적은 그분의 능력과 권위를 나타내기 위해서가 아니라 더 풍성한 열매를 맺도록 우리를 준비시키기 위해서다. 그래서 하나님은 때를 따라 가지도 치시고, 약도 뿌리시며 우리를 돌보신다. 이 사실을 기억할 때 우리는 연단 중에도 낙심하지 않을 수 있다.

문제는 우리의 반응이다. 연단이 주는 축복은 그것을 올바르게 받을 때만 누릴 수 있다. 연단은 우리를 부드럽게도 하고 절제하게도 하며 강건하게도 한다. 하지만 반대로 우리 마음을 강퍅하게 하고, 완악하게 하며, 하나님의 뜻에 반항하게도 만든다. 따라서 연단을 바르게 받아들이는 것은 우리의 책임이라고 할 수 있다.

소화하지 못한 음식은 절대 몸에 유익하지 않은 것처럼 훈계도 바르게 받아들이지 않으면 오히려 우리의 삶을 황폐하게 만든다. 연단받을 때 '왜'라고 불만이 가득해서 반문한다면, 그 속에 담긴 하나님의 지혜와 사랑을 일순간에 허물어뜨리게 된다. 이는 하나님을 변덕쟁이로 만들며 자신의 잘못까지도 하나님께 전가하는 행위다.

하나님이 우리를 연단하시는 이유는 우리에게 복을 주시기 위해서다. 우리를 다듬으셔서 더욱 귀한 그릇으로 사용하기 위해서다. 따라서 연단은 축복의 전조라고 할 수 있다. 더욱 풍성한 열매를 맛보게 하기 위해 준비시키는 과정이 연단임을 기억하고 하나님의 선하신 손길에 우리를 맡길 수 있어야 한다.

 하나님은 우리를 시험하시는 분이 아닙니다. 하지만 특별한 목적으로 우리를 연단하십니다. 하나님은 더 풍성한 열매를 맺을 수 있도록 우리를 연단하십니다. 당신은 하나님의 연단에 어떻게 반응합니까? 반항하며 거부합니까? 아니면 믿음으로 받아들입니까?

5과

예수님은 누구신가?

암송 구절 마태복음 16장 16절

"시몬 베드로가 대답하여 이르되 주는 그리스도시요 살아 계신 하나님의 아들이시니이다."

"그 외아들 우리 주 예수 그리스도를 믿사오니 이는 성령으로 잉태하사 동정녀 마리아에게 나시고"(사도신경).

암송 구절은 반드시 암송해야 하는 것은 아니지만, 각 과의 핵심 구절이므로 숙지하는 것이 좋습니다. 함께 읽는 정도에서 시작해도 됩니다.

다루게 되는 내용

- 예수님의 이름에서 예수님이 어떤 분이신지를 배운다(1-3번).
- 예수님이 담당하셨던 세 가지 직무(역할)를 배운다(4-7번).
- 예수님의 성육신 사건에서, 예수님이 참 인간이자 참 하나님이심을 배운다(8-11번).

마음의 문을 열며

사도신경의 절반 이상은 예수님에 대한 고백이 차지하고 있습니다. 구약 성경이 '오실 예수님'에 대한 기록이라면, 신약 성경은 '오신 예수님'과 '다시 오실 예수님'에 대한 기록이라고 할 만큼 예수님은 성경의 중심 주제입니다. 또한 예수님의 탄생을 중심으로 인류 역사는 B. C.와 A. D.로 구분됩니다. "예수는 아직도 사람들을 사로잡으며 기독교의 정수로 남아 있다. 사람들은 그분을 사랑해도 뜨겁게 사랑하고 그분을 미워해도 뜨겁게 미워한다"라고 글로버(T. R. Glover)가 말한 것처럼, 예수님은 기독교와 인류 역사의 중심에 계시다고 할 수 있습니다. 그만큼 예수님에 대한 지식은 신앙과 영적 성장에서 중요한 부분을 차지합니다. 문제는 많은 그리스도인이 예수님이 어떤 분이신지 제대로 알지 못한 채 미지근한 신앙생활에 머물러 있다는 사실입니다. 이 시간 예수님에 대해 더욱 깊이 배우고 예수님을 더욱 뜨겁게 사랑하게 되길 바랍니다.

🔊 당신은 예수님을 뜨겁게 사랑하고 있는가? 만약 그렇지 못하다면 그 이유는 무엇인가?

> 인도자는 각자의 이야기를 들어보라. 예수님을 뜨겁게 사랑하느냐는 질문에 그렇다고 답할 사람은 많지 않을 것이다. 왜 그럴까? 그 이유에는 여러 가지가 있겠지만, 아마도 가장 중요한 이유는 예수님에 대해 잘 모르기 때문일 것이다. 인간관계도 마찬가지다. 불행하게도 어떤 사람은 알면 알수록 싫어지는 경우가 있다. 반대로 알면 알수록 좋고 정이 가는 사람도 있다. 달리 말하면, 어떤 사람을 좋아하거나 사랑하지 못하는 이유는 그 사람에 대한 지식이 부족해서다. 이와 마찬가지로 우리도 예수님

에 대한 지식이 부족해서 그분을 사랑하지 못하는 것일 수 있다. 그러므로 예수님에 대해 정확히 안다면, 그분을 사랑하지 않을 수 없을 것이다. 이 과에서는 예수님에 대해 배워보도록 하자.

🔊 이 시간 함께 예수님에 대해 배워보자. 특히 이 시간이 예수님을 다시 한 번 뜨겁게 사랑하는 계기가 되기를 바라는 마음으로 오늘 과를 배워보자.

말씀의 씨를 뿌리며

예수님의 이름

1 성경에는 예수님을 지칭하는 여러 이름이 소개되고 있습니다. 사도신경에서도 예수님을 지칭하는 네 가지 이름이 제시되어 있습니다. 각 이름이 가리키는 의미를 알면 예수님을 바로 이해하는 데 큰 도움이 될 것입니다. 먼저 '예수'라는 이름은 예수님이 이 땅에 오신 목적을 분명하게 보여줍니다. 그것은 무엇입니까?

> **마태복음 1:21** 아들을 낳으리니 이름을 예수라 하라 이는 그가 자기 백성을 그들의 죄에서 구원할 자이심이라 하니라.

🔊 예수의 뜻은 무엇인가?

"자기 백성을 그들의 죄에서 구원할 자"라는 뜻이다. 즉 '하나님은 구원자'라는 의미다.

🔊 예수라는 이름에서 알 수 있는 사실은 무엇인가?

성경에는 예수님을 부르는 여러 가지 호칭이 나온다. 이중에 예수는 고유명사로, 천사가 마리아에게 나타나 알려주신, 하나님이 직접 지어주신 이름이다. 따라서 이 이름에서 우리를 향하신 하나님의 마음, 특히 예수님을 이 땅에 보내신 목적을 알 수 있다. 예수님이 이 땅에 오신 목적은 죄에 빠진 우리를 구원하시기 위해서다. 우리가 예수님의 이름을 부르면 그분이 우리의 구원자이심을 고백하는 것이다.

🔊 예수라는 이름은 예수님이 이 땅에 오신 목적을 보여준다. 그런데 사도신경에는 예수라는 이름 외에 "주(님)"라는 이름이 나온다. 그 뜻이 무엇인지 2번 질문에서 살펴보자.

2 신약 성경에는 '주'라는 단어가 여러 가지 의미로 사용되고 있습니다. 다음 성경 구절에서 이 단어가 어떤 의미로 사용되었는지 살펴보십시오.

> 마태복음 8:2 한 나병환자가 나아와 절하며 이르되 주여 원하시면 저를 깨끗하게 하실 수 있나이다 하거늘.

🔊 나병환자는 예수님을 "주여"라고 부른다. 어떤 의미에서 사용했다고 생각하는가?

나병환자는 예수님에 대해 정확히 알지 못했다. 다만 그분에게 치유의 능력이 있다는 소문만 들었다. 마치 우리가 의사 선생님이라고 부르듯이, 어떤 분야의 권위자임을 인정한 존경의 표시로 주라고 부른 것이다.

> 마태복음 21:3 만일 누가 무슨 말을 하거든 주가 쓰시겠다 하라 그리하면 즉시 보내리라 하시니.

🔊 본문에는 "주가 쓰시겠다 하라"고 말한다. 여기서 주는 어떤 의미로 사용했다고 생각하는가?

> 본문은 예수님이 예루살렘으로 들어가실 때 일어난 일이다. 예수님은 제자들에게 맞은편 마을로 가서 나귀를 데려오라고 명령하신다. 만약 누군가 왜 가져가느냐고 말한다면, "주가 쓰시겠다"라고 말하라고 명령하신다. 여기서 주는 제자들이 따르는 스승을 의미한다. 자신들이 따르고 모시는 스승을 지칭할 때 주라는 단어를 사용했다.

> 빌립보서 2:11 모든 입으로 예수 그리스도를 주라 시인하여 하나님 아버지께 영광을 돌리게 하셨느니라.

🔊 빌립보서에는 예수 그리스도를 "주로 시인하여"라고 나온다. 여기서 말하는 주는 어떤 의미인가?

> 빌립보서에서는 모든 입으로 예수님을 주로 인정할 것이라고 말한다. 달리 말하면 모든 사람이 예수님을 주로 시인한다고 말한다. 따라서 여기서 주는 특정 분야의 권위자나 자신이 따르고 모시는 스승에게 사용하는 존경의 표현이 아니라, 이 세상 모든 만물의 주인 되시는 분이라는 뜻이다.

🔊 이상에서 알 수 있는 사실은 무엇인가?

> 똑같이 "주"라고 부르지만, 그 의미가 다양하게 사용되었다. 우리 역시 주님이라고 부르지만, 각자 다른 의미에서 주님이라고 부를 수 있다.

🔊 그렇다면 당신은 어떤 의미에서 예수님을 '주님'이라고 부르는지 3번 질문을 통해 점검해보라.

3 당신은 지금까지 예수님을 주님이라고 부를 때 어떤 의미로 불렀습니까? 당신은 예수님만이 당신 삶의 유일한 주인이요, 통치자이심을 인정합니까?

🔊 예수님이 자신에게 어떤 분이신지, 그분을 삶의 주인으로 인정하는지에 대해 함께 나누어보라.

우리 중에는 이제 믿음을 갖기 시작해서 예수님에 대해 배워가는 사람이 있을 수 있다. 그런 사람은 믿음은 있지만, 아직 예수님을 삶의 주인으로 완전히 인정하지 못했을 수 있다. 이런 경우에 예수님에 대해 꾸준히 배우다 보면 예수님이 주님이심을 깨닫게 될 것이다. 그러나 우리 중에는 예수님을 믿은 지 오래되었지만, 남들이 예수님을 주님이라고 하니까 막연히 주님이라고 부르는 사람도 있을 것이다. 그럴 경우 정직하게 자문해볼 필요가 있다. 물론 너무나 완벽한 믿음의 삶을 살아서 예수님을 주인으로 모시고 산다고 당당하게 이야기할 수 있는 사람은 많지 않을 것이다. 다만 마음속으로 예수님을 자기 인생의 주인으로 인정하는지 정직하게 점검해볼 필요는 있다. 아마도 머리로는 인정하는데 마음이나 실제 삶으로는 잘 안 된다는 반응이 많을 것이다. 인도자는 주님으로 모시려는 의지만 있다면, 언젠가 전심으로 주님으로 인정하고 살게 될 것이라고 독려하라.

🔊 이상에서 예수님의 이름을 통해 예수님이 어떤 분이신지 살펴보았다. 이제 예수님이 맡으신 직무(역할)에 대해 살펴보자.

예수님의 세 가지 직무

4 '그리스도' 역시 예수님의 이름 중 하나입니다. 그리스도라는 말의 의미는 '기름 부음을 받은 자'로서, 구약 성경에 나오는 히브리어 '메시아'와 동일한 뜻입니다

(요 1:41). 이스라엘 백성이 그토록 기다리던 약속의 이름이 바로 그리스도로, 이 이름에는 예수님의 직무가 담겨 있습니다. 구약 시대에 기름 부음을 받은 사람은 어떤 사람이었습니까?

> **출애굽기 40:15** 그 아버지에게 기름을 부음같이 그들에게도 부어서 그들이 내게 제사장의 직분을 행하게 하라 그들이 기름 부음을 받았은즉 대대로 영영히 제사장이 되리라 하시매.

🔊 출애굽기에서는 어떤 사람에게 기름을 부었다고 말하는가?

제사장에게 부었다. 제사장은 하나님 앞에 나아가 백성의 죄를 대신해서 제사를 드리는 사람으로, 하나님과 죄인인 인간을 화목하게 하는 역할을 맡았다.

🔊 제사장과 더불어 구약 시대에는 기름 부음을 받은 자가 또 있었다. 사무엘하를 보라.

> **사무엘하 22:51** 여호와께서 그의 왕에게 큰 구원을 주시며 기름 부음 받은 자에게 인자를 베푸심이여 영원하도록 다윗과 그 후손에게로다 하였더라.

🔊 사무엘하에서는 어떤 사람에게 기름을 부었다고 말하는가?

왕에게 기름을 부었다고 말한다. 왕이란 하나님을 대신하여 이스라엘 백성을 다스리는 사람이다.

🔊 제사장과 왕 외에 기름 부음을 받은 사람이 또 있었다. 이사야 말씀을 보라.

> **이사야 61:1** 주 여호와의 영이 내게 내리셨으니 이는 여호와께서 내게 기름을 부으사 가난한 자에게 아름다운 소식을 전하게 하려 하심이라 나를 보내사 마음이 상한 자를 고치며 포로된 자에게 자유를, 갇힌 자에게 놓임을 선포하며.

🔊 이사야서에서는 누가 기름 부음을 받았다고 나오는가?

이사야 선지자에게 기름을 부으셨다고 나온다. 선지자는 하나님의 말씀을 백성에게 전하는 사람이었다.

🔊 이상에서 본 바와 같이 구약 시대에는 제사장과 선지자, 왕이 기름 부음을 받았다. 예수님을 그리스도로 부르는 것은 예수님이 이 세 가지 직무(역할)를 담당하시는 분이기 때문이다. 다음 질문에서 이 사실을 확인해보자.

5 구약 시대에는 제사장과 선지자와 왕을 세울 때 머리 위에 기름을 부었습니다. 따라서 예수님을 그리스도라 부르는 것은 예수님이 선지자와 제사장 그리고 왕으로서의 직무를 동시에 수행하신 분임을 보여줍니다. 먼저 선지자는 하나님의 뜻을 하나님의 백성에게 전달하는 역할을 담당했습니다. 예수님께는 누구보다도 선지자로서의 권위가 있으십니다. 그 이유가 무엇이라고 생각합니까?

> 마태복음 11:27 내 아버지께서 모든 것을 내게 주셨으니 아버지 외에는 아들을 아는 자가 없고 아들과 또 아들의 소원대로 계시를 받는 자 외에는 아버지를 아는 자가 없느니라.

🔊 예수님과 선지자의 공통점은 무엇인가?

예수님과 선지자는 모두 하나님의 말씀을 전한다는 점에서 공통점이 있다.

🔊 예수님과 선지자가 구별되는 점은 무엇인가?

마태복음 11장 27절에서는 아버지가 아들에게 모든 것을 주셨다고 말한다. 아들에게는 상속권이 있는데, 예수님은 하나님의 아들이시다. 아버지는 아들에게 모든 것을 물려준다. 아버지의 마음을 가장 잘 아는 사람은 누구인가? 아들이다. 신하나 종도 아버지의 마음을 알 수 있지만, 아들만큼 잘 아는 사람은 없다. 하나님이 자신의 백성에게 전하려는 말씀을 가장 잘 아는 사람은 아들이고, 아들이기에 그 말에 가장 큰 권위가 있다. 그래서 히브리서 1장 1-2절에 이런 말씀이 나온다. "옛적에 선지자들을 통하여 여러 부분과 여러 모양으로 우리 조상들에게 말씀하신 하나님이 이 모든 날 마지막에는 아들을 통하여 우리에게 말씀하셨으니." 마지막에 하나님은 예수님을 통해 말씀하신다. 예수님은 선지자 중의 선지자시며, 최종 권위가 있는 선지자시라고 할 수 있다.

🔊 예수님은 이 땅에서 선지자로서의 역할을 감당하셨을 뿐만 아니라, 제사장으로서의 역할도 감당하셨다. 6번 질문을 보라.

6 제사장은 하나님 앞에서 인간을 대표하여 종교적 일, 특히 죄를 속하기 위해 희생 제물을 드리는 일을 감당했습니다. 다시 말해 인간과 하나님 사이를 중재하는 직무를 맡았던 것입니다. 예수 그리스도 역시 제사장으로서 하나님과 우리 사이를 화목하게 하셨습니다. 하지만 예수님은 일반적인 제사장과는 달리 더 탁월하게 그 임무를 감당하셨습니다. 예수님은 어떻게 제사장으로서의 직무를 감당하셨습니까?

> **히브리서 9:11-15** 그리스도께서는 장래 좋은 일의 대제사장으로 오사 손으로 짓지 아니한 것 곧 이 창조에 속하지 아니한 더 크고 온전한 장막으로 말미암아 염소와 송아지의 피로 하지 아니하고 오직 자기의 피로 영원한 속죄를 이루사 단번에 성소에 들어가셨느니라 염소와 황소의 피와 및 암송아지의 재를 부정한 자에게 뿌려 그 육체를 정결하게 하여 거룩하게 하거든 하물며 영원하신 성령으로 말미암아 흠 없는 자기를 하나님께 드린 그리스도의 피가 어찌 너희 양심을 죽은 행실에서 깨끗하게 하고 살아 계신 하나님을 섬기게 하지 못하겠느냐 이로 말미암아 그는 새 언약의 중보자시니 이는 첫 언약 때에 범한 죄에서 속량하려고 죽으사 부르심을 입은 자로 하여금 영원한 기업의 약속을 얻게 하려 하심이라.

🔊 히브리서에서는 예수님을 어떤 분으로 소개하는가?

대제사장으로 소개한다. 제사장 중에서 가장 큰 분이라는 뜻이다.

🔊 어떻게 예수님은 제사장으로서 자신의 직무를 감당하셨는가?

자기의 피로 영원한 속죄를 단번에 이루셨다. 즉 예수님이 우리를 대신해 죽으심으로 우리의 죗값을 완전히 치르셨기 때문에, 우리는 죄와 사망에서 영원한 자유와 생명을 얻게 되었다. 죄인인 우리와 의인인 예수님이 자리바꿈을 한 것이다. 죄인인 인간의 자리에 예수님이 대신 앉아 죗값을 치르시고, 의인인 예수님의 자리에 우리가 앉았다. 죄인인 인간은 선하신 하나님과 함께할 수 없다. 마치 어두움이 빛과 함께할 수 없는 것과 같다. 하지만 예수님의 죽으심으로 의인이 된 우리는 하나님과 화목하게 되어, 이제 우리는 하나님과 함께할 수 있게 되었다.

🔊 로마서 5장에서 예수님의 제사장 직무를 어떻게 설명하는지 잘 살펴보자.

> **로마서 5:6-8** 우리가 아직 연약할 때에 기약대로 그리스도께서 경건하지 않은 자를 위하여 죽으셨도다 의인을 위하여 죽는 자가 쉽지 않고 선인을 위하여 용감히 죽는 자가 혹 있거니와 우리가 아직 죄인 되었을 때에 그리스도께서 우리를 위하여 죽으심으로 하나님께서 우리에 대한 자기의 사랑을 확증하셨느니라.

🔊 예수님은 누구를 위해 죽으셨는가?

죄인인 우리를 위하여 죽으셨다.

🔊 예수님의 제사장 직무를 통해 알 수 있는 것은 무엇인가?

우리를 향한 하나님의 사랑이다. 물론 자신의 목숨까지 내어주면서 누군가를 사랑하기는 쉽지 않다. 사람이 가족이나 아끼는 사람을 위해 희생하는 경우는 있지만, 나와 무관한, 아니 나와 원수인, 죄인인 사람을 위해 죽으려는 사람은 없다. 이런 점에서 우리를 향한 하나님의 사랑과 예수님의 제사장 직무는 놀라운 것이다.

🔊 예수님은 선지자와 제사장의 직무를 행하셨다. 또한 왕으로서의 직무도 행하셨다. 7번 질문을 보라.

---

7 예수님은 왕으로서의 직무를 감당하셨습니다. 하지만 유대인의 왕으로만 이 땅에 오신 것이 아닙니다. 예수님은 특정 지역, 특정 민족, 특정 사람들만의 왕이 아니라, 모든 세대, 모든 지역, 모든 사람의 왕으로서 다스리십니다. 당신은 예수님이 그리스도 되심을 인정합니까?

> 에베소서 1:20-22   그의 능력이 그리스도 안에서 역사하사 죽은 자들 가운데서 다시 살리시고 하늘에서 자기의 오른편에 앉히사 모든 통치와 권세와 능력과 주권과 이 세상뿐 아니라 오는 세상에 일컫는 모든 이름 위에 뛰어나게 하시고.

🔊 예수님은 어디에 앉으셨는가?

하늘에 오르사 하나님의 오른편에 앉으셨다. 오른편은 통치자의 자리를 의미한다. 예수님이 이 세상 모든 만물을 다스리는 통치자의 자리에 앉으신 것이다. 이스라엘 민족의 왕이 아니라, 모든 세대, 모든 지역, 모든 사람의 왕으로서 다스리시는 것이다.

🔊 당신은 예수님이 그리스도이심을 인정하는가? 만약 인정한다면 우리에게 어떤 변화가 일어나야겠는가?

첫째, 예수님은 선지자 중의 선지자로서, 그분의 말씀에는 하나님의 말씀과 같은 권위가 있다. 만약 우리가 예수님을 그리스도로, 선지자 중의 선지자로 인정한다면, 그분의 말씀에 귀 기울여야 할 것이다. 그분의 말씀에 권위를 두고 순종해야 할 것이다.

둘째, 예수님은 대제사장으로서, 자신의 피로 우리의 죗값을 치름으로써 우리에게 영원한 자유와 생명을 주셨으며, 하나님과 우리의 관계를 화목하게 하셨다. 우리가 예수님을 그리스도로, 대제사장으로 인정한다면, 그분이 주신 생명을 누릴 줄 알아야 한다. 영원한 생명에 대해 확신하며, 하나님과 화목한 자에게만 주어진 하나님과의 교제를 누릴 수 있어야 한다. 하나님 앞에 나아가 기도하고 말씀을 보며 교제를 나눌 수 있어야 한다.

셋째, 지금은 하늘에 계시고 다시 오실 예수님은 왕으로서 이 세상 모든 만물을 다스리고 계신다. 만약 우리가 예수님을 왕으로서 인정한다면, 그분을 섬기고 그분을 위해 살아야 한다. 또한 우리를 사랑하시는 예수님이 이 세상 만물을 통치하신다는 사실을 믿으면, 인도와 보호에 대한 확신을 가지고 세상 속에서 당당히 살아갈 수 있을 것이다.

🔊 지금까지 예수님의 이름과 역할(직무)에 대해 살펴보았다. 이제 예수님의 성육신에 대해 배워보자.

예수님의 성육신

8 예수님은 인간의 육체를 입고 이 땅에 오셨습니다. 예수님은 모든 면에서 완전한 인간이셨습니다. 다음 성경 구절에서는 예수님의 인성에 대해 어떻게 말합니까?

> **마가복음 4:38** 예수께서는 고물에서 베개를 베고 주무시더니 제자들이 깨우며 이르되 선생님이여 우리가 죽게 된 것을 돌보지 아니하시나이까 하니.

🔊 고물에서 무엇을 하셨나?

고물은 배의 꼬리 부분을 말한다. 예수님은 피곤하여 주무셨다. 인간이 느끼는 육체적 연약함을 느끼셨다.

> **누가복음 4:2** 마귀에게 시험을 받으시더라 이 모든 날에 아무것도 잡수시지 아니하시니 날 수가 다하매 주리신지라.

🔊 예수님은 시험당하신 이후에 어떠하셨는가?

굶주리셨다. 인간이 느끼는 배고픔을 느끼셨다.

> **요한복음 11:35** 예수께서 눈물을 흘리시더라.

🔊 예수님은 왜 우셨는가? 이 구절에서 알 수 있는 사실은 무엇인가?

나사로의 죽음을 슬퍼하며 우셨다. 인간이 느끼는 감정을 느끼신 것이다.

> **히브리서 2:17-18** 그러므로 그가 범사에 형제들과 같이 되심이 마땅하도다 이는 하나님의 일에 자비하고 신실한 대제사장이 되어 백성의 죄를 속량하려 하심이라 그가 시험을 받아 고난을 당하셨은즉 시험 받는 자들을 능히 도우실 수 있느니라.

🔊 히브리서에서는 예수님이 어떻게 되었다고 말하는가?

예수님이 범사에(모든 면에서) 형제들과(인간인 우리와) 같이 되셨다고 말한다. 예수님은 참 인간이 되신 것이다.

🔊 당신은 어떤가? 예수님이 참 인간이 되셨음을 믿는가?

예수님이 인간이셨다는 사실을 의심하는 사람은 없다. 즉 예수님이 역사상 실존했던 인물임을 부정하는 사람은 없다. 만약 부정한다면 세계 4대 성인 중의 한 명으로 인정하지 않을 것이다.

🔊 예수님은 참 인간이 되셨을 뿐만 아니라, 참 하나님이셨다. 참 하나님 되심에 대해 9번 질문을 살펴보자.

---

9 예수님은 완전한 인간인 동시에 완전한 하나님이셨습니다. 예수님은 하나님만이 하실 수 있는 말씀과 행동을 하셨습니다. 다음 성경 구절에서 예수님이 완전한 하나님이셨음을 확인해보십시오.

> 요한복음 10:30 나와 아버지는 하나이니라 하신대.

🔊 예수님은 자신을 누구라고 소개하시는가?

예수님은 자신을 하나님이라고 소개하신다.

🔊 예수님은 자신을 하나님이라고 말씀하셨을 뿐만 아니라 하나님이 아니면 결코 하실 수 없는 일을 하셨다. 다음 누가복음 말씀을 보라.

> 누가복음 7:22 예수께서 대답하여 이르시되 너희가 가서 보고 들은 것을 요한에게 알리되 맹인이 보며 못 걷는 사람이 걸으며 나병환자가 깨끗함을 받으며 귀먹은 사람이 들으며 죽은 자가 살아나며 가난한 자에게 복음이 전파된다 하라.

🔊 예수님은 어떤 일을 행하셨는가?

맹인이 보며 못 걷는 사람이 걸으며 나병환자가 깨끗함을 받으며 귀먹은 사람이 들으며 죽은 자가 살아났다. 이런 기적은 하나님이 아니시면 결코 행할 수 없는 일이다. 예수님은 이 땅에 오셔서 이 모든 것을 행하셨다.

🔊 사람들은 이런 예수님의 말씀과 행적을 어떻게 증거했는가?

> **마태복음 14:33** 배에 있는 사람들이 예수께 절하며 이르되 진실로 하나님의 아들이로소이다 하더라.

🔊 배에 있던 사람들은 예수님에 대해 어떻게 말했는가?

> 하나님의 아들이라고 고백한다. 왜 이런 고백을 했는가? 예수님이 풍랑을 말씀만으로 잠잠하게 하시는 것을 보고, 자연마저 순종하는 분은 하나님밖에 없음을 깨닫고 참 하나님이심을 고백한 것이다.

🔊 예수님이 참 하나님 되심을 보여주는 또 다른 증거가 있다. 요한복음을 보라.

> **요한복음 5:21** 아버지께서 죽은 자들을 일으켜 살리심같이 아들도 자기가 원하는 자들을 살리느니라.

🔊 예수님은 자신에게 어떤 능력이 있다고 말씀하시는가?

> 죽은 자를 살릴 수 있는 권세가 있다고 말씀하신다. 죽은 자를 살릴 수 있는 분은 하나님밖에 없다. 예수님이 하나님 되심의 가장 중요한 증거는 부활이다. 예수님은 십자가에서 죽으셨을 뿐만 아니라 부활하심으로 자신이 하나님 되심을 증명하셨다.

🔊 당신은 어떤가? 예수님이 참 하나님이심을 믿는가? 10번 질문을 보라.

10 다음의 글을 읽고 느낀 점을 말해보십시오.

C. S. 루이스는 예수님에 대해 다음과 같이 말했습니다.

예수님에 대해 사람들이 흔히 하는 정말 어리석은 말은 '나는 예수님이 위대한 성인이라고 생각하지만, 그가 자신을 하나님이라고 주장한 것은 받아들이기 어렵다'는 것이다. 그러나 이런 논리에는 문제가 있다. 인간에 불과한 사람이 자신을 하나님이라고 주장한다면, 그는 위대한 성인으로서의 인격을 갖춘 자가 아니다. 그는 자신이 삶은 달걀이라고 말하는 사람과 같은 수준의 미치광이거나 마귀일 것이다. 당신은 선택해야 한다. 이 사람은 하나님의 아들이거나, 미치광이 혹은 더 나쁜 사람일 수 있다. 당신은 그를 미친 사람 정도로 치부하거나 마귀라고 부르며 침을 뱉거나 그 발 앞에 엎드려 주 하나님으로 부를 수 있다. 그러나 그가 위대한 성인이라고 선심 쓰는 듯한 어리석은 생각은 접어두자. 그는 자신에 대해 그렇게 말한 적이 없다.

당신은 예수님을 어떤 분으로 받아들이고 있습니까?

🔊 **당신은 예수님이 참 인간이자 참 하나님이심을 믿는가?**

예수님이 누구신가라는 질문에 루이스의 말처럼 우리는 세 가지(하나님, 미치광이, 거짓말쟁이) 중 하나를 선택할 수밖에 없다. 그런데 예수님의 말과 행동은 미치광이나 거짓말쟁이의 것과는 거리가 멀다. 만약 그분이 미치광이거나 거짓말쟁이라면 위대한 성인이라고 사람들이 인정할 리가 없다. 만약 예수님을 위대한 성인으로 인정한다면, 그분이 하나님이시라는 말을 믿어야 한다. 안타까운 점은 많은 사람이 예수님을 하나님으로 인정하지도, 반대로 부정하지도 않는다는 점이다. 예수님은 자신의 말을 듣고 믿든가, 아니면 자신이 행한 일을 보고 믿으라고 말씀하신다. 그분은 자신을 가리켜 하나님이라고 하셨을 뿐 아니라, 하나님이 아니면 절대 행할 수 없는 일들을 하셨다.

제자들은 예수님을 만났다. 그들의 눈에 예수님은 참 인간이셨다. 그래서 처음에 제자들은 예수님이 인간인 줄 알았다. 그런데 그분의 말씀을 듣고 그분의 행하심을 보면서 예수님이 참 하나님이심을 깨달았다. 물론 그들도 어떻게 참 인간이면서 동시에 참 하나님이실 수 있는지 이해할 수는 없었다. 하지만 그렇게 고백할 수밖에 없었다. 왜냐하면 예수님의 말과 행동을 보고 하나님이심을 인정할 수밖에 없었던 것이다.

🔊 그런데 하나님이신 예수님이 인간이 되신 이유가 있었다. 그 이유가 무엇인지 11번 질문에서 살펴보자.

11 예수 그리스도가 인성과 신성, 둘 중 하나만 가지고 계셨다면 인간을 위한 그분의 속죄는 효력을 발휘할 수 없습니다. 이유가 무엇일까요?

> **히브리서 9:22** 율법을 따라 거의 모든 물건이 피로써 정결하게 되나니 피 흘림이 없은즉 사함이 없느니라.

🔊 히브리서 9장 22절에서 죄 사함을 받기 위해서는 무엇이 필요하다고 말하는가?

피 흘림이 필요하다고 말한다. 하나님은 완전하신 선이다. 하나님은 그분이 만드신 세상에 어떤 악이나 죄도 용납하지 않으셨다. 따라서 그분은 언젠가 이 세상의 모든 죄와 악을 없애실 것이다. 죄인인 인간은 그날에 영원한 죽음을 맞이할 수밖에 없다. 죽을 수밖에 없는 죄인이 죄 사함을 받기 위해서는 누군가 대신 죽는 수밖에 없었다. 그렇다면 죄인인 인간을 위해 누가 대신 죽을 수 있는가? 히브리서 7장 26절을 보라.

> **히브리서 7:26** 이런 대제사장은 우리에게 합당하니 거룩하고 악이 없고 더러움이 없고 죄인에게서 떠나 계시고 하늘보다 높이 되신 이라.

🔊 이 구절에서 우리의 대제사장 되신 예수님을 어떤 분이라고 말하는가?

거룩하고 악이 없으며 더러움이 없고 죄로부터 떠나 있으시다고 한다. 죄인을 대신해서 죄인이 죽을 수는 없다. 사형수가 다른 사형수를 위해 대신 죽어줄 수는 없다. 무죄한 누군가가 대신 죽어야만 한다. 그래서 죄에서 완전히 떠난, 죄가 하나도 없는 참 하나님이신 예수님이 대신 죽으신 것이다.

🔊 결국 참 하나님이신 예수님이 인간이 되신 이유는 우리를 구원하기 위해서다. 이 사실에서 당신은 무엇을 느끼는가? '삶의 열매를 거두며'를 보라.

삶의 열매를 거두며

예수님의 또 다른 이름은 하나님의 아들(독생자)입니다. 이렇게 존귀한 예수 그리스도가 동정녀 마리아에게서 태어나 완전한 인간의 몸을 취하고 지극히 낮아지셨습니다. 이 모든 것은 우리 인간을 죄에서 구원하기 위해서였습니다. 우리를 위해 하늘 보좌를 버리고 이 땅에 인간의 몸으로 오신 것입니다. 빌립보서 2장 5-7절 말씀을 묵상한 후, 느낀 점을 말해보십시오.

> **빌립보서 2:5-7** 너희 안에 이 마음을 품으라 곧 그리스도 예수의 마음이니 그는 근본 하나님의 본체시나 하나님과 동등됨을 취할 것으로 여기지 아니하시고 오히려 자기를 비워 종의 형체를 가지사 사람들과 같이 되셨고.

🔊 인간의 구원을 위해 참 하나님이신 예수님이 참 인간으로서 성육신 하셨다는 사실에서 무엇을 느끼는가?

우리 중에는 예수님이 참 인간이 되셨다는 말씀에 별다른 느낌을 받지 못하는 사람도 있을 것이다. 왜 그런가? 그것은 입장 차이 때문이다. 만약 당신이 남은 생을 돼지우리에 들어가서 살아야 한다면 어떤 생각이 드는가? 돼지의 입장에서는 돼지우리에 사는 것이 당연하기 때문에 별다른 일로 다가오지 않는다. 하지만 사람의 처지에서는 전혀 다른 이야기가 된다. 마찬가지로 인간의 시각에서는 인간이 된다는 것이 너무나 자연스러운 일이기에 예수님의 이야기에서 별다른 느낌을 받지 못한다. 하지만 하나님이신 예수님의 처지에서는 전혀 다른 이야기가 된다.

만약 당신이 아프리카 오지에서 남은 생을 살아야 한다면 어떤 생각이 드는가? 아무리 그것이 하나님 나라를 위한 일이라고 하더라도 쉽게 선택할 수 있는 일이 아닐 것이다. 선교사들은 한결같이 선교지에 가는 게 힘든 게 아니라 선교사로서 사는 게 힘들다고 말한다. 만약 외교관으로서 아프가니스탄 같은 나라로 파견을 받는다면 어떨까? 좋은 자리가 아닌 힘든 자리로 좌천된 상황이라면 어떤 생각이 들겠는가? 당신의 마음은 섭섭함과 불편함으로 가득 찰 것이다. 하나님이 인간이 되신다는 것은 이런 좌천의 차원을 뛰어넘는 일이다. 하나님의 처지에서 생각할 때, 우리는 하나님이 사람의 몸을 입고 이 땅에 오신 것이 얼마나 큰 희생인지 알게 된다.

게다가 그분은 왜 이 땅에 오셨는가? 우리를 위해 죽으러 오셨다. 생각해 보라. 만약 평생을 돼지우리에서 살아야 하고, 그 이유가 돼지를 대신해 죽기 위해서라고 한다면, 어떤 느낌이 들겠는가?

물고기가 물속에 있을 때, 나무뿌리가 흙에 있을 때, 참된 자유와 열매를 맛볼 수 있는 것처럼, 인간은 하나님 안에서 참된 기쁨과 자유를 누릴 수 있다. 그런데 교만한 인간은 하나님 밖으로 나와 스스로 하나님이 되고자 했다. 그 결과 인간은 물 밖의 물고기처럼, 뿌리째 뽑힌 나무처럼 생명의 근원에서 멀어져 고통과 죽음만이 기다리는 운명이 되었다. 그래서 하나님이 선택하신 방식은 인간을 구하기 위해 인간의 몸을 입고 이 땅에 오시는 것이었다. 인간은 욕심에 이끌려 끊임없이 하나님으로부터 멀어지려 하지만, 하나님은 사랑에 이끌려 끊임없이 인간에게로 다가오려 하신다. 또 인간은 욕심에 이끌려 하나님의 자리를 탐하지만, 하나님은 사랑에 이끌려 죄인의 자리에 우리를 대신해서 서셨다. 예수님이 성육신 하셨다는 진리를 바라보면, 우리가 아무리 하나님으로부터 멀어지려 해도 끝까지 쫓아오는 '천국의 사냥개'와 같이 그분의 사랑을 느낄 수밖에 없을 것이다.

또한 바울은 빌립보서에서 예수님의 마음을 품으라고 권면한다. 예수님의 사랑을 받은 자로서 우리도 마땅히 예수님처럼 낮아진 마음으로 하나님과 사람들을 섬길 줄 알아야 한다. 이번 한 주간 예수님의 마음을 품고 예수님을 닮아가기 위해 해야 할 일이 무엇인지 한 가지씩 정해 나누어보자.

영적 성장 PLUS+ | 첫째 날

구세주이신 예수

영국의 옥스퍼드와 케임브리지에서 학생들을 가르쳤고 금세기 위대한 기독교 학자이자 작가였던 C. S. 루이스의 일화다. 한번은 루이스가 케임브리지 채플에서 '예수님의 구주 되심'이라는 주제로 설교를 했다.

설교가 끝난 뒤 어떤 학생이 루이스에게 이렇게 말했다. "만약 오늘 선생님께서 예수는 본받아야 할 위대한 스승이라고 말하셨다면, 우리는 모두 선생님께 박수를 보냈을 것입니다. 그런데 '예수는 구세주다'라는 케케묵은 기독교의 교리를 이야기하셨기 때문에 우리는 어떤 반응도 보이지 않은 것입니다."

이때 루이스는 그 청년에게 이렇게 반문했다.

"자네는 정말 예수가 완벽한 스승이고 모델이라고 생각하는가?"

"아, 그럼요! 당연히 그렇게 생각하지요."

"그럼 완벽한 스승이자 모델이신 예수님을 따라가는 것이 중요하다고 믿는가?"

"그렇지요."

"그러면 자네에게 묻겠네. 자네는 도덕적으로 완벽한 모델이신 예수님을 자네가 완전히 따라갈 수 있다고 생각하나?"

청년은 한참 생각하다가 답했다. "완전히 다라갈 수는 없지요!"

"아, 그러면 자네도 도덕적 실패를 인정하는군. 그렇다면 자네의 삶 속에서 실수가 있었고, 죄가 있었다는 사실을 인정하는가?"

"아, 인정하지요."

그러자 루이스는 이렇게 말했다. "그렇다던 자네에게 필요한 것은 도덕적 모델로서의 예수가 아니네. 도덕적 실패와 죄에서 자네를 구원할 수 있는 구세주이신 예수님이 먼저 필요하다네. 죄인에게는 도덕적 모델토서의 예수가 필요한 것이 아니라 구세주로서의 예수가 필요하다네. 구주이신 그리스도를 만난 다음에 비로소 그분은 자네에게 도덕적 모델이 될 수가 있다네."

 예수님을 도덕적으로 뛰어난 성인으로만 존경합니까? 아니면 당신의 죄를 사하고 당신을 구원하기 위해 이 땅에 오신 하나님으로 믿습니까? 자신의 생각을 점검해보십시오.

영적 성장 PLUS⁺ | 둘째 날

그분이 오신 이유

예수님이 이 땅에 오신 이유는 무엇일까? 로이 레신이라는 신학자는 '인간에게 가장 필요한 것'이라는 유명한 글을 썼다.

> 인간에게 가장 필요한 것이 만약 지식이었다면 세상을 사랑하시는 하나님은 교육가를 보내셨을 것입니다. 인간에게 가장 필요한 것이 건강이었다면 하나님은 의사를 보내셨을 것입니다. 인간에게 가장 필요한 것이 돈과 재물이었다면 하나님은 사업가를 보내셨을 것입니다. 인간에게 가장 필요한 것이 즐거움과 쾌락이었다면 하나님을 세상을 이처럼 사랑하사 연예인을 보내셨을 것입니다.
> 그러나 인간에게 가장 필요한 것은 죄 사함입니다. 죄의 용서 없이 우리는 편안하게 눈을 감지도 못하고 마지막 날 하나님 앞에 설 수 없습니다. 죄 사함 없이 천국을 바라볼 수는 없습니다. 그래서 하나님은 우리에게 세상을 이처럼 사랑하사 구세주를 보내주셨습니다.

예수님이 국가 사이에 평화를 이루기 위해 이 땅에 오셨다고 오해하지 마라. 경제를 발전시켜 우리가 더 좋은 음식을 먹고 더 안락한 침대에서 자며 더 멋진 집에서 살게 하려고 오셨다고도 착각하지 마라. 물론 이런 것들도 우리에게 중요하고 필요하다. 그리고 하나님도 이 사실을 분명히 아시고, 우리의 필요를 채워주신다.

하지만 가장 중요한 것은 하나님과의 관계 회복이다. 물고기가 물속에 있을 때 생명과 자유를 누리듯, 인간은 하나님 안에 있을 때만 참된 자유와 생명, 기쁨을 소유할 수 있다. 문제는 빛과 어둠이 함께할 수 없듯이, 죄인인 인간은 하나님 안에 있을 수 없다. 그래서 인간에게는 죄 사함이 반드시 필요하다. 이를 위해 예수님이 이 땅에 오셨다. 예수님을 인생의 주인으로 받아들일 때, 우리가 꿈꾸는 참된 자유와 기쁨, 만족을 누리게 될 것이다.

> **THINK** 예수님이 이 땅에 오신 이유가 무엇이라고 생각합니까? 예수님은 인간의 영적 목마름과 굶주림을 채우기 위해 오셨습니다. 이 사실이 주는 참된 기쁨과 만족을 누리고 있습니까? 예수님이 이 땅에 오신 근본 이유를 묵상해 보기 바랍니다.

영적 성장 PLUS⁺ | 셋째 날

약속대로 오신 예수님

> 고대 세계에는 예언이라는 미래를 예측하는 다양한 수단이 있었다. 그러나 헬라와 라틴의 문학 전반을 통틀어, 예언 혹은 예언자라고 말하는 그들이 먼 미래에 이루어질 위대한 역사적인 사건에 대한 구체적인 예언이나 인류를 위한 구원자에 대한 예언을 하지는 못했다. 마호메트교에서는 마호메트가 탄생하기 수백 년 전에 그가 올 것을 예언하지 못했다. 또한 이 나라에 있는 어떤 신흥 종교의 창시자도 그들이 나타날 것을 명확하게 예언하지 못했다. **윌버 스미스**

1975년부터 1981년까지 초능력자들의 예언을 관찰했던 한 연구에 따르면, 72개 예언 중 단 6개만이 이루어졌다고 한다. 그나마 그중에서 2개는 모호한 것이었고, 다른 2개는 전혀 놀라울 것이 없는 내용이었다. 이를테면, 미국과 러시아가 강대국으로 남을 것이며 세계대전은 일어나지 않을 것이라는 예언이다.

하지만 성경의 예언자들이 말한 수백 개 예언 중 단 하나도 오류가 없다. 성경 비평가조차 예수님에 대한 예언이 그리스도가 이 땅에 오시기 수백 년 전에 이루어진 것이라는 사실을 받아들인다. 그러므로 이런 예언들은 단순히 시대적인 추세를 읽어내어 추측한 것이 아니다.

더욱이 이 예언들은 상세하고 구체적이다. 그리스도가 특정 가계(다윗)와 장소(베들레헴)와 시간(단 9장 참고)에 오신다고 예언하기 때문이다. 이 세상에 이처럼 정확한 초자연적인 예언을 담은 경전은 없다.

어떤 사람들은 이런 예언의 성취를 '통계적 우연'이라고 부른다. 이 주장에 두 가지 답을 할 수 있다. 첫째, 이 예언들은 단순한 우연 이상이다. 둘째, 너무나 많은 예언이 성취되었다. 예수님은 그분의 인생에 대한 300개 이상의 구약 예언을 성취하셨다.

예수님이 약속대로 오셨다는 사실은 그분이 하나님이심을 보여준다. 하나님이 아니고서는 절대 행하실 수 없는 일이기 때문이다. 또한 하나님의 약속은 반드시 성취됨을 보여주며, 우리가 그분의 말씀을 붙잡아야 할 이유가 된다.

 예수님이 약속대로 오셨다는 사실에서 무엇을 느낍니까? 약속대로 이 땅에 오신 예수님은 약속대로 다시 오실 것입니다. 그날까지 예수님이 주신 약속의 말씀을 배우고 익히며 붙잡고 살아가는 신앙인이 되십시오.

영적 성장 PLUS⁺ | 넷째 날

우리와 함께, 우리를 위하여

불과 몇 년 전만 해도 과학자들이 절대 의심하지 않던 한 가지 사실이 있었다. '인간의 위는 강한 산성이기 때문에 어떤 세균도 살 수 없다.' 하지만 어느 날 한 과학자가 이런 주장을 했다. "인간이 위 질병을 앓는 이유는 분명히 위 속에 세균이 있기 때문이다." 모든 과학자는 그의 주장을 주의 깊게 듣지 않았다. "과학자면서 위산이 얼마나 강한지 모르나? 엉터리 주장이야." 실제로 위산은 쇠못을 녹일 정도로 강하다고 한다.

그럼에도 그는 포기하지 않았다. 자신이 발견한 그 균이 위에 염증을 유발한다는 사실을 증명하기 위해 노력했다. 하지만 이를 증명하는 것은 너무 어려웠다. 인간에게 실험하자니 지원자가 없었고, 동물에게 실험하자니 허점이 많았기 때문이다. 그래서 그는 이런 결정을 내린다. '내가 이 균을 마셔봐야겠다.' 사람들은 이렇게 말했다. "진짜 바보구나."

하지만 며칠 뒤 그는 정말로 심한 위염을 앓았고, 더욱 확신에 차서 연구에 박차를 가했다. 그 결과 잘 알려진 헬리코박터 파일리로 균을 발견한다. 이 균은 위산을 중성화하기 때문에 인간의 위에 살 수 있으며, 각종 위 질환을 일으킨다. 너무나 당연해 의심조차 하지 않던 사실을 완전히 뒤집은 것이다.

그리고 2005년 어느 날 이 과학자에게 한 통의 편지가 도착한다. "박사님은 인류의 가장 흔한 질병 중 하나인 위궤양의 원인을 밝혀냈습니다. 덕분에 수백만의 환자가 완치될 수 있었습니다. 이는 의학계에도 큰 영향을 준 대발견입니다. 그러니까 이제 노벨상을 받아주십시오. 진심으로 축하드립니다." 이 과학자가 2005년 노벨상을 수상한 배리 마셜이다. 그는 자신의 의견을 주장만 하지 않고 직접 몸으로 증명하여 질병 치료의 새로운 길을 열었다.

2천 년 전 하나님의 아들이신 예수님은 인간의 몸을 입고 이 땅에 오셨다. 인간의 가장 큰 질병이 무엇이며, 그 질병에서 어떻게 자유로워질 수 있는지를 보여주기 위해서였다. 그뿐만 아니라 그분은 이 땅을 살면서 우리가 경험하는 아픔과 상처를 모두 경험하셨고, 어떻게 하면 시련과 역경을 이겨낼 수 있는지, 그 고난 뒤에는 무엇이 기다리는지를 몸소 보여주셨다. 단순히 치료 방법만 알려주신 것이 아니라, 함께 아파하며 어떻게 이겨낼 수 있는지를 보여주신 것이다.

THINK 예수님은 인간의 몸을 입고 이 땅에 오셨습니다. 인간이 느낄 수밖에 없는 아픔과 슬픔, 고난과 역경을 다 체험하셨습니다. 예수님이 우리와 함께하기 위해, 우리를 위해 이 땅에 오셨다는 사실에서 무엇을 느낍니까?

영적 성장 PLUS+ | 다섯째 날

예수님을 따르는 삶

관상이라는 영화를 본 적이 있다. 이 영화는 세조 시대에 활약한 내경이라는 관상가의 이야기를 다룬 픽션이다. 영화를 보면 내경이 살인 사건의 범인을 잡아내는 장면이 나온다. 그는 험악하게 생긴 용의자가 아닌, 선하게 생긴 피의자의 남편을 진범으로 지목한다. 남편의 관상을 통해 부인과의 관계가 좋지 않음을 알아내고 살인까지 저질렀음을 유추해낸 것이다.

나무를 보면 열매를 알듯이, 존재가 행위를 결정한다. 즉 존재의 변화 없이는 궁극적인 행위의 변화를 기대할 수 없다. 그러므로 우리는 어떤 사람이 될 것인지에 더 많은 관심을 기울이며 살아가야 한다. 존재의 변화 없이는 그 어떤 행위나 사역도 사람의 마음에 참된 영향을 끼칠 수 없기 때문이다. 안타까운 현실은 오늘날 많은 그리스도인이 존재보다는 사역에, 인격보다는 역량에 관심이 많다는 사실이다.

예수님은 이 땅에 오셔서 제자들에게 사역을 맡기시기 전에 그들의 인격을 먼저 다듬으셨다. 그분이 마지막으로 제자들에게 남기신 명령도 모든 민족을 제자로 삼으라는(되게 하라) 존재적 명령이었다. 지금도 예수님이 우리 안에 들어오셔서 처음 하시는 일은 우리의 존재를 바꾸시는 것이다. 그분은 우리를 '새로운 피조물'로 만드신다. 따라서 우리는 주를 위해 어떤 일을 할까보다는, 주를 위해 어떤 사람이 될까를 더 고민해야 한다.

영화를 보면서 또 하나 인상에 남은 장면은 내경의 마지막 대사였다. 그는 파도를 보고 바람은 보지 못했다고 자신의 삶을 회고한다. 개인의 얼굴과 운명은 보았지만 시대의 거대한 흐름은 보지 못했다는 것이다. 우리가 인생에서 자주 범하는 실수도 파도만 보고 바람은 보지 못하는 것이다. 즉 지금 직면한 문제만 보고, 그 문제를 허락하신 하나님은 보지 못한다는 것이다. 우리를 기뻐하시는 귀한 그릇으로 다듬기 위해 잠시 고난을 허락하시는 하나님을 바라보아야 한다.

> **THINK** 예수님은 오늘도 여전히 우리 가운데서 일하고 계십니다. 제자들에게 행하셨던 것처럼, 우리 인격이 그리스도를 닮아가도록, 우리가 그리스도 안에서 새로운 존재가 되도록 우리를 다듬고 계십니다. 이 사실에서 당신은 무엇을 느낍니까? 그리스도를 닮아가기 위해 어떤 노력이 필요합니까?

6과

예수님의 사역은 무엇인가?

암송 구절 로마서 5장 8절

"우리가 아직 죄인 되었을 때에 그리스도께서 우리를 위하여 죽으심으로 하나님께서 우리에 대한 자기의 사랑을 확증하셨느니라."

"본디오 빌라도에게 고난을 받으사 십자가에 못 박혀 죽으시고 장사한 지 사흘 만에 죽은 자 가운데서 다시 살아나시며 하늘에 오르사 전능하신 하나님 우편에 앉아 계시다가 저리로서 산 자와 죽은 자를 심판하러 오시리라" (사도신경).

암송 구절은 반드시 암송해야 하는 것은 아니지만, 각 과의 핵심 구절이므로 숙지하는 것이 좋습니다. 함께 읽는 정도에서 시작해도 됩니다.

다루게 되는 내용

- 십자가의 역사성과 예수님의 죽음에 담긴 의미를 배운다(1-3번).
- 부활의 역사성과 부활이 오늘 우리에게 주는 의미를 배운다(4-7번).
- 마지막 때에 있을 심판을 준비하는 삶을 산다(8-10번).

마음의 문을 열며

예수님이 이 땅에 오셔서 행하신 일들을 이해하는 것은 영적 성장을 이루는 데 매우 중요합니다. 왜냐하면 영적 성장의 가장 큰 원동력은 복음에 대한 감격이기 때문입니다. 이 땅에서 예수님이 행하신 일들을 모른다면 절대 복음의 비밀을 깨달을 수 없습니다. 예수님은 이 땅에 오셔서 수많은 일을 행하셨습니다. 그런데 사도신경은 예수님이 이 땅에 행하신 일들을 십자가와 부활이라는 두 가지 사건으로 요약했습니다. 그만큼 십자가와 부활 사건은 복음의 핵심이자 기독교 신앙의 뿌리라고 할 수 있습니다. 이 시간 예수님이 행하신 사역을 배우며 구원의 감격과 복음의 기쁨을 다시 한 번 회복하길 바랍니다.

🔊 기독교의 상징은 무엇인가?

기독교의 상징으로 사용하고 있는 것은 십자가다.

🔊 십자가를 상징으로 사용하는 이유는 무엇인가?

십자가는 예수님이 누구신지를 가장 잘 보여주는 것이기 때문이다. 십자가의 죽음과 부활은 기독교의 핵심이다. 사실 십자가를 상징으로 사용하는 것은 쉽지 않다. 왜냐하면 그리스로마 문화에서 십자가는 수치의 상징이었기 때문이다. 로마인은 고통스럽고 굴욕적인 십자가형의 죽음을 가장 흉악한 범죄자와 가장 위협적인 역적에게 구형했다. 역사상 십자가형을 받은 로마 시민은 단 한 사람도 없었다. 로마 원로원의 한 의원은 "십자가라는 단어 자체가 각 로마 시민에게서뿐 아니라 그의 생각과 눈과 귀에서도 완전히 사라져야 한다"라고 주장하기도 했다. 그만큼 십자가는 흉물스러운 상징이었다. 예를 들어 중세에 사형 도구였던 단두대나, 조선 시대의 망나니들이 쓰던 칼을 상징으로 삼은 것이다. 그럼에도 십자가를 기독교의 상징으로 삼은 것은 예수님의 죽음과 부활이 기독교의 핵심이기 때문이다.

🔊 당신은 어떤가? 십자가에 대해 잘 알고 있다고 생각하는가?

우리 중에는 십자가에 대해 잘 알고 있다고 생각하는 사람이 많을 것이다. 하지만 결코 그렇지 않다. 자기가 좋아하는 가족이나 친구를 위해 희생하는 사람은 종종 있다. 하지만 사랑하는 사람을 위해 목숨까지 내놓을 수 있는 사람은 많지 않다. 그런데 자신과 전혀 무관한 사람을 위해서, 심지어 원수를 위해 순간적인 충동이 아니라 오랜 고민과 결단 끝에 목숨을 내놓기는 쉽지 않다. 최근에 누군가를 용서한 적이 있는지 생각해보라. 그가 당신에게 저지른 잘못은 무엇이었는가? 당신은 그를 쉽게 용서할 수 있었는가? 원수를 용서하는 일도 쉽지 않은데 하물며 그를 위해 목숨을 내어준다는 것은 결코 쉬운 일이 아니다.

🔊 이 시간에는 십자가를 중심으로 예수님이 우리를 위해 행하신 일에 대해 배워볼 것이다. 특히 이것이 예수님을 더욱 깊이 알아가고 사랑하는 계기가 되길 기대해보라.

말씀의 씨를 뿌리며

십자가의 죽음

1 사도신경에는 예수님이 이 땅에 오셔서 행하신 일에 대한 자세한 설명 없이, 예수님의 생에 대해서 "본디오 빌라도에게 고난을 받으사 십자가에 못 박혀 죽으시고"라는 고백이 나옵니다. 그만큼 십자가 사건은 예수님의 생애와 사역의 본질을 잘 보여주는 것이기 때문입니다. 예수님이 이 땅에 오신 목적과 행하신 사역의 핵심은 무엇이라고 생각합니까?

> 요한복음 10:10 도둑이 오는 것은 도둑질하고 죽이고 멸망시키려는 것뿐이요 내가 온 것은 양으로 생명을 얻게 하고 더 풍성히 얻게 하려는 것이라.

🔊 예수님이 이 땅에 오신 것은 무엇을 위해서라고 말씀하시는가?

"양으로 생명을 얻게 하고 더 풍성히 얻게 하려는" 것이다. 여기서 양이란? 인간을 의미한다. 생명을 준다는 의미는? 죄 때문에 죽을 수밖에 없는 인간에게 영원한 생명을 주신다는 의미다. 더 풍성히 얻게 한다는 것은? 영원한 생명과 영원한 생명이 주는 평안을 누리게 한다는 의미다.

🔊 그렇다면 우리에게 생명을 주고 더 풍성히 얻게 하기 위해 예수님이 행하신 일은 무엇인지 2번 질문에서 살펴보자.

2 사도신경은 '본디오 빌라도'라는 구체적인 인물을 언급합니다. 그 이유는 십자가와 부활 사건이 실제로 이 땅에서 일어난 역사적 사실임을 보여주기 위해서입니다. 예수님이 십자가에서 죽음을 당하신 이유는 무엇입니까? 다음 성경 구절에서 예수님의 십자가 죽음의 의미를 살펴보십시오.

> **본디오 빌라도(Pontius Pilatus)**
> 주후 26-36년에 유대 지방의 로마 총독을 지냈고, 유대인이 고소한 예수 그리스도에게 십자가형을 언도했다. 타키투스와 요세푸스 플라비우스, 에우세비오스 등의 역사가들이 본디오 빌라도를 유대인 학대 정책을 펼쳤던 사람으로 밝혔다.

> **베드로전서 2:24** 친히 나무에 달려 그 몸으로 우리 죄를 담당하셨으니 이는 우리로 죄에 대하여 죽고 의에 대하여 살게 하려 하심이라 그가 채찍에 맞음으로 너희는 나음을 얻었나니.

🔊 베드로전서에서는 예수님이 십자가에 달리신 이유를 무엇이라고 말하는가?

친히 나무에 달리셨다는 것은 스스로 십자가의 죽음을 선택하셨다는 것인데, 그 이유는 우리의 죄를 대신 지시기 위해서였다. 예수님은 죄인인 우리를 대신하여 죄인의 자리에 서시고, 원래 그분의 자리였던 의인의 자리에 우리를 앉히기 위해 죽으셨다. 이를 자리바꿈이라고 한다. 즉 십자가에서 하나님은 예수님과 우리의 자리를 바꿔주셨다.

이 자리바꿈을 먼저 시도한 존재는 인간이었다. 인간은 하나님이 마땅히 앉아야 할 보좌의 자리에 대신 앉으려 했다. 그 결과 인간은 비극적인 운명을 맞이했다. 하나님은 인간이 시도한 자리바꿈을 바로잡으신다. 인간은 욕심에 이끌려 높은 자리에 앉고자 자리바꿈을 시도하지만, 하나님은 사랑에 이끌려 인간이 있어야 할 가장 낮은 자리에 우리를 대신해 앉으셨다. 우리가 있어야 할 가장 낮은 자리에 자신의 아들을 대신 보내신 것이다.

존 스토트(John Stott)는 이렇게 말했다. "죄의 본질은 인간이 스스로 하나님을 대신하는 것인 반면 구원의 본질은 하나님이 인간을 대신하는 것이다. 인간은 하나님을 대적하여 자기를 주장하고 하나님께만 합당한 곳에 자신을 둔다. 하나님은 인간을 위해 자신을 희생하시고, 인간에게만 합당한 곳에 자신을 두신다. 인간은 오직 하나님께만 속한 특권을 주장한다. 하나님은 인간에게만 속한 형벌을 받아들이신다."

🔊 그렇다면 왜 예수님이 십자가에 달리실 수밖에 없었는지 히브리서 9장 12절 말씀을 보라.

> **히브리서 9:12** 염소와 송아지의 피로 하지 아니하고 오직 자기의 피로 영원한 속죄를 이루사 단번에 성소에 들어가셨느니라.

🔊 예수님은 무엇으로 속죄를 이루었다고 하시는가?

> 염소와 송아지의 피로 속죄를 이룬 것이 아니다. 왜 염소와 송아지의 피는 안 되는가? 사람이 죄를 지었으므로 사람의 죄를 사하기 위해서는 사람의 피가 필요하다. 다른 동물의 피로 대신할 수 없다. 그렇다면 왜 예수님의 피밖에는 안 되는가? 죄인의 죄를 대신 지기 위해서는 무죄한 사람이 필요하다. 감옥에 갇힌 사형수를 대신하여 죽어줄 수 있는 사람은 감옥 밖에 있는 무죄한 사람이지, 같은 사형수가 다른 사형수를 위해 대신 죽을 수는 없다. 그런데 이 땅에는 죄가 없는 사람이 없다. 따라서 죄가 없는 예수님이 우리를 위해 죽으신 것이다. 죄로 인해 죽을 수밖에 없는 우리를 위해 예수님이 죽으심으로 우리는 죄에서 해방되고 영원한 생명을 얻게 된 것이다. 형 집행이 이미 끝났기 때문에, 사형수는 비로소 풀려날 수 있다.

🔊 우리에게 영원한 생명을 주시기 위해 예수님이 십자가에서 달리셨다는 사실에서 당신은 무엇을 느끼는가? 3번 질문을 보라.

---

3 기독교 복음의 진수는 예수님이 우리를 위해 죽으셨다는 사실입니다. 특별히 그분의 죽음은 우리 모두를 위한 것이었습니다. 만약 이 사실을 분명히 알고 있다면, 당신의 삶 속에 감사와 찬양이 넘쳐야 할 것입니다. 당신에게도 이런 감격이 있습니까?

🔊 처음 십자가의 사랑을 느꼈던 적이 언제인지 나누어보라. 그때 왜 십자가의 사랑이 감격스러웠는지 그리고 지금은 왜 그런 감격이 내게 없는지에 대해 나누어보라. 인도자는 아직 이런 십자가의 사랑을 느껴본 적이 없는 사람에게, 앞으로 계속 성경을 배우다 보면 십자가의 사랑을 깊이 느끼는 순간이 올 것이라고 격려하라.

🔊 인간에게 용서는 의무지만, 하나님께 용서는 문제였다. 죄인인 인간을 그냥 용

서해준다면 공의에 어긋나기 때문이다. 그래서 선택한 방법이 예수님이 우리를 대신해서 십자가 형벌을 받으시는 것이었다.

엘리자베스 조이스라는 여인이 있었다. 의사는 유방암 병력 때문에 그녀가 아기를 갖지 못할 것이라고 했다. 그러나 그녀는 기적처럼 임신을 했다. 엘리자베스와 남편 맥스는 이 아기가 하늘이 주신 선물이라며 기뻐했다. 하지만 임신한 지 한 달이 지났을 때 중대한 결정을 내려야 했다. 암이 재발했고 어디까지 전이되었는지 보려면 전신 스캔을 해야 하는데 그것이 아기에게 치명적인 해를 줄 수 있었다. 깊은 고민 끝에 엘리자베스는 항암 치료를 포기하고 아기를 살리기로 결정했다. 그녀는 예정일보다 두 달 앞서 제왕절개로 릴리 앤을 낳았다. 출산 후 바로 실시한 건강 검진 결과, 암세포는 이미 그녀의 심장까지 퍼져 있었다. 엘리자베스는 아기를 품에 안은 지 6주 만에 하늘나라로 떠났다.

만약 당신이 엘리자베스라면 어떻게 하겠는가? 태중의 아이와 당신의 생명 중에 선택을 해야 한다면 어떻게 하겠는가? 하나님은 무엇을 하셨는가? 원수 된 우리를 위해, 죄인 된 으리를 위해, 아무 피도 섞이지 않은 우리를 위해 자기 아들을 아끼지 않고 내어놓으셨다. 이 사랑이 얼마나 놀라운 것인지 깨달을 때 우리는 감격하지 않을 수 없다.

부활

4 예수님은 우리의 죗값을 치르시기 위해 이 땅에 오셨습니다. 십자가의 죽음으로 우리는 죄에서 해방되었습니다. 그런데 사도신경에는 "장사한 지 사흘 만에 죽은 자 가운데서 다시 살아나시며"라는 부활 사건에 대한 고백이 이어서 나옵니다. 십자가의 고난은 반드시 부활의 영광으로 나타나기 때문입니다. 성경에는 예수님의 부활이 어떻게 기록되어 있습니까?

> **고린도전서 15:3-8** 내가 받은 것을 먼저 너희에게 전하였노니 이는 성경대로 그리스도께서 우리 죄를 위하여 죽으시고 장사 지낸 바 되셨다가 성경대로 사흘 만에 다시 살아나사 게바에게 보이시고 후에 열두 제자에게와 그 후에 오백여 형제에게 일시에 보이셨나니 그중에 지금까지 대다수는 살아 있고 어떤 사람은 잠들었으며 그 후에 야고보에게 보이셨으며 그 후에 모든 사도에게와 맨 나중에 만삭되지 못하여 난 자 같은 내게도 보이셨느니라.

🔊 예수님의 죽음과 부활이 어떻게 이루어진 것이라고 말하는가?

"성경대로" 이루어진 것이라고 말한다. 십자가의 죽음과 부활은 우연히 일어난 사건이 아니라 계획되고 준비된 사건임을 알 수 있다.

🔊 왜 계획된 사건이라는 점이 중요한가?

세상의 어떤 종교나 지도자도 예수님을 제외하고는 자신의 죽음과 부활에 대해 정확히 예언하지 못했다. 자신의 죽음과 부활을 예언할 수 있는 분은 모든 권세를 지닌 하나님밖에 없다.

🔊 예수님의 부활을 목격한 증인이 얼마나 많은가?

성경에는 게바(베드로)에게 보이시고, 열두 제자와 오백여 형제에게 보이셨다고 기록되어 있다. 여자나 아이들까지 포함하면 더 많은 사람이 부활하신 예수님을 만났을 것이다. 또한 그 사람들은 대부분 살아 있다고 나온다. 그 사람들이 자신의 이야기가 사실임을 함께 증언한다는 의미다.

🔊 여기서 알 수 있는 사실은 무엇인가?

부활이 역사적 사건임을 알 수 있다. 어떤 사건이 진실임을 증명하기 위해 필요한 증인은 몇 명이나 필요할까? 사회과학에 죄수의 딜레마라는 용어가 있다. 죄수 두 명이 있다. 이 둘은 범죄 사실을 숨기기로 철석같이 약속한다. 그리고 거짓말까지 완벽히 꾸민다. 하지만 둘을 따로 떼어

놓고, 죄를 자백을 하면 형량을 낮춰주겠다고 제안하면, 두 죄수가 모두 자백을 하게 된다고 한다. 이런 현상을 죄수의 딜레마라고 부른다. 두 명 이상이면 거짓말을 꾸며내기가 어려워지는 것이다.

부활하신 예수님을 본 사람이 남자만 오백 명이었다. 여자와 아이들까지 합치면 더 많은 사람이 부활하신 예수님을 만났을 것이다. 그중에 대다수는 살아 있다고 바울은 기록한다. 그만큼 증인이 많은 것이다. 과연 예수님의 부활이 거짓이라면 오백 명이 넘는 사람이 입을 맞추는 것이 가능할까? 불가능하다. 두 명이 입을 맞추기도 힘든데, 어떻게 오백 명이 입을 맞출 수 있겠는가?

특히 예수님을 만난 제자와 사도들은 거짓말을 꾸며낼 의지도 없었고, 능력도 안 되는 사람이었다. 심지어 부활한 주님을 보고도 믿지 못하던 사람도 있었고, 기독교를 핍박하던 사람도 있었다. 그런데도 그들은 어느 날부터 한결같이 예수 부활을 전한다. 왜인가? 그것이 사실이고 직접 목격한 것이기 때문이다. 그들이 보았기 때문이다. 게다가 겁쟁이 제자들은 어떻게 변했는가? 성경 기록을 보면 이들은 예수님의 부활을 가는 곳마다 전했다. 때로는 복음을 전하다 감옥에 갇혀 고문을 당하기도 하고, 사자 굴에 끌려가기도 했으며, 십자가형을 당하기도 했다. 어떻게 자기의 목숨을 걸고 예수님의 부활을 전했을까? 신념이 있어서일까? 신념은 흔들릴 수 있다. 그들이 그렇게 목숨을 걸고 복음을 전했던 것은 그것이 사실이기 때문이다.

🔊 당신은 예수님이 부활하셨다는 사실을 믿는가? 5번 질문을 통해 점검해보라.

5 세상 사람들은 예수님의 부활 사건을 기독교인들이 지어낸 이야기라고 말합니다. 하지만 예수님의 부활은 역사적 사건이었습니다. 다음 글을 읽고 느낀 점을 말해보십시오.

닉슨 대통령의 보좌관이었던 찰스 콜슨(Charles Colson)은, 그가 쓴 『러빙 갓』(홍성사 역간)이란 책에서 중요한 고백을 했다. 워터게이트 사건이 터졌을 때 대통령 주변의 몇 사람이 모여 그 사건을 은폐하기로 하고 서로 입을 맞추었다. 그들은 모두 엘리트이자 법에 관한 한 전문가였다. 그래서 누가 추궁을 하더라도 서로 맞춘 말을 완벽하게 지킬 수 있다고 믿었다. 그러나 오래지 않아 그들의 말은 서로 어긋나기 시작했고 결국 모든 것이 들통 나고 말았다. 그 머리 좋은 엘리트들이 무슨 까닭에, 그토록 짜 맞추었던 몇 마디 말을 지키지 못해 감옥신세를 지는 망신을 당해야만 했는가? 그것은 진실이 아니었기 때문이다. 거짓을 영원히 지킬 방법은 없다. 거짓은 스스로 그 정체를 밝히고야 만다.

만약 예수님이 부활하지 못하셨다면, '예수 부활'은 제자들이 서로 입을 맞추어 꾸며낸 거짓말일 수밖에 없다. 그것이 사실이라면 그 무식한 어부들이 입을 맞춘 말은 한 달도 못 가 어긋나기 시작했을 것이고, 꾸며낸 말들은 예루살렘을 넘기도 전에 허물어져버리고 말았을 것이다. 그러나 그 무식한 어부들이 전한 '예수 부활'의 증거가 2천 년이 지나도 무너지지 않고 살아 역사하는 것은, 그것이 꾸며낸 거짓이 아니라, 누구도 허물 수 없는 진실이기 때문이다.

🔊 글을 읽으면서 어떤 생각이 들었는가? 부활이 역사적 사실임을 믿는가?

부활에 대한 증거는 여러 가지다. 그중 가장 중요한 증거는 증인이다. 만약 부활이 거짓이었다면 찰스 콜슨의 말처럼 그 이야기는 예루살렘도 넘지 못했을 것이다. 우리 중에 아직 부활이 역사적 사실임을 믿지 못하는 사람이 있을 수 있다. 그렇다면 진지하게 연구해보라. 부활의 증거는 너무나 많고 확실하다. 물론 완전히 확신하지 못하는 사람도 있을 수 있다. 하지만 이렇게 배우다 보면 부활에 대한 분명한 확신을 갖게 될 것이다.

🔊 부활은 역사적 사실이다. 그렇다면 부활의 의미가 무엇인지 살펴보라.

6 예수님의 부활이 그분을 믿는 사람들에게는 어떤 의미가 있습니까? 고린도전서 15장 20-22절을 읽고 부활의 의미에 대해 말해보십시오.

> 고린도전서 15:20-22 그러나 이제 그리스도께서 죽은 자 가운데서 다시 살아나사 잠자는 자들의 첫 열매가 되셨도다 사망이 한 사람으로 말미암았으니 죽은 자의 부활도 한 사람으로 말미암는도다 아담 안에서 모든 사람이 죽은 것같이 그리스도 안에서 모든 사람이 삶을 얻으리라.

🔊 예수님이 부활하셨다는 사실을 무엇이 되었다고 표현하고 있는가?

첫 열매가 되었다고 표현한다.

🔊 첫 열매라고 표현한 이유는 무엇인가?

여기서 첫 열매는 추수 때 처음 수확하는 열매를 의미한다. 처음 수확하는 열매는 이후에 계속될 추수의 보증이다. 즉 첫 열매를 거두면 이후에 계속 열매를 수확할 수 있음을 확신할 수 있다. 예수님의 부활은 이후에 있을 성도의 부활을 보증한다. 그래서 그리스도 안에서 모든 사람이 삶을 얻었다고 바울은 말한다.

🔊 당신은 예수님이 우리의 부활의 보증이 되는 것을 믿는가? 7번 질문을 보라.

---

7 성경은 예수님의 부활을 "첫 열매"라고 말합니다. 첫 열매는 뒤따라 있을 더 많은 추수에 대한 보증을 의미합니다. 그러므로 예수님의 부활은 그분을 믿는 자들이 부활할 것이라는 약속이기도 합니다. 당신은 이 사실을 믿습니까? 아직 믿지 못한다면 그 이유는 무엇입니까?

🔊 죽음 이후에 부활과 영원한 생명이 기다리고 있음을 믿는가?

각자 이런 믿음이 있는지 점검해보라. 아직 없다면 왜 없는지 확인해보라. 부활에 대한 확신이 중요한 이유는 승리자의 관점으로 세상을 살 수 있기 때문이다.

예전에는 암이라고 하면 죽을병이라고 생각했다. 마치 사형 선고를 받는 것과 같았다. 그런데 요즘에는 어떤가? 물론 고통스러운 과정을 겪기는 하지만, 암을 이겨낸 사람이 많다. 그렇게 암을 이겨낸 사람을 보면 어떤 마음이 드는가? '나도 이길 수 있다'는 희망이 생긴다. 그래서 요즘은 암을 보는 시각도 달라졌다. 힘들어도 충분히 이겨낼 수 있는 병이라고 생각한다. 그뿐만 아니라 다른 질병을 바라보는 시각도 달라졌다. '암도 이겨내는 세상에 무슨 병인들 못 이겨내겠어.'

제자들은 부활하신 주님을 보았다. 그러자 그들에게는 두려움이 없어졌다. 왜인가? 십자가의 고난 뒤에 부활의 영광이 기다리는 것을 보았기 때문이다. 우리도 믿음을 지키고 한 걸음 한 걸음 걷다 보면, 주님이 그러셨듯이 우리에게도 부활의 영광과 승리가 기다리고 있을 것이다. 죽음마저 우리를 이기지 못하는데, 그 무엇이 우리를 이기겠는가. 우리는 죽음마저도 이긴 사람들이다. 무엇이 두렵겠는가.

🔊 예수님은 우리를 위해 십자가에서 죽으시고 부활하셨다. 그 후 하늘에 오르셨고 다시 오실 것이다. 이에 대해 계속해서 배워보자.

승천과 재림

8 부활하신 예수님은 40일 동안 제자들과 함께 머무시면서 하나님의 나라에 대해 가르치셨습니다. 그런 다음 하늘에 오르셨습니다. 하늘에 오르신 예수님은 지금 어디에 계시며, 그곳에서 하시는 일은 무엇인지 다음 성경 구절에서 찾아

보십시오.

> **요한복음 14:3** 가서 너희를 위하여 거처를 예비하면 내가 다시 와서 너희를 내게로 영접하여 나 있는 곳에 너희도 있게 하리라.

🔊 예수님은 가서 무엇을 한다고 말씀하셨는가?

우리를 위하여 거처를 예비한다고 말씀하셨다. 예수님은 십자가의 죽음과 부활을 통해 우리에게 생명을 주실 뿐만 아니라, 하늘에 우리를 위한 거처를 예비하고 계신다.

🔊 하늘에서 우리가 머물 거처를 예비하는 일뿐만 아니라 또 하시는 일이 있다.

> **로마서 8:34** 누가 정죄하리요 죽으실 뿐 아니라 다시 살아나신 이는 그리스도 예수시니 그는 하나님 우편에 계신 자요 우리를 위하여 간구하시는 자시니라.

🔊 예수님은 지금 어디에 계시며 무엇을 하시는가?

예수님은 지금 하나님 우편에 계신다. 이 말은 무슨 뜻인가? 우편에 앉았다는 말은 함께 통치한다는 의미다. 왕의 오른쪽에 앉는 사람은 왕 다음으로 권위가 높은 사람이다. 예수님은 세상을 통치하실 뿐만 아니라 우리를 위하여 간구하고 계신다.

🔊 예수님은 이 세상을 통치하시고 우리를 위해 간구하신다. 그리고 또 하시는 일이 있다.

> **에베소서 1:22** 또 만물을 그의 발아래에 복종하게 하시고 그를 만물 위에 교회의 머리로 삼으셨느니라.

🔊 여기서 "그"는 예수님을 의미한다. 에베소서 1장 22절에서 예수님은 무엇이 되셨다고 하는가?

하나님이 예수님을 교회의 머리로 삼으셨다고 나온다. 이 말씀은 예수님이 교회를 다스리고 통치하신다는 뜻이다. 예수님은 이 땅의 교회를 다스리고 통치하고 계신다. 교회 된 우리의 삶을 다스리고 통치하고 계시는 것이다.

🔊 당신은 예수님이 하늘에 오르셔서 우리를 위해 처소를 예비하실 뿐만 아니라 우리를 위해 기도하고 계시며, 우리를 다스리고 계심을 믿는가? 9번 질문을 보라.

9 예수님의 승천은 그분이 온 세상을 통치하는 자리에 오르셨음을 의미합니다. 그뿐만 아니라 바울은 예수님이 하나님의 보좌 우편에서 우리를 위해 간구하신다고 말합니다. 당신은 이 사실을 분명히 믿습니까? 이런 믿음이 당신의 삶 속에 주는 위로와 은혜는 무엇입니까?

🔊 예수님이 오늘도 당신을 위해 기도하고 계신다는 사실에서 무엇을 느끼는가?

힘이 나야 정상이다. 예수님이 누구신가? 나를 위해 목숨까지 내어주신 분이 아니신가? 그분이 하나님 바로 옆에서 나를 위해 기도해주시는데 무엇이 문제겠는가? 왕의 측근이 나와 친구라고 생각해보라. 얼마나 든든하고 얼마나 힘을 주고 다니겠는가? 만약 어떤 사람이 당신의 통장에 10억을 입금했다고 생각해보라. 남들이 알든 모르든, 보든 못 보든, 자연스럽게 어깨에 힘을 주고 다니게 될 것이다. 예수님이 나를 위해 기도하고 계신다는 사실을 확신하면, 얼마나 든든한지 모른다.

🔊 예수님은 하늘에 오르셨다. 또한 다시 오실 것이다. 10번 질문을 보라.

10 예수님이 마지막으로 주신 약속은 무엇입니까?

> **요한계시록 22:20** 이것들을 증언하신 이가 이르시되 내가 진실로 속히 오리라 하시거늘 아멘 주 예수여 오시옵소서.

🔊 "이것들을 증언하신 이"는 예수님을 뜻한다. 예수님은 무엇이라고 약속하셨는가?

> 다시 오실 것을 약속하셨다. 이 세상 역사의 마지막 때가 되면 주님은 다시 오실 것이다. 마지막 때에 대해서는 다시 배우게 될 것이다. 여기서는 마지막 때에 예수님이 오시리란 사실과 오셔서 하시는 일에 대해서만 다루도록 하자.

🔊 예수님은 오셔서 무엇을 하시는가?

> **사도행전 17:31** 이는 정하신 사람으로 하여금 천하를 공의로 심판할 날을 작정하시고 이에 그를 죽은 자 가운데서 다시 살리신 것으로 모든 사람에게 믿을 만한 증거를 주셨음이니라 하니라.

🔊 여기서 "정하신 사람"은 예수님이시다. 예수님은 무엇을 한다고 말씀하시는가?

> 천하를 심판하신다. 심판은 벌을 준다는 의미보다는 판단한다는 의미가 강하다. 예수님이 각자의 믿음과 삶에 대해 판단해주실 것이다. 우리의 믿음이 확실하다면 우리에게 영원한 생명을 주실 것이고, 우리의 삶에 대한 합당한 평가를 하고 칭찬해주실 것이다.

🔊 당신은 주님이 다시 오실 것을 믿는가? 단약 믿는다면 어떻게 살아야 하는가? '삶의 열매를 거두며'를 보라.

삶의 열매를 거두며

당신은 사도신경의 고백처럼 예수님이 산 자와 죽은 자를 심판하러 다시 오실 것을 믿습니까? 그리고 그날을 고대하고 기대하며 살아가고 있습니까? 예수님의 재림에 대한 믿음이 당신의 삶 속에 어떤 영향을 미치는지 나누어보십시오.

> **빌립보서 3:14** 푯대를 향하여 그리스도 예수 안에서 하나님이 위에서 부르신 부름의 상을 위하여 달려가노라.

🔊 예수님이 다시 오실 것을 믿는가? 믿는다면 오늘을 어떻게 살아야 하는가?

이 땅에서의 삶이 전부라고 생각하는 사람과 영원한 삶이 기다리고 있다고 생각하는 사람은 삶을 다르게 바라볼 수밖에 없다. 영원한 삶을 기다리는 사람은 사라질 것들을 위해 인생을 낭비하기보다는, 영원한 것을 위해 자신의 인생을 드리려 할 것이다.

여행을 다닐 때는 우리 여행이 얼마나 편하고 좋은지를 자랑한다. 그런데 여행을 마치고 나면, 얼마나 어려움과 위험이 많았는지를 자랑하게 된다. 호텔에 머무르며 편안하게 여행한 사람보다는, 산에서 배낭을 메고 힘들게 여행한 사람이 더 이야깃거리가 많을 것이다. 분명 이 땅에서는 얼마나 편한 여정이었는지가 중요해 보인다. 하지만 여정이 끝나는 시간이 되면 그 여정이 얼마나 힘들었느냐가 우리의 자랑이 될 것이다. 우리는 시간의 피조물이다. 따라서 늘 오늘에 서서 내일을 바라본다. 하지만 우리가 정작 배워야 할 것은 내일에 서서 오늘을 바라보는 법이다. 인생의 마지막 날에 우리에게 진정으로 의미 있는 것이 무엇인지 찾아보고, 오늘 그것을 추구하는 법을 배워야 한다.

―

오래전 남미 에콰도르에 선교하러 간 짐 엘리엇이라는 청년이 있었다. 그는 그 당시 명문인 휘튼 대학을 수석으로 졸업하고, 다른 청년 네 명과 함께 비행기를 타고 에콰도르에 가서 원주민들에게 복음을 전하려다 창에 찔려 순교했다.

당시 수많은 언론 매체에서 이것이 무슨 낭비냐는 비판의 소리가 높았다. 왜 젊은이들이 이렇게 죽어야 하느냐는 것이었다. 선교 정책에 대한 거센 비판이 일어났다. 그때 짐 엘리엇의 일기가 발견되었다. "영원한 것을 위해 영원하지 않은 것을 포기하는 것은 결코 어리석은 일이 아니다." 이 일기 덕분에 모든 비판이 잠잠해졌다. 왜냐하면 그가 한 말은 진리였기 때문이다.

이 청년들이 죽은 후 청년들의 부인들은 간호학을 배우고 선교 준비를 하여 다시 그 부족을 찾아간다. 그리고 그 부족의 여인들이 아이 낳는 것을 도왔다. 원주민들이 왜 우리를 돕느냐고 묻자, "우리가 바로 당신들이 죽였던 다섯 젊은이의 아내입니다"라고 답했다. 그리고 마침내 이들을 통해 원주민 부족이 예수님을 믿고 돌아왔다. 청년 다섯을 죽였던 원주민 가운데 네 명은 목사가 되었고 한 명은 복음 전도자가 되었다. 짐 엘리엇과 친구들의 죽음으로, 영혼들이 돌아오는 놀라운 열매를 거두게 된 것이다. 우리는 어떤가? 영원한 것과 영원하지 않는 것 가운데 무엇을 추구하며 살아가고 있는가?

> 역사를 돌아보면 현세에서 가장 많은 일을 한 사람은 바로 다음 세상을 가장 많이 생각한 사람이었습니다. 걸어서 로마 제국의 사람들을 회심시키려 했던 사도들, 중세 시대를 건설한 위인들 그리고 노예 제도를 폐지한 영국의 복음주의자들 모두 이 땅에 큰 발자취를 남겼습니다. 그 이유는 그들의 마음이 천국에 사로잡혔기 때문입니다. 현세에서 그리스도인이 무력하게 된 것은 대부분 다음 세상에 관한 생각을 중단했기 때문입니다. **C. S. 루이스**(C. S. Lewis)

영적 성장 PLUS⁺ | 첫째 날

기독교의 상징

이모티콘이라는 말을 들어 보았을 것이다. 이모티콘은 우리말로는 '그림 말', 영어로는 감정을 뜻하는 'emotion'과 상징인 'icon'의 합성어로, 감정을 표현하는 상징 혹은 그림을 말한다. 한 해 이모티콘 시장 규모가 천억 원일 정도로, 우리는 이모티콘을 자주 사용한다. 그만큼 상징과 그림이 주는 메시지가 크고, 그림을 통해 우리의 마음 상태를 표현하기를 좋아하기 때문이다.

그럼 기독교의 이모티콘은 무엇일까? 즉 기독교가 무엇인지 가장 잘 보여주는 상징은 무엇일까? 그것은 십자가다. 그런데 기독교의 상징이 십자가인 것은 이상한 일이다. 대부분 종교는 아름다운 것, 고귀한 것, 보기 좋은 것을 상징으로 삼는다. 하지만 십자가는 매우 잔혹한 물건이다. 왜냐하면 예수님 당시 십자가는 사형 도구였기 때문이다. 예를 들어, 중세 시대에 사람을 죽이는 데 사용했던 단두대나 조선 시대 망나니들이 사용했던 칼을 상징으로 사용하는 종교는 없다. 만약 누군가가 단두대나 칼이나 해골을 목에 걸고 다닌다면 그를 이상한 사람이라고 생각할 것이다. 실제로 십자가 그랬다. 지금 십자가를 기독교의 상징으로 사용한다는 사실을 예수님 당시의 사람들이 알면 매우 놀랄 것이다.

그리스로마 문화에서 십자가는 수치의 표상이었기 때문에 십자가를 기독교의 최고 상징으로 택한 것은 매우 놀라운 일이었다. 로마인은 고통스럽고 굴욕적인 십자가형을 가장 흉악한 범죄자와 가장 위협적인 역적에게 구형했다. 역사상 십자가형을 받은 로마 시민은 단 한 사람도 없었다. 한 로마 의원은 "십자가라는 단어 자체가 각 로마 시민뿐 아니라 그의 생각과 눈과 귀에서 완전히 사라져야 한다"라고 주장하기도 했다.

그럼에도 십자가는 기독교의 상징이 되었다. 그 이유는 무엇인가? 십자가야말로 예수님이 어떤 분이신지, 예수님이 이 땅에 오신 이유가 무엇인지, 예수님이 우리를 얼마나 사랑하시는지를 가장 잘 보여주기 때문이다.

 십자가를 볼 때마다 무엇이 떠오릅니까? 십자가의 의미에 대해 다시 한번 묵상해보십시오. 그리고 우리를 위해 십자가에 돌아가신 예수님께 감사의 고백을 해보십시오.

영적 성장 PLUS+ | 둘째 날

십자가 처형

로마 시민은 극단적인 국가 반역죄를 제외하고는 십자가형에서 면제되었다. 키케로는 한 연설에서 십자가를 가장 잔인하고 혐오스러운 형벌이라고 비난했다. 인간을 가장 고통스럽고 수치스럽게 죽이기 위해 고안한 방식이 바로 십자가이기 때문이다. 1986년 <미국 의학협회지>에 십자가 처형을 당한 죄수가 경험하는 고통을 설명하는 글이 실린 적이 있다.

> 숨을 제대로 내쉬기 위해서는 팔꿈치를 굽히고 발에 힘을 주어 몸을 위로 올려야 한다. 하지만 이 행동은 족근골에 온몸의 무게를 실어야 하기 때문에 끔찍한 아픔을 느끼게 된다. 게다가 팔꿈치를 굽히면 작은 못이 박혀 있는 팔목이 돌아가서 이미 손상된 동맥 중추 신경에 타는 듯한 통증을 더하게 된다. 옆으로 늘어져 위로 향한 팔의 근육 경련과 감각 이상증은 불편함을 더할 것이다. 결과적으로 한번 숨을 쉬려고 할 때마다 그 고통과 피곤함이 심해져 마침내 기절하게 된다. 어떤 경우에는 십자가에 달린 사람이 며칠 동안 거의 질식한 상태에서 죽지 않고 살아 있을 수도 있다.

로마인이 십자가를 잔혹한 형벌로 간주했다면, 유대인도 나무와 십자가를 구분하지 않고 나무에 달리는 것과 십자가에 못 박히는 것도 구별하지 않았다. 그들은 십자가를 하나님에게 버려져 저주를 받은 자에게 내려지는 형벌로 여겼다.

따라서 십자가는 인간이 겪을 수 있는 육체적, 정신적, 영적 고통의 결정체라고 할 수 있다. 그렇다면 왜 죄가 없으신 예수님이 십자가 형벌을 받으셨는가? 그것은 언젠가 우리가 받아야 할 하나님의 진노를 그분이 대신 받으신 것이다.

 예수님이 십자가에서 당하신 고난을 묵상해보십시오. 우리를 대신해 하나님의 아들이신 예수님이 십자가 고통을 당하셨다는 사실에서 무엇을 느낍니까?

영적 성장 PLUS+ | 셋째 날

예수 그 이름의 뜻

> 예수, 그것은 복음서에 가장 흔히 등장하는 이름으로, 600여 회나 사용되었다. 그리고 그 당시에는 흔한 이름이었다. 만일 예수님이 오늘 미국에 사셨다면, 그분의 이름은 존이나 짐이었을 것이다. 레버런드 홀리니스 안젤리크 디비니티 3세 같은 고상한 이름으로 불리며 우리 같은 평범한 사람들과 거리를 두지 않으셨을 것이다. 하나님은 아들의 이름을 정하실 때, 사람의 이름을 선택하셨다. 너무나 전형적이어서 한 반에 두세 명은 있을 법한 이름을 선택하셨다. 요한은 "말씀이 육신이 되었다"라고 말했다. 다시 말해, 그분을 만질 수 있었고, 그분께 다가갈 수 있으며 닿을 수 있었다. "전 예수라고 합니다"라고 자신을 소개하는 그분의 목소리가 들릴 것만 같다. **맥스 루케이도**

천사가 마리아에게 알려준 이름은 예수였다. 이 이름은 당시 유대 지방에서 사용한 아람어로는 여호수아이고, '하나님의 구원'을 의미했다. 사실 예수라는 이름만큼 그분의 삶의 목적과 약속을 더 분명히 밝히는 이름은 없을 것이다. 복음서에 보면 무려 600여 회나 예수라는 이름이 등장하며, 오늘날 우리도 그분을 예수님이라고 부른다. 사람들이, 제자들이, 수많은 무리가 예수님을 부를 때마다 그분은 자신이 왜 이 땅에 왔는지, 자신의 정체성은 무엇인지 생각하셨을 것이다.

하나님이 예수님을 이 땅에 보내신 목적은 바로 죄에 빠져 죽을 수밖에 없는 우리를 구원하시기 위해서였다. 아마도 예수님도 이 이름이 불릴 때마다 자신이 이 땅에 온 목적과 하나님의 계획을 기억했을 것이다.

그런데 이 이름은 당시에 아주 흔했다. 왜 하나님은 아들의 이름을 가장 흔한 것으로 정하셨을까? 우리에게 친숙한 존재로 다가오시기 위해서였다. 오늘날 예수님이 당신에게 "난 철수라고 해"라고 자신을 소개한다고 생각해보라. 예수님은 친숙한 사람으로 우리와 만나고 관계 맺기를 원하셨던 것이다.

 예수님은 당신에게 어떤 분이십니까? 예수님은 친구처럼 가까이 다가와 모든 일에 우리와 함께하길 원하십니다. 이 순간 친구 되신 예수님께 나누고픈 이야기는 무엇입니까?

영적 성장 PLUS⁺ | 넷째 날

부활을 믿지 않는 사람들

저명한 기독교 신학자이자 작가인 필립 얀시는 그의 책에서 부활을 믿지 않는 사람들에 대해 다음과 같이 지적한다. 예수님의 부활을 믿지 않는 사람은 대부분 예수님이 부활하셨다고 주장하는 제자들을 두 가지 방식으로 보았다. 유령 이야기라면 깜빡 죽는 순진한 촌뜨기 아니면 자기가 믿는 종교를 꾸민 약삭빠른 음모론자. 하지만 성경이 전하는 그림은 이와는 전혀 다르다.

우선 예수님의 제자들은 예수님이 부활하셨다는 이야기를 선뜻 믿지 못했다. 어쩌면 가장 입장이 난처한 사람은 제자들이었을지 모른다. 그들은 예수님이 십자가에 못 박히시던 날 그분을 버리고 도망간 배신자였기 때문이다. 여인들이 빈 무덤을 보고 돌아왔을 때 선뜻 믿는 제자들도 없었다. 심지어 예수님이 직접 나타나셨을 때도 제자 중 한 명은 믿지 못하겠다고 의심한다. 이렇게 의심 많은 제자들을 무엇이든지 선뜻 믿는 순진한 촌뜨기라고 치부하기는 어렵다.

그렇다면 제자들은 약삭빠른 음모론자인가? 워터게이트 사건에 가담한 적이 있는 찰스 콜슨은 음모가 성립하려면 가담한 모든 사람이 똑같은 정도로 확신을 보이고, 재능도 있어야 한다고 말한다. 그러나 제자들은 그렇지 못했다. 확신은커녕 숨어서 자신들도 죽을까 봐 두려움에 벌벌 떨었다. 그들은 부활을 꾸미고 그것을 확신하는 척하거나 목숨을 걸고 시체를 훔칠 만한 위인들이 아니었다. 그래서 콜슨은 만약 예수님의 부활이 거짓이라면 그 소문은 예루살렘도 넘지 못하고 사라졌을 것이라고 단언한다.

그뿐만 아니라 제자들에게는 극적인 변화가 있었다. 예수님이 십자가에 달리시던 날 제자들은 뿔뿔이 흩어졌다. 그런데 시간이 얼마 지나지 않아, 그들은 목숨을 걸고 예수님의 부활 소식을 전했다. 만약 그들이 촌뜨기이거나 음모론자라면 절대 그런 변화를 보일 수 없다. 왜냐하면 그 많은 사람이 한결같이 거짓말을 위해 목숨을 내놓을 수 없기 때문이다. 오히려 제자들의 모습은 부활이 사실임을 반증하며, 부활하신 예수님을 만난 사람에게 어떤 변화가 일어나는지를 보여줄 뿐이다.

 예수님의 부활이 역사적 사실임을 믿습니까? 예수님의 부활이 신화이지 역사가 아니라고 주장하는 사람이 있다면, 그에게 무엇이라고 말할 수 있습니까?

영적 성장 PLUS⁺ | 다섯째 날

두 가지 심판

> 복음서에서 상급을 주겠다고 하신 약속을 고려하면 주님은 우리가 원하는 것이 너무 적다고 생각하실 것 같다. 우리는 불완전한 피조물이어서 영원한 기쁨을 주어도 빈둥거리며 음주와 성과 야망을 즐긴다. 마치 휴가를 해변에서 보내자고 제안해도 이것이 무슨 뜻인지 상상할 수 없기 때문에 계속해서 진흙 파이나 만드는 빈민가의 어린아이와 같다. 우리는 아무것도 아닌 일에 너무 쉽게 기뻐한다. C. S. 루이스

성경은 예수님이 다시 오실 것이라는 약속으로 끝난다. 약속대로 이 땅에 오신 예수님은 약속대로 다시 오실 것이다. 다시 오신 예수님은 모든 사람을 심판하실 것이다. 우선 모든 불신자가 심판을 받게 될 것이다. 예수님을 믿지 않던 그들에게는 매우 당혹스럽고 슬픈 날이 될 것이다. 안타까운 점은 그 순간조차도 그들은 이를 갈며 예수님을 원망하고, 자신들이 원하는 합당한 장소로 보내질 것이다. 루이스의 말처럼 "지옥의 문은 안쪽에서 잠겨 있을 것"이다.

불신자와 마찬가지로 신자들도 심판을 받게 될 것이다. 다만 신자는 영원한 정죄를 받을지 모른다는 두려움을 느낄 필요는 없다. 왜냐하면 우리 삶을 심판하실 분은 우리를 대신해 십자가에서 죽으신 예수님이기 때문이다. 만약 그분이 우리를 정죄하신다면, 자신의 죽음의 의미를 스스로 부인하게 되는 것이다.

따라서 신자들이 받는 심판은 심판이기보다는 평가에 좀 더 가깝다. 우리가 다시 예수님을 만날 그날, 예수님은 우리 각자의 삶을 평가해주실 것이다. 물론 이 평가는 벌하기 위한 것이 아니라 상을 주기 위한 것이다. 이 땅에서 헌신된 삶을 살았던 그리스도인은 분명 말로 다할 수 없는 기쁨과 만족을 누릴 것이다. 왜냐하면 예수님이 칭찬해 주실 것이기 때문이다. 루이스의 지적처럼 천국은 하나님이 잘했다고 어깨를 두드려 주시는 곳일 것이다.

여기서 한 가지 질문을 하게 된다. '장차 오실 영광의 주님을 얼마나 기대하고 사모하고 있는가?' 당신은 예수님을 믿는 사람으로서 그분의 재림에 대한 부푼 꿈을 품고 있는가? 그날 주님이 주시는 칭찬을 열망하는가?

 예수님이 다시 오셔서 산 자와 죽은 자를 심판하시리라는 고백의 의미를 다시 한번 생각해보십시오. 당신에게도 주님이 다시 오실 날에 대한 기대와 소망이 넘쳐납니까?

7과

성령님은 누구신가?

암송 구절 요한복음 7장 37-38절

"명절 끝날 곧 큰날에 예수께서 서서 외쳐 이르시되 누구든지 목마르거든 내게로 와서 마시라 나를 믿는 자는 성경에 이름과 같이 그 배에서 생수의 강이 흘러나오리라 하시니."

"성령을 믿사오며 거룩한 공회와 성도가 서로 교통하는 것과"(사도신경).

암송 구절은 반드시 암송해야 하는 것은 아니지만, 각 과의 핵심 구절이므로 숙지하는 것이 좋습니다. 함께 읽는 정도에서 시작해도 됩니다.

다루게 되는 내용

- 성령님이 누구신지 이해한다(1-2번).
- 성령님을 모신 자의 정체성과 성령 충만에 대해 배운다(3-7번).
- 성령님이 선물로 주신 은사가 무엇인지, 이것으로 어떻게 교회를 섬길지 배운다(8-11번).

마음의 문을 열며

누군가 당신에게 셰익스피어의 작품을 보여주면서 이런 소설을 써보라고 한다면 어떻게 하겠습니까? 아마도 불가능하다고 답할 것입니다. 하지만 셰익스피어의 재능을 당신에게 주고 소설을 써보라고 한다면 어떻겠습니까? 아마도 용기를 내어 도전해볼 것입니다. 예수님을 믿는 순간 우리는 모두 성령의 선물을 받습니다. 달리 말하면 성령님을 모시고 사는 성도가 된 것입니다. 우리 안에 성령님이 들어오셨기에, 예수님처럼 살아갈 수 있는 힘과 능력을 얻게 되었습니다. 안타까운 것은 우리 안에 성령님이 계시다는 사실을 믿지 못하고, 성령님이 우리 안에 행하시는 일을 알지 못해, 패배자처럼 사는 사람이 너무 많다는 것입니다. 이 시간 우리 안에 계신 성령님이 어떤 분이신지 함께 배워봅시다.

🔊 당신은 어떤가? 영적으로 승리하는 삶을 살아가는 편인가? 아니면 패배자처럼 사는 편인가?

지난 한 주간 자신의 삶을 돌아보라. 아마도 대부분 영적으로 패배하는 삶을 살았다고 답하는 사람이 많을 것이다.

🔊 영적으로 승리하는 삶을 살 수 있다고 믿는지 질문을 바꾸어 물어보라.

아마도 대부분 영적으로 승리하는 삶을 살 수 있다고는 믿을 것이다. 물론 그렇지 않다고 대답하는 사람도 있을 것이다. 그런데 성경에서는 우리가 영적으로 승리하는 삶을 살 수 있다고 말한다. 그리고 우리는 이 사실을 믿는다. 그런데도 실제 생활 속에서는 그렇지 못한 경우가 많다. 왜일까? 물론 여러 가지 이유가 있을 수 있다. 다만 우리가 영적으로 승리하는 삶을 살지 못하는 가장 중요한 이유 중 하나는 우리 안에 계신 성령님에 대해 제대로 이해하지 못하기 때문이다. 우리 안에 계신 성령님이 누구신지 제대로 이해하고, 그분을 의지한다면 우리는 분명 영적으로 승리하는 삶을 살 수 있다. 생각해보라. 귀신이 들려도 사람이 변한다고 하는데, 성령 하나님이 우리 안에 오셨는데 어떻게 우리의 삶에 변화가 일어나지 않겠는가.

어느 날 새끼 낙타가 엄마 낙타에게 이렇게 물었다. "엄마, 나는 왜 커다란 발가락이 3개나 되요?" 새끼 낙타는 자기의 발 모양이 희한하다고 생각했던 것 같다. 그러자 엄마 낙타는 이렇게 답한다. "그건 사막을 지날 때 모래더미에 미끄러지지 말라고 있는 거란다." 그러자 새끼 낙타가 또 묻는다. "그럼 눈썹은 왜 이렇게 길어요?" 눈썹이 길어서 앞을 보기에 불편했던 모양이다. 엄마 낙타는 이렇게 답한다. "그것은 사막을 지날 때 모래가 눈에 들어가는 것을 막기 위해서이지." 그러자 새끼 낙타는 또 묻는다. "그럼 등에는 왜 혹이 나 있어요?" 엄마 낙타는 이렇게 답한다. "사막을 지날 때 필요한 물을 저장하기 위해서란다."

그러자 새끼 낙타가 곰곰이 생각하더니 이렇게 말한다. "멋있어요. 엄마. 발가락이 세 개라서 미끄러지지 않고, 긴 눈썹이 있어 눈에 모래도 안 들어가고, 혹이 있어 물을 저장할 수도 있으니까요. 그런데 엄마… 왜 우리는 지금 동물원에 있나요?" 낙타는 사막에서 살아갈 수 있도록 최적화된 동물이다. 그런데 낙타가 자신이 어떻게 만들어졌는지도 모르고, 또 자신이 어떻게 만들어졌는지를 알면서도 동물원에서만 평생을 보낸다면 아무 소용이 없을 것이다. 어쩌면 이 이야기는 오늘을 사는 많은 그리스도인의 모습이기도 하다.

> 우리는 많은 그리스도인이 삶 속에서 생동감이나 기쁨을 거의 누리지 못한다는 사실을 알고 있다. 그들은 공허한 말과 몸부림으로 이루어진 하나님과의 피상적인 관계 대신 열정과 만족할 만한 안식과 안정감 그리고 삶의 깊이를 갈망하고 있다. 경이로운 하나님의 영이 지금 일어나고 있는 것 이상의 일을 우리 안에서 행하고 싶어 하시는 것이 분명하다. 찰스 스윈돌(Charles Swindoll)

🔊 이 시간 우리 안에 계신 성령님이 어떤 분이신지, 어떻게 하면 영적으로 승리하는 삶을 살 수 있을지를 배워보자.

말씀의 씨를 뿌리며

성령님은 누구신가?

1 사도신경은 성부와 성자에 대한 믿음을 고백한 후, "성령을 믿사오며"라고 고백하고 있습니다. 성경은 성령님을 성부와 성자, 성령의 삼위 하나님 중 한 분으로 말합니다. 성령 하나님은 어떤 분이시며, 우리 안에서 어떤 일을 행하십니까?

> **요한복음 3:5** 예수께서 대답하시되 진실로 진실로 네게 이르노니 사람이 물과 성령으로 나지 아니하면 하나님의 나라에 들어갈 수 없느니라.

🔊 어떻게 하면 하나님의 나라에 들어갈 수 있는가?

물과 성령으로 거듭나야만 하나님 나라에 들어갈 수 있다.

🔊 여기서 말하는 물과 성령으로 거듭난다는 의미는 무엇인가?

예수님을 믿음으로 우리는 하나님의 자녀가 되고 그분의 나라에 들어갈 수 있다. 그런데 이런 믿음은 성령님이 우리 안에 들어오셔서 믿음을 주셔야 가능한 것이다. 성령님은 우리 마음의 문을 열어 믿게 만드는 분이시다.

> **요한복음 16:13** 그러나 진리의 성령이 오시면 그가 너희를 모든 진리 가운데로 인도하시리니 그가 스스로 말하지 않고 오직 들은 것을 말하며 장래 일을 너희에게 알리시리라.

🔊 본문에서는 성령님을 어떤 분이라고 하는가?

성령님은 진리의 영이시다.

🔊 성령님을 진리의 영이라고 하는 이유는 무엇인가?

성령님이 진리 가운데로 우리를 인도하시기 때문이다. 성령님은 우리 안에 들어오셔서 진리인 하나님의 말씀을 깨닫게 하시고, 우리가 진리를 삶에 적용할 수 있도록 돕는 분이시다.

> **요한복음 14:16** 내가 아버지께 구하겠으니 그가 또 다른 보혜사를 너희에게 주사 영원토록 너희와 함께 있게 하리니.

🔊 보혜사라는 이름의 뜻은 무엇인가?

돕는 자라는 뜻이다. 또 다른 보혜사라고 표현한 이유는 예수님 외에 우리를 돕는 분이 계시다는 의미다.

🔊 성령님이 하시는 일은 무엇인가?

우리를 도우신다. 다만 성령님이 도우신다는 의미가 대신 해준다는 뜻은 아니다. 아들이 노를 저을 때 아버지가 함께 노를 잡고 저어주듯, 우리가 무엇인가를 하려고 할 때 함께해주신다는 의미다.

🔊 또한 성령님은 어떤 분이신가?

영원히 우리 안에 거하신다. 죄인인 인간은 하나님과 함께할 수 없다. 하지만 예수님이 십자가에서 죽으심으로, 우리가 의인이 되었기 때문에 성령 하나님이 우리 안에 들어오셔서 영원히 우리와 함께 거하시게 되었다.

> **에베소서 1:13-14** 그 안에서 너희도 진리의 말씀 곧 너희의 구원의 복음을 듣고 그 안에서 또한 믿어 약속의 성령으로 인치심을 받았으니 이는 우리 기업의 보증이 되사 그 얻으신 것을 속량하시고 그의 영광을 찬송하게 하려 하심이라.

🔊 성령으로 무엇을 받았다고 말하는가?

인치심을 받았다고 말한다.

🔊 인치심을 받았다는 뜻은 무엇인가?

인은 도장이다. 인치심을 받았다는 것은 도장을 찍었다는 것이다. 도장은 소유와 보호를 상징한다. 우리 안에 성령님을 주셔서 우리가 하나님의 소유임을 명확히 하시고, 우리를 보호하실 것이라는 약속을 주신 것이다.

🔊 정리하면 성령님은 어떤 분이신가?

우리의 마음 문을 열어 예수님을 믿게 하시고, 진리이신 하나님의 말씀을 깨닫고 순종하게 하시며, 이 세상을 살아가는 우리를 도우시고, 우리 안에 영원히 거하는 분이시다. 또한 성령님은 우리가 하나님의 소유이며 우리를 보호하실 것이라는 사실의 보증이 되신다.

🔊 당신은 성령님이 우리 안에 계신 분이심을 믿는가? 2번 질문을 보라.

2 성경에는 성령님이 우리 안에 영원히 거하실 것이라는 약속이 나옵니다(요 14:16 참고). 어떤 환경과 형편에서도 성령님이 당신과 함께하신다는 사실에서 무엇을 느낍니까?

> **요한복음 14:16-17** 내가 아버지께 구하겠으니 그가 또 다른 보혜사를 너희에게 주사 영원토록 너희와 함께 있게 하리니 그는 진리의 영이라 세상은 능히 그를 받지 못하나니 이는 그를 보지도 못하고 알지도 못함이라 그러나 너희는 그를 아나니 그는 너희와 함께 거하심이요 또 너희 속에 계시겠음이라.

🔊 성령님이 항상 우리와 함께하신다는 사실에서 당신은 무엇을 느끼는가?

성령님이 내 안에 계심을 믿는다면, 그분을 의식하고 의지하며 살아갈 수밖에 없다. 그분이 진리의 영이시고, 우리를 도우시며, 우리에게 믿음을 주는 분이심을 믿는다면, 언제나 그분에게 지혜를 구하고, 도움을 구하며, 믿음을 달라고 기도해야 한다. 그런데 우리는 우리 안에 계신 성령님을 바라보지 못한다. 그래서 성령님이 내 안에 계셔도 내 삶에서 어떠한 영향력도 흘러나오지 못하는 것이다. 당신은 삶 속에서 성령님이 함께하신다는 사실을 얼마나 인식하며 살아가는가?

> 새 생명을 얻은 모든 사람에게 성령이 계시다는 것은 분명하다. 그러나 성령이 신자의 마음속에 감추어져 있는 성소 어느 곳에, 다시 말해 의식적인 경험에서 멀리 떨어진 곳에 물러나 거하시는 경우가 많다. 말하자면 손님이 와 있다는 사실을 거의 의식할 수 없는 한쪽 구석 후미진 곳에 손님을 머물게 하는 것과 손님에게 집안에 있는 모든 것을 다스리도록 드리는 것은 전혀 다른 일이다.   R. A. 토레이(R. A. Torrey)

🔊 성령님은 우리 안에 들어와 영원히 함께하신다. 성령님이 우리 안에 들어오실 때 나타나는 변화가 있다. 그것이 무엇인지 3번 질문에서 살펴보자.

성령의 사람

3 예수님을 믿는 순간, 성령이 우리 안에 내주하십니다. 달리 말하면 성령이 내주하지 않는 그리스도인은 있을 수 없습니다. 그런데 우리 안에 성령이 내주하시기 때문에 필연적으로 겪게 되는 내적 갈등이 존재합니다. 그것은 무엇입니까?

> **갈라디아서 5:16-17** 내가 이르노니 너희는 성령을 따라 행하라 그리하면 육체의 욕심을 이루지 아니하리라 육체의 소욕은 성령을 거스르고 성령은 육체를 거스르나니 이 둘이 서로 대적함으로 너희가 원하는 것을 하지 못하게 하려 함이니라.

🔊 우리 안에 있는 두 가지 소욕은 무엇인가?

　　육체의 소욕과 성령의 소욕이 있다. 육체의 소욕은 인간적인 생각이나 욕심을 말하고, 성령의 소욕은 성령님이 주시는 생각이나 바람을 말한다.

🔊 성령의 사람의 특징은 무엇인가?

　　육체의 소욕과 성령의 소욕이 동시에 존재하며, 둘 사이에서 갈등을 경험하게 된다. 믿지 않는 사람들은 그 안에 성령님이 계시지 않는다. 따라서 그들은 성령의 소욕과 육신의 소욕 사이에서 갈등을 겪지 않는다. 물론 양심과 죄성의 갈등은 겪지만, 근본적으로 성령의 소욕과 육신의 소욕의 갈등이라는 것이 존재할 수가 없다. 기도하지 않아도 세상 사람들은 부담을 느끼지 않는다. 하지만 그리스도인은 다르다. 세상은 이에는 이, 눈에는 눈이라고 가르친다. 하지만 성경에서는 원수도 사랑하라고 가르친다.

　　성령을 받았다고 해서 세상 욕심이 한순간에 다 사라지는 것은 아니다. 그래서 그리스도인은 세상 욕심과 성령의 소욕 사이에 끊임없이 갈등한다. 그것이 믿는 자의 삶이다.

🔊 당신은 어떤가? 당신도 이런 내적 갈등을 자주 경험하는가? 4번 질문을 보라.

4 성령을 모신 성도는 성령의 소욕과 육체의 소욕 사이에서 갈등을 경험할 수밖에 없습니다. 당신도 이런 갈등을 자주 경험합니까? 이런 갈등 상황 속에서 당신은 성령의 소욕과 육체의 소욕 중 주로 어떤 것을 따르는 편입니까?

🔊 각자 성령의 소욕과 육체의 소욕의 갈등을 언제 주로 경험하는지 나누어보라. 사람에 따라 경험하는 영역이 다를 것이다. 어떤 사람은 물질적인 면에서, 어떤 사람은 관계적인 면에서, 어떤 사람은 성취라는 면에서 또는 그 밖의 다른 면에서 이런 갈등을 경험할 수 있다. 특히 잘되는 영역과 안 되는 영역이 무엇인지 나누어보라.

이때 알아야 할 점은 성령의 소욕과 육체의 소욕 사이에서 갈등을 경험한다는 것 자체는 긍정적인 현상이라는 점이다. 물론 이런 갈등 속에서 육체의 소욕을 더 잘 따를 수 있지만, 인도자는 구성원이 성령의 소욕을 느끼고 조금이나마 갈등하고 있는 것만으로 잘하고 있다고 격려할 필요가 있다. 그랬을 때 구성원은 자신이 안 되는 영역이 무엇인지, 어떻게 하면 잘할 수 있을지에 대해 마음의 문을 열고 이야기를 나눌 수 있다.

🔊 성령의 소욕을 지속적으로 따르기 위해 우리에게 필요한 것이 있다. 5번 질문을 보라.

5 성령을 모신 사람은 성령에 전적으로 사로잡혀 그분이 기뻐하시는 대로 따르고 행해야 합니다. 이런 사람이 되기 위해 우리에게 필요한 것이 있습니다. 그것이 무엇인지 에베소서 5장 18절에서 찾아보십시오.

> **에베소서 5:18** 술 취하지 말라 이는 방탕한 것이니 오직 성령으로 충만함을 받으라.

🔊 에베소서 5장 18절에서는 무엇을 받으라고 말하는가?

성령의 충만함을 받으라고 말한다.

🔊 그렇다면 성령의 충만함이란 무엇인가?

에베소서에서는 성령 충만함을 술 취함과 비교하고 있다. 술 취한 사람을 생각해보라. 술에 취해 자신의 정신과 몸조차 가누지 못하는 경우가 많다. 술에 지배당하는 것이다. 반대로 성령 충만함이란 성령이 지배하고 다스리시는 상태가 되는 것을 의미한다. 언제 술에 취하는가? 술을 계속해서 먹고 마실 때 취하게 된다. 술 취함의 상태를 유지하기 위해서는 계속 술을 마셔야 한다. 마찬가지다. 성령님과 인격적인 교제를 지속적으로 나누고, 영의 양식인 하나님의 말씀과 기도를 쉬지 않고 꾸준히 할 때 우리는 성령의 충만을 받을 수 있다. 또한 성령 충만함을 유지하기 위해서는 꾸준히 성령님과 교제를 나누며, 영의 양식을 먹고 마셔야 한다.

🔊 그렇다면 우리가 성령 충만한 상태인지 아닌지 어떻게 알 수 있을까? 성령 충만한 사람에게 나타나는 특징이 있다. 6번 질문을 보라.

6 성령 충만은 우리 안에 계신 성령님이 철저히 지배하고 다스리시는 상태를 의미합니다. 그런데 이 상태는 한 번에 이루어져 영원히 계속되는 것이 아닙니다. 따라서 성령 충만을 받기 위해서는 지속적인 노력이 필요합니다. 우리가 성령의 충만함을 받을 때 나타나는 현상은 무엇입니까?

> 갈라디아서 5:22-23　오직 성령의 열매는 사랑과 희락과 화평과 오래 참음과 자비와 양선과 충성과 온유와 절제니 이 같은 것을 금지할 법이 없느니라.

🔊 성령의 열매는 무엇인가?

사랑, 희락, 화평, 오래 참음, 자비, 양선, 충성, 온유 그리고 절제다.

◉ 성령의 열매의 공통된 특징은 무엇인가?

모두 인격적인 요소다. 성령 충만을 받을 때 성령의 열매를 맺을 수 있는데, 인격적 성숙이야말로 성령 충만의 가장 큰 증거다.

◉ 성령의 열매가 무엇인지 가장 잘 보여준 분은 누구신가?

예수님이시다. 성령의 충만함을 받으면 우리는 그리스도의 인격을 닮아가게 된다. 달리 말하면 내가 얼마나 인격적으로 그리스도를 닮아가고 있느냐가 성령 충만한 삶을 사는지 아닌지를 나타내는 증거가 된다.

◉ 그렇다면 당신은 얼마나 성령의 열매를 맺고 있는지 7번 질문을 통해 점검해보라.

---

7 성령의 충만함을 받아 성령을 따라 행하는 사람은 성령의 열매를 맺게 됩니다. 성령의 능력으로 말미암아 그리스도의 형상을 닮아가고, 결국 작은 예수가 되는 것입니다. 예수님을 믿은 다음, 당신은 삶 속에서 얼마나 성령의 열매를 맺고 있습니까? 이런 열매를 맛보기 위해 어떤 노력이 필요하다고 생각합니까?

◉ 아홉 가지 열매 중에서 자신에게 가장 많이 나타나고 있는 것 하나와 그렇지 않은 것 하나를 생각하고 나누어보라. 이는 상대적인 것이므로, 각자 편하게 나누어보라. 구성원에게 성령의 열매를 얼마나 잘 맺고 있는가를 물어보면, 그냥 잘 맺지 못하고 있다고 답하기 쉽다. 따라서 뭉뚱그려서 이야기하기보다 잘하는 것과 못하는 것을 구분해서 접근하면, 마음을 활짝 열고 자기 자신에 대해 이야기하는 데 도움이 된다. 물론 성령의 아홉 가지 열매는 마치 포도열매처럼 함께 자라고 성장한다. 하지만 같은 가지에 들려도 알맹이의 크기가 다르듯이, 성령의 열매를 맺는 데도 차이가 날 수 있다. 잘하는 점은 칭찬해주고, 부족한 부분은

격려하여 더 큰 성령의 열매를 맺을 수 있도록 함께 고민해보라.

한 가지 실제적인 방법으로, 벤저민 프랭클린(Benjamin Franklin)의 방법을 활용하면 도움이 된다. 벤저민 프랭클린은 자신이 계발해야 할 인격적 덕목 열세 가지를 정해서 그것을 자신의 것으로 만들기 위해 다음 방법을 사용했다. 일주일에 한 가지 덕목을 정해 집중하여 지킨다. 만약 제대로 지키지 못했을 때는 해당 요일에 표시해둔다. 일주일간 실천한 후 다음 덕목으로 넘어간다. 이렇게 지속적으로 반복한다. 이런 인격적 훈련으로 그는 많은 성과를 보았다고 한다. 마찬가지로, 매주 한 가지 열매를 정해 그것을 실천하려고 노력하다 보면 성령의 열매가 자연스럽게 맺어지는 것을 느낄 것이다. 예를 들어 이번 주가 희락이라면, 언제나 기뻐하기 위해 노력하는 것이다.

🔊 우리 안에 계신 성령님이 우리에게 주시는 선물이 한 가지 있다. 그것이 무엇인지 살펴보자.

성령의 은사

8 성령님으로 말미암아 그리스도와 성도들이 유기적인 연합을 이루는 공동체를 교회라고 합니다. 그리고 하나님은 성도들에게 성령의 은사를 주십니다. 이는 교회와 다른 사람을 섬기기 위해 주신 선물입니다. 성령의 은사를 누가, 누구에게, 무엇을 위해 주셨는지 다음 성경 구절에서 확인해보십시오.

> **고린도전서 12:4-7** 은사는 여러 가지나 성령은 같고 직분은 여러 가지나 주는 같으며 또 사역은 여러 가지나 모든 것을 모든 사람 가운데서 이루시는 하나님은 같으니 각 사람에게 성령을 나타내심은 유익하게 하려 하심이라.

🔊 은사란 무엇인가?

> 본문에서 은사를 직분과 사역에 연관 지어 설명한다. 즉 은사란 하나님이 주신 직분과 사역을 감당하기 위해 성령님이 주시는 선물이다.

🔊 은사는 누가 주시는가?

> 성령님, 주님(예수님), 하나님이 주신다. 즉 삼위 하나님이 주신다. 은사의 종류는 여러 가지이지만 주시는 분은 동일하다.

🔊 은사는 누구에게 주시는가?

> 모든 사람에게 그리고 각 사람에게 주신다. 모든 사람이 은사를 받지만, 사람마다 다른 은사를 받는다. 이는 은사가 직분이나 사역과 관계가 있기 때문이다. 교사 직분을 위해서는 가르치는 은사를, 예배를 섬기는 직분을 위해서는 찬양하는 은사를 주신다. 개인의 입장에서 보면 다른 사람과는 다른 은사를 받는데, 그것은 그가 맡은 직분이 다르기 때문이다. 각 사람에게 맡겨진 사역을 잘 감당하라고 은사를 주시는 것이다.

🔊 무엇을 위해 주시는가?

> 유익함을 위해 주신다. 개인뿐만 아니라 공동체 전체의 유익을 위해 주신다.

🔊 은사를 받은 자로서 우리가 취해야 할 태도가 있다. 9번 질문을 보라.

---

9 은사는 하나님이 주권적으로 주신 은혜의 선물입니다. 따라서 은사를 받은 우리에게도 이에 합당한 책임이 있습니다. 은사를 받은 사람의 자세는 어떠해야 합니까?

> **베드로전서 4:10-11** 각각 은사를 받은 대로 하나님의 여러 가지 은혜를 맡은 선한 청지기같이 서로 봉사하라 만일 누가 말하려면 하나님의 말씀을 하는 것같이 하고 누가 봉사하려면 하나님이 공급하시는 힘으로 하는 것같이 하라 이는 범사에 예수 그리스도로 말미암아 하나님이 영광을 받으시게 하려 함이니 그에게 영광과 권능이 세세에 무궁하도록 있느니라 아멘.

🔊 은사를 받은 사람은 어떻게 행해야 하는가?

선한 청지기처럼 봉사해야 한다. 청지기란 특정 물건이나 일을 맡아 관리하는 사람을 말한다. 하나님이 우리에게 은사를 주신 것은 우리가 그 은사로 맡겨진 직분과 사역을 잘 감당하라고 주신 것이다. 따라서 은사를 내 것처럼 마음대로 사용해서는 안 되고, 하나님과 교회를 섬기기 위해 사용해야 한다.

🔊 선한 청지기로서 어떻게 봉사해야 하는가?

하나님의 영광을 위해 은사를 사용해야 하고, 은사는 하나님이 주신 것임을 분명히 인식하며, 늘 하나님을 의지하고 하나님께 공급을 받아 봉사하려고 노력해야 한다.

🔊 하나님은 모든 그리스도인에게 은사를 선물로 주신다. 당신에게는 어떤 은사를 주셨다고 생각하는가? 그리고 당신은 공동체를 위해 어떻게 봉사해왔는가? 10번 질문을 보라.

10 하나님이 당신에게 어떤 은사를 주셨다고 생각합니까? 그동안 하나님이 주신 은사로 봉사한 일이 있다면 나누어보십시오. 또한 봉사하는 가운데 깨달은 점이 있습니까?

🔊 각자가 받은 은사가 무엇인지 나누어보라. 그동안 교회 내에서 어떤 봉사를 했는지, 이 봉사를 하면서 은사와 관련해서 깨달은 점은 무엇인지 나누어보라.

🔊 은사는 직분이나 사역과 관련이 있다. 따라서 교회 내에서 봉사나 사역을 해보지 않은 사람은 자신에게 주어진 은사를 발견하지 못했을 수도 있다.

🔊 은사의 종류를 다양하다. 신약에 나오는 은사 말고도 하나님은 우리 각 사람에게 귀한 은사를 많이 주셨다. 예를 들어. 수다도 은사가 될 수 있다. 낯선 사람과 편하게 이야기를 나눌 수 있다면, 새가족반을 섬기는 데 도움이 된다. 각자 가진 재능이나 은사에 대해 자유롭게 한계를 두지 말고 나누어보라.

> 신약 성경에 명기된 은사는 적어도 20개가 있으며, 다양성을 사랑하고 후히 주시는 살아 계신 하나님은 그보다 더 많은 은사를 주실 것이다. **존 스토트**(John Stott)

🔊 그런데 우리가 추구해야 할 더 큰 은사가 있다. 그것이 무엇인지 11번 질문에서 살펴보자.

11 교회와 다른 사람을 섬기는 데 은사보다 중요한 것이 있습니다. 그것은 섬김의 마음과 자세입니다. 다음 성경 구절에서 이 사실을 확인해보십시오.

> **고린도전서 12:31-13:3** 너희는 더욱 큰 은사를 사모하라 내가 또한 가장 좋은 길을 너희에게 보이리라 내가 사람의 방언과 천사의 말을 할지라도 사랑이 없으면 소리 나는 구리와 울리는 꽹과리가 되고 내가 예언하는 능력이 있어 모든 비밀과 모든 지식을 알고 또 산을 옮길 만한 모든 믿음이 있을지라도 사랑이 없으면 내가 아무것도 아니요 내가 내게 있는 모든 것으로 구제하고 또 내 몸을 불사르게 내줄지라도 사랑이 없으면 내게 아무 유익이 없느니라.

🔊 고린도전서 12장 31절에서는 무엇을 하라고 말하는가?

더 큰 은사를 사모하라고 말한다.

🔊 여기서 더 큰 은사란 무엇인가?

사랑이다.

🔊 여기서 알 수 있는 사실은 무엇인가? 왜 사랑을 더 큰 은사라고 했을까?

어떤 은사를 받았느냐보다 더 중요한 것은 영적인 성숙함이다. 아무리 하찮아 보이는 은사도 성숙한 사람은 그것을 사람을 살리는 일에 사용하지만, 대단해 보이는 은사라도 미성숙한 사람은 그것을 사람을 죽이는 일에 사용할 수도 있다. 어린아이에게 날카로운 칼을 맡기는 사람은 없다. 왜인가? 잘못하면 자신도 상하고 다른 사람도 상하게 하기 때문이다. 성숙함이 중요하다. 따라서 자신이 어떤 은사를 받았는지 아는 것도 중요하지만, 더 중요한 것은 사랑을 배우는 것, 즉 영적 성숙을 추구하는 것이다.

🔊 '삶의 열매를 거두며'를 보라.

삶의 열매를 거두며

성령님은 예수 그리스도를 믿는 각 사람에게 임하시고, 그를 한 명의 작은 예수로 삼아 세상 가운데 예수 그리스도의 향기를 드러내십니다. 또한 그 작은 예수들을 연합시켜 그리스도를 머리로 삼은 공동체를 이루게 하시고, 그 공동체를 통하여 하나님의 뜻이 온 세상에 이루어지게 하십니다. 성령 하나님의 놀라우신 역사는 지금도 계속 일어나고 있고, 하나님의 나라는 계속 확장하고 있습니다. 그렇기에 예수 그리스도도 각 사람을 통해 그분의 사역을 이루어가십니다. 주님이 다시 오실 때까지 이 일은 계속될 것입니다. 이번 한 주간 몸 된 교회와 다른 사람을 섬기기 위해 실천해야 할 한 가지를 정해보십시오.

🔊 이번 한 주간 성령의 아홉 가지 열매 중에서 한 가지를 정해 그것을 실천하는 계획을 세워보라. 자신의 은사를 사용해 봉사할 계획 한 가지를 세워도 좋다.

영적 성장 PLUS⁺ | 첫째 날

중독의 이유

요즘 중독이라는 단어가 유행이다. 알코올이나 도박이나 약물은 물론 일이나 책, 사진, 스마트폰 등 다양한 중독 현상을 과거보다는 쉽게 접한다. 그렇다면 왜 이런 중독 현상이 일어날까? 우리는 무엇인가에 중독되는 이유를 그것이 주는 효과 때문이라고 생각한다. 예를 들어, 약이 주는 효과 때문에 약물에 중독된다고 생각한다.

그런데 과연 그럴까? 중독에 대한 실험을 한 적이 있다. 쥐 한 마리를 철창 안에 넣고 물병 두 개를 준다. 하나는 그냥 물이고, 다른 하나는 헤로인이나 코카인 같은 약물을 넣은 물이다. 대부분 쥐는 약물이 들어간 물에 집착한다. 결국 죽음에 이를 때까지 조금이라도 더 마시려고 약물에 매달린다.

그런데 심리학자 브루스 알렉산더는 이 실험에서 이상한 점을 발견했다. 그것은 쥐가 철창에 갇혔다는 점이다. 그래서 그는 쥐를 위한 놀이공원을 만들어주었다. 색색의 공과 돌아다닐 터널이 가득한 넓은 공간에 함께 놀 수 있는 다른 쥐들을 넣어주고 자유롭게 다니게 했다. 그리고 이전 실험과 같이 물병 두 개를 넣어두었다. 그러자 신기한 일이 일어났다. 이곳에서는 쥐들이 약이 든 물을 거의 마시지 않았다는 것이다. 강박적으로 약물을 마시거나 과도하게 섭취하는 쥐가 없었다. 약 자체보다는 환경이 중독에 더 큰 영향을 미친 것이다.

이런 비슷한 경우가 또 있었다. 베트남 전쟁 당시 참전 미군 중 20퍼센트가량이 헤로인과 같은 약물을 대량으로 복용했다. 그런데 전쟁에서 돌아온 군인들을 추적 연구한 결과, 이들 중 95퍼센트가 금단 현상이나 특별한 치료 없이 약물 사용을 멈췄다. 사선을 오가는 죽음의 위기 속에서 약물은 현실의 중압감을 잊는 손쉬운 방법이었다. 하지만 집에 돌아와 가족과 친구들과 함께 시간을 보내자 더는 약물에 의존할 필요가 없게 되었다.

성경은 우리 안에 두 가지 욕구, 성령의 소욕과 육신의 소욕이 있다고 말한다. 육신의 소욕을 죽이는 가장 좋은 방법은 무엇일까? 그것은 성령의 소욕을 추구하는 것이다. 말씀과 기도를 통해 하나님께 가까이 나아가고, 믿음의 형제자매들과 교제를 나누려고 노력할 때, 우리 삶 가운데 육신의 소욕이 사라지는 것을 느끼게 될 것이다.

> **THINK** 우리 안에 두 가지 욕구가 있습니다. 육신의 소욕을 이기는 방법은 성령의 소욕을 추구하는 것입니다. 당신이 추구해야 할 성령의 소욕은 무엇입니까? 이를 위해 어떤 노력이 필요하다고 생각합니까?

영적 성장 PLUS⁺ | 둘째 날

아인슈타인의 어린 손님

CNN에서 '세계를 바꾼 난민 10명'이라는 프로그램을 방영한 적이 있다. 그중에는 20세기에 가장 위대한 과학자이자 천재 물리학자인 알베르트 아인슈타인 박사도 포함되어 있었다. 독일 태생인 그는 1933년 나치의 유대인 탄압을 피해 미국으로 망명했다. 미국에 이주한 뒤 그는 프린스턴 대학교 교수로 취임하여, 캠퍼스에서 걸어 다닐 수 있는 거리에 집을 마련했다.

이 소식을 들은 명망 있는 많은 과학자가 그의 집을 방문하여 교제를 나누고 토론을 벌이곤 했다. 그러던 어느 날 어린 소녀 한 명이 아인슈타인의 집 현관문을 두드렸다. 이름이 에미인 이 소녀는 수학 숙제를 하다 막히자 이웃집 아저씨를 찾았다. 아인슈타인은 에미를 정중하게 맞아들이고 수학 문제를 풀어주었다.

얼마 후 소녀의 어머니는 직접 구운 쿠키를 가져와 인사했다. "바쁘실 텐데 제 딸이 성가시게 해드려 죄송합니다." 아인슈타인에게는 처리해야 할 중요한 일이 많이 있었을 것이다. 그런 일에 비하면 이웃집 소녀의 수학 문제를 풀어주는 것은 너무 사소했을 것이다. 그러자 아인슈타인은 이렇게 답했다. "천만에요. 누군가를 도와줄 수 있다는 것은 언제나 기쁜 일입니다. 제게는 교수님들이나 댁의 딸 에미나 모두 똑같은 손님입니다."

그렇다면 하나님은 어떠실까? 아인슈타인도 어린 소녀의 부탁을 정중히 들어주는데, 하나님은 우리의 부탁이나 요청을 어떻게 생각하실까? 분명히 하나님은 우리의 요청이나 부탁을 들어주기를 기뻐하실 것이다. 왜냐하면 그분은 우리의 아버지이시고, 자녀의 부탁을 들어주는 것은 부모에게 의무라기보다는 기쁨이기 때문이다. 오히려 하나님과의 만남을 어렵게 만드는 것은 우리일지도 모른다. 우리는 기도하는 것을 어렵게 생각하고, 스스로 판단하며, 무엇보다 너무 바쁘다.

성경은 우리에게 어린아이와 같은 마음을 품으라고 한다. 어린아이같이 하나님 앞에 나아갈 때, 하나님은 기쁘게 들으시고 응답해주실 것이다. 왜냐하면 우리가 드리는 기도 가운데 하나님께 어떤 것도 사소하거나 보잘것없는 문제가 없고, 그분이 풀지 못할 문제가 없기 때문이다.

성령님은 우리의 기도를 도우십니다. 기도할 수 없을 때 기도할 힘과 능력을 주시고, 무엇을 기도할지 모를 때 기도의 내용을 가르쳐주십니다. 이런 성령의 도우심을 맛본 적이 있습니까? 이런 도우심을 맛보지 못하는 이유는 아마도 우리가 기도하지 않기 때문일 것입니다.

영적 성장 PLUS⁺ | 셋째 날

어느 할머니의 꿈

멕시코에 있는 한 할머니가 예수님을 믿게 되었다. 예수님을 믿고 나니 남들처럼 예수님을 잘 믿어야겠다는 소망이 생겼다. 그런데 막상 예수님을 잘 믿으려니까 이것이 쉽지만은 않았다. 왜냐하면 할머니는 글을 몰랐기 때문이다. 성경을 읽으려 해도 읽을 수가 없었고, 전도를 하려 해도 말씀을 모르니까 할 수가 없었다. 그렇다고 포기할 수는 없었다.

그래서 할머니는 자신도 남들처럼 쓰임 받고 싶다고 간절한 마음으로 기도했다. 그러다가 문득 한 가지 아이디어가 떠올랐다. 할머니의 집 근처 중학교에 쉼터가 있었는데, 항상 그곳에 학생들이 쉬고 있었다. 그래서 할머니는 성경을 가지고 가서 학생들에게 읽어달라고 부탁했다. 그리고 매일 이렇게 기도하며 쉼터로 나아갔다. "제가 할 수 있는 것이 이것밖에 없지만, 이것을 통해 역사해주세요." 그 결과 할머니 덕분에 이 중학교에서 예수님을 믿는 학생들이 생겨나기 시작했고, 마침내 이 중학교에 부흥의 역사가 일어났다.

예수님을 믿는 사람만이 누릴 수 있는 특권이 하나 있다. 세상 사람들은 절대 꿀 수 없는 꿈을 꾼다는 사실이다. 그것은 바로 하나님 나라에 대한 꿈이다. 믿는 우리는 우리를 통해 복음이 전파되고, 하나님 나라가 이 땅에 이루어지며, 언젠가 주님이 다시 오실 날을 꿈꿀 수 있다.

물론 예수님을 믿는다고 글을 못 읽던 사람이 갑자기 글을 읽게 되지는 않는다. 예수님을 믿는다고 우리가 할 수 없는 무엇인가를 갑자기 할 수 있게 되지는 않을 것이다. 하지만 예수님을 믿고 우리를 향하신 그분의 비전을 바라볼 때, 우리가 생각하지 못했던 방식으로 하나님은 우리의 삶에 놀라운 일들을 이루어가실 것이다.

예수님을 믿고 성령님이 우리 안에 오시면 세상이 모르는 꿈을 꾸게 됩니다. 그것은 하나님 나라에 대한 비전입니다. 당신을 통해 이루어질 하나님 나라에 대한 꿈이 있습니까? 하나님 나라의 비전을 꿈꾸는 자로서 오늘 당신이 해야 할 일은 무엇입니까?

영적 성장 PLUS+ | 넷째 날

크고 시원한 그늘

송경태 씨는 군 생활 중 수류탄 폭발 사고로 시력을 잃었다. 스물한 살의 젊은 나이에 앞을 보지 못하게 되자, 삶의 의욕을 잃고 여섯 차례나 자살 시도를 했다. 하지만 절망을 희망으로 극복한 그는 시각 장애를 축복이라고 말한다. 그는 사하라 사막과 고비 사막 그리고 칠레의 아타카마 사막 등 세계 대 사막 마라톤을 완주하는 기록을 세웠다. 또 2008년에는 남극 대륙 마라톤까지 완주하여 장애인 최초로 세계 4대 극한 마라톤을 완주하기도 했다.

그는 어떻게 정상인도 힘들다는 극한의 마라톤을 완주할 수 있었을까? 아타카마 사막을 완주한 후에 어느 기자가 그에게 이렇게 굴었다. "산소도 희박하고 평지가 거의 없는 그 험난한 코스를 달리면서 포기하고 싶은 유혹이 들지 않았습니까?" 그러자 그는 담담하게 답했다. "왜 없었겠습니까? 여러 번 고비가 있었습니다. 그러나 포기할 수 없었던 이유는 아들 때문이었습니다. 제가 포기하면 아들도 포기하게 될까 봐 이를 악물고 달렸습니다." 당시 그와 함께 참석한 아들 때문에 포기할 수 없었다고 답한 것이다.

그런데 함께 마라톤에 참여했던 아들도 비슷한 고백을 했다. "제가 아버지의 눈인데, 어떻게 포기할 수 있겠습니까? 대회 4일째 무릎에 이상이 생겼지만, 아버지가 저렇게 달리시는데 하면서 끝까지 달렸습니다." 그리고 이렇게 덧붙였다. "250킬로미터의 여정을 마치고 아버지와 포옹했는데, 아버지의 그늘이 그렇게 크고 시원한 것을 평소에는 미처 몰랐습니다. 아버지가 정말 대단한 분이라고 느꼈습니다. 사막에서 아버지와 함께 달린 7일을 영원히 잊지 못할 것입니다."

우리 인생은 긴 사막 길, 광야 길을 걷는 것과 같다. 마치 시각 장애인처럼, 무릎에 이상이 있는 연약한 사람처럼, 그 길에서 여러 어려움에 직면할 때가 있다. 하지만 우리에게 함께 걸을 수 있는 사람이 있다면, 앞서거니 뒤서거니 함께해줄 사람이 있다면, 우리는 어떠한 어려움이 있더라도 그 길을 걸어갈 수 있을 것이다. 그리고 그 길의 끝에서 내 옆에 걷던 누군가의 어깨가 얼마나 크고 넓은지 깨달을 것이다.

하나님은 공평하시다. 이 땅을 걸어갈 때 수많은 어려움을 이길 힘을 특별한 사람에게만 주시지 않았다. 하나님은 그 힘을 누구나 발견하고 얻을 수 있는 곳에 숨겨두셨다. 그것은 바로 '서로'라는 힘이다. 내 옆에 있는 누군가를 바라볼 줄 아는 그리고 다른 누군가에게 옆에 서 있는 한 사람이 되길 바란다. 그럴 때 우리는 서로를 통해 광야와 같은 인생길을 걸어갈 힘을 얻을 것이다.

 성령은 우리를 그리스도 안에서 하나로 만드셨습니다. 서로 배우고 도우며 세워주는 복된 관계로 부르신 것입니다. 당신은 이 사실을 얼마나 잘 알고 있습니까? 성령의 하나 됨을 이루고자 필요한 노력은 무엇입니까?

영적 성장 PLUS⁺ | 다섯째 날

온도계 VS 온도 조절기

어니스트 새클턴 경은 남극 대륙 횡단이라는 야심 찬 계획을 세우고 1914년 바다로 나갔다. 그러나 그의 배 인듀어런스 호는 베이스캠프에 도착하지 못하고 몇 달 동안 빙하에 갇혔다가 침몰했다. 새클턴과 대원 27명은 문명 세계에서 1,920킬로미터 떨어진, 빙하가 떠다니는 차디찬 물속에서 난파를 당한 것이다.

그들에게 남은 것이라고는 약간의 생필품과 텐트, 낡은 구명보트 세 대가 전부였다. 힘겹게 살 길을 찾던 그들은 알려지지 않은 작은 섬에 도착했다. 그곳에서 나머지는 기다리고, 새클턴과 몇몇 대원은 구명보트 하나에 몸을 싣고 거친 바다를 헤치며 1,280킬로미터나 떨어진 포경지까지 구조를 요청하러 갔다. 온갖 역경 속에서도 새클턴은 결국 구조선을 끌고 돌아왔고, 전 대원은 18개월의 혹독한 시련을 이기고 생존할 수 있었다.

어떻게 이런 절망적인 상황에서도 무사히 귀환할 수 있었을까? 무엇보다도 이들은 상황에 지배당하지 않기 위해 노력했다. 당장 죽고 사는 문제가 눈앞에 닥쳤는데, 난파된 배에서 밴조(banjo, 악기의 일종)를 가져와 음악을 연주하며 마치 한가로운 일상에서나 즐길 수 있는 여유로운 시간을 보냈다. 상황이 안 좋아질수록 오히려 희망적인 말로 서로 격려하고, 어려운 문제가 생길수록 서로를 탓하기보다는 믿고 신뢰하고자 노력했다. 그 결과 그들은 생존을 위한 사투에서 승리할 수 있었다.

워렌 위어스비는 이 세상에 두 종류의 사람이 있다고 했다. 하나는 온도계와 같은 사람이고, 다른 하나는 온도 조절기와 같은 사람이다. 온도계는 날씨와 바깥 상황을 정확하게 반영하지만, 온도 조절기는 날씨가 추우면 올리고 더우면 내린다. 주위 환경이나 기후에 상관없이 그 영향을 받지 않고 삶의 일관성을 유지하며 살아가는 사람이 온도 조절기와 같은 사람이다.

자신이 처한 현실이 어떤지를 정확히 아는 것은 중요하다. 다만 그 현실을 그대로 반영하기만 한다면, 우리는 실패하고 말 것이다. 왜냐하면 역경이 없는 인생은 없기 때문이다. 그래서 바울 역시 빌립보서에서 자족하는 법을 배웠다고 말한다. 여기서 자족이란 원어상 독립에 가까운 표현으로, 환경의 지배를 받지 않는 것, 외적 상황에 상관없이 지내는 법을 의미한다. 우리도 온도계가 아니라 온도 조절기와 같은 사람이 되어야 한다.

 성령님은 우리가 시험당할 때 이길 힘과 피할 길을 주십니다. 그리고 성령이 주시는 힘을 의지할 때 우리는 어떠한 환경 속에서도 낙심하거나 절망하지 않을 수 있습니다. 이 사실을 확신합니까? 이 시간 때를 따라 성령님이 주시는 도우심을 간구하십시오.

8과

구원이란 무엇인가?

암송 구절 에베소서 2장 8절

"너희는 그 은혜에 의하여 믿음으로 말미암아 구원을 받았으니 이것은 너희에게서 난 것이 아니요 하나님의 선물이라."

"죄를 사하여 주시는 것과 몸이 다시 사는 것과 영원히 사는 것을 믿사옵나이다"(사도신경).

암송 구절은 반드시 암송해야 하는 것은 아니지만, 각 과의 핵심 구절이므로 숙지하는 것이 좋습니다. 함께 읽는 정도에서 시작해도 됩니다.

다루게 되는 내용
- 죄인 된 인간의 상태를 이해한다(1-3번).
- 죄에 빠진 인간을 구원하기 위한 하나님의 계혹을 배운다(4-5번).
- 구원을 얻는 유일한 길인 믿음에 대해 배운다(6-7번).
- 구원은 믿음으로 얻는다는 것을 확신한다(8-10번).

마음의 문을 열며

인간이 직면한 가장 본질적인 문제가 있다면 그것은 바로 죽음입니다. 누구나 죽음의 문제에서 자유로울 수 없습니다. 이 문제를 심각하게 받아들이지 않을 수도 있지만, 죽음 앞에 섰을 때 그것이 얼마나 치명적인 문제인지를 깨닫게 됩니다. 세상의 종교들은 인간이 스스로 이 문제를 해결할 수 있다고 가르치고 있습니다. 하지만 자신의 힘으로 스스로 이 문제를 해결한 사람은 단 한 명도 없습니다. 성경에서는 죽음의 문제를 해결하는 유일한 길이 예수 그리스도밖에 없다고 가르칩니다. 오늘은 구원이란 무엇인지를 배웁니다. 이 가르침을 통해 우리가 받은 구원이 얼마나 놀랍고 값진 선물인지 깨닫기를 바랍니다.

🔊 인간의 가장 본질적인 문제는 죽음이다. 왜 그렇다고 생각하는가?

첫째, 인간은 누구나 죽기 때문이다. 누구도 예외는 아니다. 태어나는 순간 우리는 죽음을 향해 끊임없이 나아간다. 둘째, 죽고 나면 모든 것이 끝이기 때문이다. 아무리 이 땅에서 많은 것을 성취하고 소유했다 할지라도 죽음을 맞이하는 순간 모든 것은 사라진다. 셋째, 죽음은 인간의 힘으로 극복할 수 없기 때문이다. 자신에게 임하는 죽음을 막을 수 있는 사람은 없다.

🔊 당신은 어떤가? 죽음을 심각한 문제라고 여기는가?

우리 중에는 죽음을 심각하게 받아들이지 않는 사람이 있을 수도 있다. 하지만 언젠가 죽음 앞에 서게 되면 그것이 얼마나 비참하고 치명적인 문제인지 느끼게 될 것이다. 이제 곧 무너지기 직전에 있는 집에 사는 사람을 생각해보라. 자신이 얼마나 위험한 상태에 있는지도 모르고 먹고 마시며 놀고 있다고 생각해보라. 얼마나 가련한 일인가. 만약 해결책이 없다면 다가오는 죽음을 느끼지 못하고 사는 것이 낫다. 하지만 죽음에 대한 해결책이 있다면, 빨리 그 방법을 깨닫고 자신의 것으로 만드는 것이 중요하다.

🔊 이 시간에는 인간의 가장 본질적인 문제인 죽음에 대해 그리고 그 죽음의 문제에서 구원받을 수 있는지에 대해 살펴도록 하자.

말씀의 씨를 뿌리며

죄인 된 인간

1. 많은 사람이 구원의 필요성을 느끼지 못합니다. 자신이 어떤 처지에 있는지를 모르기 때문입니다. 성경은 인간의 이런 무지함을 어두움에 비유하고 있습니다. 성경에서 인간에 상태가 어떻다고 하는지 다음 성경 구절에서 구체적으로 살펴보십시오.

> **에베소서 2:1-3(요 8:34 참고)** 그는 허물과 죄로 죽었던 너희를 살리셨도다 그때에 너희는 그 가운데서 행하여 이 세상 풍조를 따르고 공중의 권세 잡은 자를 따랐으니 곧 지금 불순종의 아들들 가운데서 역사하는 영이라 전에는 우리도 다 그 가운데서 우리 육체의 욕심을 따라 지내며 육체와 마음의 원하는 것을 하여 다른 이들과 같이 본질상 진노의 자녀이었더니.

> 요한복음 8:34   예수께서 대답하시되 진실로 진실로 너희에게 이르노니 죄를 범하는 자마다 죄의 종이라.

🔊 에베소서 2장 1-3절에서는 인간의 상태가 어떻다고 말하는가?

첫째, 허물과 죄로 죽었다고 말한다. 여기서 허물은 탈선을, 죄는 과녁에 못 미치고 떨어졌다는 의미다. 달리 말하면 기준에서 벗어났거나 기준에 미달한다는 의미다. 그렇다면 기준은 무엇인가? 그것은 하나님의 정의다. 인간이 보기에 더 착한 사람이 있을 수 있고, 덜 착한 사람이 있을 수 있다. 하지만 완전히 선하신 하나님의 정의에 비추어보면 인간은 다 기준 미달이다. 예를 들어, 시험의 합격점이 80점이라고 해보자. 79점이 40점보다 더 좋은 점수인 것은 사실이지만, 결국은 둘 다 불합격이다. 마찬가지로 하나님의 기준에서 보면 인간은 다 죄인이다.

둘째, 세상 풍조를 따르고 공중의 권세 잡은 자를 따르며 육체의 욕심에 따라 지내고 육체와 마음의 원하는 것을 했다고 말한다. 세상 가치관을 따르고, 사탄의 꾐에 빠져 죄를 지으며, 육체의 욕심을 따라 제멋대로 죄를 지으며 살았다는 의미다.

셋째, 그 결과 본질상 진노의 자녀가 되었다고 말한다. 하나님의 진노를 받을 수밖에 없는 존재가 되었다는 뜻이다. 하나님은 죄를 미워하시고, 죄를 반드시 없애신다. 따라서 죄인인 인간은 결국 하나님의 심판을 받고 진멸된다.

🔊 죄인 된 인간이 직면할 수밖에 없는 비참한 운명이 있다. 그것이 무엇인지 2번 질문에서 살펴보자.

---

2 "허물과 죄"는 서로 다른 두 가지 악을 말하는 것이 아니고, 죄의 성격을 드러내는 표현입니다. 허물은 탈선이라는 의미이고, 죄는 과녁에 미치지 못하고 떨어

졌다는 의미입니다. 허물과 죄에 빠진 인간을 기다리는 절망스럽고 비참한 운명은 무엇입니까?

> **로마서 6:23**(엡 5:6 참고) 죄의 삯은 사망이요 하나님의 은사는 그리스도 예수 우리 주 안에 있는 영생이니라.

> **에베소서 5:6** 누구든지 헛된 말로 너희를 속이지 못하게 하라 이로 말미암아 하나님의 진노가 불순종의 아들들에게 임하나니.

🔊 로마서 6장 23절에서는 죄인이 어떻게 된다고 말하는가?

죄의 삯은 사망이고, 죄의 대가로 죽을 수밖에 없다고 말한다. 성경에서 말하는 죽음은 크게 세 가지다. 첫째는 영적인 죽음이다. 이것은 인간이 죄를 짓고 하나님으로부터 분리된 상태를 의미한다. 둘째는 육체의 죽음이다. 인간은 원래 하나님 안에서 영원한 생명을 누리도록 지어졌다. 하지만 죄의 결과 육체의 죽음을 맞이하게 되었다. 셋째는 영원한 죽음이다. 죽음 이후에 우리는 하나님 앞에 서게 된다. 그때 하나님이 우리 생을 심판하시고 죄인에게는 영원한 죽음을 선고하신다.

🔊 당신은 어떤가? 인간이 죽을 수밖에 없는 죄인임을 인정하는가? 3번 질문을 보라.

---

3 당신은 인간이 죽을 수밖에 없는 죄인임을 인정합니까? 그리고 죄의 결과가 얼마나 비참한지 제대로 알고 있습니까? 혹시 아직도 마음속에 죄인이라는 말에 대한 거부감이 남아 있지는 않은지 솔직하게 이야기해보십시오.

🔊 당신은 인간이 죽을 수밖에 없는 죄인임을 인정하는가?

각자 이야기를 나누어보라. 인간이 죄인이라는 사실에 거부감을 느끼는 사람이 있을 수 있다. 내가 죄인인지 아닌지 아는 방법이 하나 있다. 우선 이번 주 동안 죄를 안 짓기로 결단해보라. 내 생애에서 이번 주간만큼은 결단코 죄를 짓지 않겠다고 다짐해보라. 정말 죄를 짓지 않기로 했다면, 일주일 내내 아무것도 하지 마라. 집에 가만히 있어 보라. 할 수 있는 모든 방법을 다 동원하면 과연 죄를 안 지을 수 있을까? 아니다. 우리는 죄를 지을 수밖에 없다. 물론 행동으로 어떤 죄를 범하지 않을지 모른다. 하지만 정직하게 자신의 마음을 한번 돌아보라.

영국의 소설가이자 극작가이며 노벨 문학상을 받았던 서머싯 몸(W. Somerset Maugham)은 이렇게 말했다. "만약 내가 지금까지 생각한 모든 것과 저지른 행동을 다 적는다면, 사람들은 나를 사악한 괴물이라고 생각할 것이다." 당신이 정직하게 양심의 소리에 귀를 기울이고, 당신이 한 행동과 품었던 생각을 하나도 빠짐없이 적어본다면, 자신이 죄인임을 인정할 수밖에 없을 것이다.

그래서 예수님은 요한복음에서 인간이 죄의 종이 되었다고 말씀하셨다. 죄를 짓고 싶지 않아도 지을 수밖에 없는 존재라는 것이다. 술을 마시고 담배를 피우는 사람은 잘 안다. 처음에는 내가 술을 마시지만, 나중에는 술이 나를 마신다. 담배도 내가 피우기 싫다고 해서 쉽게 끊을 수 있는 게 아니다. 담배에 매여 사는 것이다. 죄도 마찬가지다. 우리가 죄를 짓는 것 같지만, 실제로는 죄에 우리가 매여 있는 것이다. 물론 죄를 짓고 싶지 않은데 죄를 짓는 경우도 있다. 우리의 의지와 마음과 상관없이 죄에 매여 죄의 종이 된 것이다.

물론 이런 의문이 들 수도 있다. '내가 죽을 정도의 죄인인가? 그렇게 죽을 만큼 내가 죄를 많이 지었나?' 물론 우리는 수백만 명을 죽음으로 몰아넣은 히틀러와 같은 죄인은 아니다. 하지만 정도의 차이는 있지만 우리 역시 죄인이라는 사실은 변함없다. 옛날에 백자나 청자를 만드는 장인들이 있었다. 일반인이 보기에 아무리 멋진 도자기라도 장인은 자신이 원하는 색깔이 나오지 않으면 그것을 모두 깨버렸다.

천국에 갔는데 여전히 그곳에 고통과 눈물과 아픔이 존재한다면 어떨 것 같은가? 여전히 마음에 상처를 주고받고, 여전히 서로 고통을 줘서 되겠는가? 천국에는 더는 눈물도 아픔도 고통도 없을 것이다. 그러기 위해서는 죄와 악은 아무리 작은 것이라도 용납해서는 안 된다. 죄가 있는 곳에 하나님의 진노가 임한다는 말씀이 성경에 분명히 나온다(엡 5:6). 우리의 죄가 크건 작건 우리는 절대적으로 선하신 하나님의 기준에 미치지 못한다. 그 기준에서 벗어나면 하나님 나라에서 영원히 추방될 수밖에 없다. 마치 자격 미달인 도자기는 깨버리는 것처럼, 참된 기쁨과 행복, 공의와 사랑만이 가득한 하나님의 나라에서 추방되는 것이다. 죄가 있는 인간은 영원한 죽음을 맞이할 것이다.

🔊 죄인인 인간을 위해 하나님이 구원의 길을 여셨다. 하나님의 계획이 무엇인지 계속해서 살펴보자.

구원을 위한 하나님의 계획

4 하나님은 죄에 빠져 죽을 수밖에 없는 인간을 위해 놀라운 구원 계획을 세우셨습니다. 에베소서 1장 3-6절을 읽고, 구원을 위한 하나님의 계획에 대해 다음 요소들을 찾아 적어보십시오.

> **에베소서 1:3-6** 찬송하리로다 하나님 곧 우리 주 예수 그리스도의 아버지께서 그리스도 안에서 하늘에 속한 모든 신령한 복을 우리에게 주시되 곧 창세전에 그리스도 안에서 우리를 택하사 우리로 사랑 안에서 그 앞에 거룩하고 흠이 없게 하시려고 그 기쁘신 뜻대로 우리를 예정하사 예수 그리스도로 말미암아 자기의 아들들이 되게 하셨으니 이는 그가 사랑하시는 자 안에서 우리에게 거저 주시는바 그의 은혜의 영광을 찬송하게 하려는 것이라.

선택의 주체

"찬송하리로다 하나님 곧 우리 주 예수 그리스도의 아버지께서 그리스도 안에서 하늘에 속한 모든 신령한 복을 우리에게 주시되."

🔊 우리를 선택한 분은 누구신가?

하나님 아버지시다.

🔊 선택의 주체가 하나님이라는 사실에서 알 수 있는 것은 무엇인가? 하나님이 당신을 선택하셨다는 사실에서 무엇을 느끼는가?

선택에서는 주체가 누구냐가 중요하다. 달리 말하면 누구의 선택이냐에 따라 선택의 질이 달라진다. 만약 당신이 "개척 교회 멤버로 초대합니다"라는 초청장을 받았다면 어떻겠는가? 반대로 영국 왕실에서 열리는 연회에 초대받았다면 어떻겠는가? 이름만 들어도 누구나 아는 유명 연예인이 당신을 좋아한다고 가정해보라. 이처럼 선택은 그 주체가 누구냐가 중요하다. 그런데 하늘에 계신 하나님이 우리를 선택하셨다. 이 세상 모든 만물을 지으시고 이 세상 모든 만물의 주인 되시며 높은 보좌에 앉아 계신, 이 세상에서 가장 높으신 분이 나를 선택하신 것이다.

바울이 기뻐 찬송할 수 있었던 이유는 무엇인가? 하나님이 나를 선택하셨다는 것이다. 이 세상 모든 만물을 지으신 분이, 아무런 자격이 없는 자를 택하신 것이다. 그 생각 때문에 바울은 찬양을 멈출 수 없었다. 우리의 문제는 무엇인가? 하나님이 우리를 선택하셨다고 하는데, 아무런 감흥이 없는 것이다.

예전에 유행했던 드라마가 있었다. 박신양과 김정은이라는 배우가 주연을 맡았던 〈파리의 연인〉이라는 드라마다. 시청률이 50%가 넘을 정도로 인기 있었던 이 드라마는, 재벌 2세와 평범한 여인의 사랑을 다루었다. 그런데 그 드라마에 이런 장면이 나온다. 남자 주인공의 친구들이 모인 자리에 여자 주인공이 동석한다. 그런데 여자 주인공은 남자 주인공이 자신의 애인임을 밝히지 못한다. 그러자 남자 주인공이 나중에 화가 나서 왜 말을 못하냐고, 자신이 남자 친구라고 왜 말을 못하냐고 화를 내며 말한다. 그러자 여주인공이 이렇게 답한다. "이 꼴을 하고서 어떻게 그래요. 저런 사람들 틈에서 어떻게 그래요. 그러면 당신의 입장은 뭐가 돼요." 여주인공은 남자와 어울리지 않는 자신의 모습 때문에 그런 말을 할 수 없었다고, 남자 주인공의 상황을 생각하면 미안하고 부끄러워 도저히 자신이 애인이라고 말하지 못했다고 말한다. 우리는 어떤가? 하늘에 계신 하나님이 우리를 선택하셨다고 하는데 아무런 감흥이 없다. 너무 당연하게 여긴다. 이 여자 주인공처럼 "제가요, 설마 제가요. 저 같은 사람이 어떻게 하나님의 선택을 받아요"라고 말해야 정상 아닐까? 그런데 하나님이 나를 선택하셨다고 말씀하셔도 아무런 감흥이 없다. 좋은 학교에 가고, 좋은 직장에 다니며, 승진하고, 좋은 배우자를 만나면 기쁘고 감사하면서도 하나님이 나를 선택하셨다는 사실에는 아무런 감흥이 없는 것이다.

선택의 시기

"곧 창세전에."

🔊 언제 선택하셨는가?

창세전에, 즉 시간 개념이 생기기 전에 우리를 선택하셨다. 우리가 태어나기도 전에 하나님은 우리를 아셨고 선택하셨다. 그만큼 하나님의 지혜는 풍요롭다.

🔊 선택의 시기가 창세전이라는 사실에서 알 수 있는 것은 무엇인가? 하나님이 당신을 창세전에 선택했다는 사실에서 무엇을 느끼는가?

창세전에 우리를 택하셨다는 사실에서 우리를 향한 하나님의 사랑의 깊이와 길이가 어떠한지를 알 수 있다. 여자는 사랑하는 남자에게 종종 이런 질문을 한다. "자기야, 자기는 언제부터 나를 사랑했어?" 그럼 남자는 무엇이라고 말하는가? "처음부터. 처음 만나는 순간부터 내 운명이라고 생각했어." 이런 말을 들으면 어떤가? 기분이 좋다. 거짓말이라도 기분이 좋다. "이 사람 저 사람 다 만나본 후에 네가 제일 나은 것 같아서 널 사랑하게 되었어"보다는 낫다. 하나님은 즉흥적으로 우리를 선택하신 것이 아니다. 세상을 만들기도 전에 그분 지혜의 풍요로움 안에서 우리를 선택하셨다. 철저히 계획된 것이다. 즉흥적인 것이 아니다. 그리고 그 오랜 시간 동안 우리를 사랑해오신 것이다. 그분의 사랑이 그만큼 길고 깊다는 것을 알 수가 있다.

선택의 조건(엡 1:7 참고)

"그리스도 안에서 우리를 택하사 우리로 사랑 안에서 그 앞에 거룩하고 흠이 없게 하시려고."

"우리는 그리스도 안에서 그의 은혜의 풍성함을 따라 그의 피로 말미암아 속량 곧 죄 사함을 받았느니라"(엡 1:7).

🔊 선택의 조건은 무엇인가? 누구 안에서 우리를 선택하셨는가?

하나님은 그리스도 안에서 우리를 선택하셨다.

🔊 그리스도 안에서 구원받았다는 말은 무슨 의미인가? 선택의 조건이 "그리스도 안에서"라는 사실에서 무엇을 느끼는가?

존 스토트 목사는 "용서는 인간에게는 의무이지만, 하나님께는 문제다"라고 말했다. 하나님은 우리를 용서하고 싶어 하신다. 그런데 문제가 있다. 하나님은 공의로운 분이시기에, 죄인인 인간을 그냥 용서하실 수가 없다. 그냥 용서하면 하나님의 공의가 훼손되기 때문이다. 그래서 하신 일이 무엇인가? 아들로 하여금 우리의 죗값을 치르게 하신 것이다. "그리스도 안에서"라는 말에는 우리를 선택하기 위해 그 대가로 아들을 내어

주었다는 의미가 담겨 있다.

하나님의 선택은 그 아들의 희생이 전제되었다. 자신의 가장 소중한 아들을 우리를 위해 내어주신 것이다. 하나님은 전지전능하시다. 이 세상 모든 것을 얼마든지 만드실 수 있고, 우리를 위해 주실 수 있다. 하지만 아들은 다른 피조물과는 다르다. 예수님이야말로 단 하나밖에 없는 하나님의 가장 소중한 존재다. 그런데 그 아들을 우리를 선택하기 위해 아낌없이 내어주신 것이다. 우리를 선택하려고 엄청난 희생을 치르신 것이다. 문제는 이 사실을 우리가 잘 알지 못한다는 사실이다. 알아도 피상적으로 알거나 쉽게 잊어버린다.

선택의 동기

"우리로 사랑 안에서 그 앞에 거룩하고 흠이 없게 하시려고."

🔊 선택의 동기는 무엇인가?

4절을 보면, "사랑 안에서"라고 나온다. 이 단어는 '사랑으로'라고 해석할 수 있다. 즉 하나님이 우리를 선택하신 동기가 바로 사랑이라는 것이다. 우리를 사랑했기 때문에 선택하신 것이다.

🔊 선택의 동기가 사랑이라는 사실에서 무엇을 느끼는가?

세상에는 다양한 중독이 있다. 게임 중독, 알코올중독 등…. 요즘은 SNS 중독도 있다. 중독된 사람은 어떤가? 틈만 나면 게임을 하고, 조금이라도 여유가 생기면 한잔하러 가며 심지어 운전을 하다가도 빨간불에 걸리면 스마트폰을 들여다본다. 이것이 바로 중독증 환자다. 불경스러운 표현일지 몰라도 하나님도 중독증 환자 같으시다. 그것도 사랑 중독증 환자 말이다. 사랑하지 않으면 도저히 견딜 수 없는 병이라도 걸린 것처럼 우리를 사랑하신다. 시간이 생기기 전부터 우리를 알고 사랑하셨다. 그 오랜 시간, 우리를 그리워하고 기다리며 사랑하셨다. 게다가 우리를 위해서 아무것도 아끼지 않고 자기 아들까지 내어주셨다. 마치 사랑 중독증 환자같이 그분의 마음속에 늘 우리가 자리 잡고 있는 것이다.

하나님은 날마다 우리만 생각하신다. 하나님은 우리만 생각하면 기뻐서 어쩔 줄을 몰라 하신다. 우리가 멀리 보이기만 해도 좋아서 소리를 지르신다. 그만큼 우리를 사랑하신다. 하늘에 계신 하나님이 나를 그렇게 사랑하신다. 이 사실을 깨닫고 바울은 찬송하는 것이다. 아니 우리가 함께 찬송해야 한다고 외치는 것이다.

선택의 목적

"곧 창세전에 그리스도 안에서 우리를 택하사 우리로 사랑 안에서 그 앞에 거룩하고 흠이 없게 하시려고."

🔊 **우리를 선택하신 목적은 무엇인가?**

4절을 보면 "그 앞에 거룩하고 흠이 없게 하시려고"라고 나온다. '거룩'이 내면의 상태라면, '흠이 없다는 것'은 외적인 상태다. 즉 안팎이 완전해지는 것, 완벽해지게 한다는 것이다.

🔊 **선택의 목적이 거룩하고 흠이 없는 존재를 만들기 위한 것이라는 사실에서 무엇을 느끼는가?**

멋진 일이다. 하나님은 우리에게 꿈이 있으셨다. 그런데 그 꿈은 시시하거나 적당한 꿈이 아니다. 사람이 젊었을 때야 꿈이 많다. 많은 것을 할 수 있고, 또 해볼 수 있을 거라고 생각한다. 경력을 쌓으며 성공이라는 목표를 향해 달려가기에 급급하다. 그런데 시간이 흐르면서 어떻게 되는가? 사회에서 직장 생활을 하면서 무엇을 느끼는가? 자녀를 키우면서 무엇을 느끼는가? 남편이 잘나가고, 자녀가 잘되면 기쁘지만 한편으로는 지난 세월이 아쉬울 수도 있다. 사회에서 성공했어도 마찬가지다. 마음에 왠지 모를 허전함이 있다. 그리고 어렸을 적 품었던 큰 꿈을 잊게 된다.

그런 것이 어디 있는가. 그냥 사는 것이다.

그런데 하나님은 그게 아니라고 말씀하신다. 우리를 완벽하게 만드시겠다는 꿈이 있다고 말씀하신다. 운동부에서 신입 선수를 뽑을 때, 어떤 사람은 운동부의 미래를 이끌 사람이라는 희망을 품고 뽑지만, 어떤 사람은 별 기대 없이 자리만 채우길 기대하며 뽑을 수도 있다. 하나님은 우리에게 그렇지 않으시다. 우리를 흠이 없게 하려는 꿈을 품고 계신다. 왜냐하면 그분은 우리를 사랑하시기 때문이다. 부족하고 연약하며 세상이 보기에는 아무것도 아닌 존재이지만, 너희를 향한 꿈이 있다는 것이다. 하나님은 그냥 우리를 선택하신 게 아니라 큰 꿈과 비전, 기대를 품고 우리를 선택하셨다. 그리고 하나님은 절대 우리를 포기하지 않으신다. 우리가 아무리 초라하고 보잘것없어도 우리에 대한 꿈을 절대 놓지 않으신다.

선택의 결과

"그 기쁘신 뜻대로 우리를 예정하사 예수 그리스도로 말미암아 자기의 아들들이 되게 하셨으니."

🔊 **선택의 결과는 무엇인가?**

자기의 아들들이 되게 하셨다(6절).

🔊 **하나님이 아들들로 삼기 위해 우리를 선택하셨다는 사실에서 무엇을 느끼는가?**

구원에서 중요한 것은 무엇으로부터의 구원인가와 무엇을 향한 구원인가이다. 하나님은 우리의 죄를 용서해주셨을 뿐만 아니라, 우리의 신분을 높여 우리를 양자로 삼아주셨다. 죄를 용서해주신 것만 해도 큰 은혜인데, 여기서 멈추지 않고 자녀로 삼아주신 것이다. 자녀로 신분이 격상되면서 우리의 생에는 근본적인 변화가 생겼다. 이제 우리는 언제나 하나님 앞에 나아갈 수 있고 하나님과 친밀한 교제를 나눌 수 있다. 또한 상속자로서 하늘의 영광을 누릴 수 있다. 하나님은 자녀인 우리를 지키고 보호해주실 것이다. 하나님의 자녀로서 누릴 수 있는 축복과 은혜는 말로 다할 수 없다. 문제는 우리가 하나님의 자녀가 되었다는 사실이 무엇을 의미하는지 잘 모르고, 알아도 피상적으로만 안다는 것이다. 그래서 감격이 없다.

🔊 이상에서 하나님의 구원 계획을 몇 가지 요소로 나누어 살펴보았다. 당신은 이런 하나님의 구원 계획에서 무엇을 느끼는가? 5번 질문을 보라.

5 우리가 예수님을 믿게 된 것은 우연히 일어난 사건이 아니라, 역사 이전부터 하나님의 구원 계획 속에 포함되었던 일입니다. 그런데 성경에서는 하나님이 우리를 택하신 이유가 "그 기쁘신 뜻대로"라고 말합니다. 하나님이 우리를 사랑하셔서 아무런 조건 없이 창세전부터 자기 자녀로 선택하셨고, 그 결과 지금 우리가 예수님을 믿게 되었다는 것입니다. 이 얼마나 놀라운 은혜입니까? 이 사실을 깨닫고 바울은 감옥 속에서도 "찬송하리로다"라고 외치고 있습니다. 당신에게도 바울과 같은 감격이 있습니까?

🔊 바울과 같은 감격을 느끼는 이유를 나누어보라.

🔊 만약 없다면 그 이유는 무엇인가? 잘 모르기 때문이다. 오늘 이렇게 하나님의 구원 계획을 요소별로 자세히 살펴본 이유도 여기에 있다. 하나님의 구원 계획이 얼마나 크고 놀라운지 제대로 안다면 감격할 수밖에 없다. 아직도 이 은혜에 대한 감격을 느끼지 못할 수도 있다. 그러나 계속해서 복음을 듣고, 말씀을 배우다 보면 감격과 감사가 마음속에 밀려올 것이다. 오늘 배움으로 그런 감격이 조금씩 생긴다면 정말 감사한 일이다.

🔊 그런데 하나님이 세우신 이런 구원을 나의 것으로 받아들이기 위해 꼭 필요한 것이 있다. 그것이 무엇인지 계속해서 살펴보자.

믿음으로 얻는 구원

6 구원을 얻기 위해 우리에게 필요한 것은 무엇입니까?

> **에베소서 2:8-9(요 1:12-13 참고)** 너희는 그 은혜에 의하여 믿음으로 말미암아 구원을 받았으니 이것은 너희에게서 난 것이 아니요 하나님의 선물이라 행위에서 난 것이 아니니 이는 누구든지 자랑하지 못하게 함이라.

> **요한복음 1:12-13** 영접하는 자 곧 그 이름을 믿는 자들에게는 하나님의 자녀가 되는 권세를 주셨으니 이는 혈통으로나 육정으로나 사람의 뜻으로 나지 아니하고 오직 하나님께로부터 난 자들이니라.

🔊 에베소서 2장 8-9절에서는 구원을 어떻게 받는다고 말하는가?

"그 은혜에 의하여 믿음으로 말미암아" 구원을 얻는다고 말한다.

🔊 은혜란 무엇인가?

얻을 만한 자격이 없는 사람에게 공짜로 준다는 의미다. 그래서 본문에서는 선물이라고 나온다. 구원이란 인간의 노력이나 행위로 받을 수 있는 것이 아니라, 자격 없는 인간에게 하나님이 값없이 주시는 선물이다.

🔊 믿음이란 무엇인가?

하나님이 주신 선물을 의지적으로 받아들이는 것을 의미한다. 선물은 받을 수도 있고 거절할 수도 있다. 하나님이 주신 선물을 받기만 하면, 우리는 구원을 얻을 수 있다.

🔊 그렇다면 믿음의 내용은 무엇인가?

요한복음 1장 12-13절에는 예수님의 이름을 믿으면 하나님의 자녀가 되는 권세를 주신다고 나온다. 예수님이 우리의 유일한 구원자 되심을 인정하고 신뢰하며 받아들이고 고백하면 구원을 얻는다.

🔊 정리하면 구원을 얻기 위해 필요한 것은 무엇인가?

믿음이다. 왜냐하면 구원은 하나님이 은혜로 주시는 선물이기 때문이다. 또 행위나 능력으로 얻을 수 있는 것이 아니라, 예수님을 믿기만 하면 값없이 주어지는 선물이다. 만약 인간이 스스로 노력하여 죄에서 자유로워지거나 하나님이 원하시는 완벽한 선에 다다를 수 있다면, 믿음이 필요 없을 것이다. 하지만 스스로 죄에서 자유로울 수 있는, 달리 말하면 죄를 짓지 않는 사람은 단 한 명도 없다. 그래서 오직 예수님을 통해서만 구원을 받을 수 있다.

예수님은 자신의 피로 우리의 죗값을 대신 치르고, 죄의 형벌에서 우리를 자유롭게 하셨다. 의인이신 예수님이 죄인인 우리의 자리에, 죄인인 우리가 의인이신 예수님의 자리에 있게 됨으로 우리는 죄와 죽음에서 구원받았다. 이 사실을 믿기만 하면 우리는 구원을 받는다.

> 만일 그리스도가 당신의 구주이심을 진정으로 믿는다면, 당신은 동시에 은혜로우신 하나님도 믿는 셈이다. 왜냐하면 믿음은 당신을 인도하여 하나님의 마음과 뜻을 환히 깨닫게 하고, 당신이 순전한 은혜와 넘쳐흐르는 사랑을 볼 수 있게 해주기 때문이다. 이것이 믿음으로 하나님을 보는 것이며, 당신은 아버지 같고 친구 같은 하나님의 심정을 헤아리게 될 것이다. 이런 하나님의 마음속에는 진노도 무례함도 없다. **마르틴 루터**(Martin Luther)

🔊 당신은 구원이 값없이 주시는 하나님의 선물임을 믿는가? 7번 질문을 보라.

---

7 구원은 인간의 어떠한 행위나 노력으로 얻을 수 있는 것이 아닙니다. 그래서 성경은 구원을 값없이 주시는 선물이라고 표현합니다. 구원을 인간의 노력의 산물이라고 여기는 사람과 선물로 받아들이는 사람에는 어떤 차이가 있습니까?

🔊 구원을 인간 노력의 산물로 여기는 사람은 교만이나 좌절에 빠질 수밖에 없다. 무엇이든 자신의 힘으로 얻었기에 하나님 앞에서 교만하고, 인간의 힘이나 능력으로는 얻을 수 없는 구원을 받고자 애쓰기에 결국 좌절을 맛볼 수밖에 없다. 반면 구원을 선물로 여기는 사람은 참된 평안과 만족을 누린다. 자신의 노력으로 얻은 것이 아니기에 하나님 앞에 감사와 겸손의 삶을 살게 된다. 또 자신에게 부족함이 있어도 불안해하거나 좌절하지 않는다.

🔊 구원을 하나님의 선물로 보는 사람에게 나타나는 특징이 있다. 그것이 무엇인지 다음 질문에서 살펴보자.

구원의 확신

8 성경은 그리스도인이 구원받았고 그것은 영원히 변할 수 없다는 것을 명확하게 말합니다. 그럼에도 구원의 확신이 흔들리는 경우가 많습니다. 당신은 어떻습니까? 구원의 확신이 흔들린 적이 있다면 어떤 경우에 그랬습니까?

🔊 구원의 확신이 흔들리는 경우는 언제인가?

여러 상황에서 구원의 확신이 흔들릴 수 있다. 주로 구원의 확신이 흔들리는 경우는 삶과 생활 속에서 그리스도인답지 않은 모습을 자기 자신에게서 발견할 때일 것이다. 세상 사람들과 별반 차이가 없이 사는 모습을 볼 때, 구원의 확신이 흔들릴 수 있다. 달리 말하면 구원자 되신 예수님이 아니라 죄인 된 우리 자신의 모습을 바라보고 의지할 때다.

🔊 구원받았음을 확신하는 것은 왜 중요한가?

사탄이 주로 하는 거짓말 중 하나는 "이제 넌 안 돼!"이다. 이 땅에 살면서 우리가 실수하고 넘어지거나 죄의 유혹에 빠졌을 때, 사탄은 늘 이 거짓말을 이용한다. 그 이유는 무엇인가? 우리가 스스로 포기하게 만들기 위해서다. 구원의 확신 없이 흔들리면, 자신에게 실망하여 스스로 포기하게 된다. 인간은 완벽하지 않다. 따라서 이 땅을 살면서 죄의 유혹에 빠지기도 하고 실수도 하며 넘어질 때가 있다. 이때 '난 어차피 안 돼'라는 생각으로 포기해서는 안 된다. 그러면 우리를 다시 일어서게 하는 힘은 어디서 나오는가? 구원에 대한 확신이다. '그래, 여전히 난 하나님의 사랑을 받는 자녀야. 다시 시작해야지'라는 마음을 품어야 한다. 이처럼 구원의 확신은 우리의 신앙생활에서 아주 중요한 토대가 된다.

🔊 그럼 우리가 구원의 확신을 가져도 좋은 근거는 무엇인가? 9번 질문을 보라.

---

9 성경에서는 믿음으로 구원을 얻는다고 말합니다. 이 사실은 결코 변함이 없습니다. 다음 성경 구절에서 믿는 성도들에게 구원의 확신을 더해 주는 근거를 찾아보십시오.

> **요한복음 5:24**(고전 12:3 참고) 내가 진실로 진실로 너희에게 이르노니 내 말을 듣고 또 나 보내신 이를 믿는 자는 영생을 얻었고 심판에 이르지 아니하나니 사망에서 생명으로 옮겼느니라.
>
> **고린도전서 12:3** 그러므로 내가 너희에게 알리노니 하나님의 영으로 말하는 자는 누구든지 예수를 저주할 자라 하지 아니하고 또 성령으로 아니하고는 누구든지 예수를 주시라 할 수 없느니라.

🔊 요한복음 5장 24절에서 믿는 자에게는 무엇이 주어졌다고 말하는가?

믿는 자는 영생을 얻었고 심판에 이르지 않는다. 믿음으로 구원을 얻는다.

🔊 결국 우리가 구원받았음을 확신해야 하는 근거는 무엇인가?

그것은 말씀이다. 병에 걸렸는지 안 걸렸는지는 어떻게 알 수 있는가? 내

느낌이나 생각은 중요하지 않다. 의사의 진단이 중요하다. 상상 임신이라는 말이 있다. 너무나 임신을 하고 싶은 나머지 실제로 임신하지 않았는데도, 스스로 임신했다고 생각하는 것이다. 구원을 받았는지 여부는 우리의 느낌이나 감정이 아니라, 성경 말씀에 근거해서 판단해야 한다. 성경에서는 "믿기만 하면 구원을 얻는다"라고 말한다. 구원받았는지 의심이 들 때마다 이 말씀을 붙잡으라.

그런데 내가 믿는지 안 믿고 있는지는 어떻게 알 수 있는가? 고린도전서 12장 3절에 보면, 성령님이 아니고서는 우리가 예수님을 주님이라고 고백할 수 없다고 한다. 즉 우리 안에 성령님이 안 계시거나 믿음이 없다면, 결코 우리는 예수님을 주님이시라고 고백할 수 없다. 만약 당신이 예수님을 내 인생의 주인으로 고백한다면 혹은 예수님이 우리의 유일한 구원자 되심을 고백한다면, 당신에게는 믿음이 있는 것이다.

🔊 구원이라는 선물을 받은 사람으로서 우리가 보여야 할 삶의 태도와 자세가 있다. 10번 질문을 보라.

10 구원의 은혜를 깨닫는 사람에게서 마땅히 나타나야 할 삶의 태도와 자세가 있습니다. 그것은 무엇입니까?

> **마태복음 6:12**   우리가 우리에게 죄 지은 자를 사하여 준 것같이 우리 죄를 사하여 주시옵고.

> **에베소서 2:10**   우리는 그가 만드신 바라 그리스도 예수 안에서 선한 일을 위하여 지으심을 받은 자니 이 일은 하나님이 전에 예비하사 우리로 그 가운데서 행하게 하려 하심이니라.

> **로마서 8:29-30** 하나님이 미리 아신 자들을 또한 그 아들의 형상을 본받게 하기 위하여 미리 정하셨으니 이는 그로 많은 형제 중에서 맏아들이 되게 하려 하심이니라 또 미리 정하신 그들을 또한 부르시고 부르신 그들을 또한 의롭다 하시고 의롭다 하신 그들을 또한 영화롭게 하셨느니라.

🔊 마태복음 6장 12절에서는 무엇이라고 하는가?

죄 용서를 받기 위해 기도하라고 예수님은 가르치셨다. 구원받은 자로서 우리는 날마다 죄 용서를 받기 위해 기도해야 한다. 이미 죄에 대한 용서를 받았기에 죄에 둔감해질 수 있다. 하지만 성경에서는 구원을 받았기에 더욱 거룩하고 회개하는 삶을 살고자 노력하라고 가르친다. 왜인가? 온몸이 더러운 사람은 발을 씻을 필요가 없다. 아무리 발을 씻어도 여전히 몸 전체가 더럽기 때문이다. 반대로 몸이 깨끗한 사람은 발만 씻으면 된다. 죄 용서를 받은 자로서, 구원받은 자로서 우리는 늘 죄 용서를 받고자 기도하고 죄를 짓지 않기 위해 노력해야 한다.

🔊 에베소서 2장 10절에서는 무엇이라고 하는가?

에베소서 2장 8-9절에서는 구원이 은혜로 받는 하나님의 선물임을 강조한다. 그런 다음 10절에서는 하나님이 우리를 지으신 목적에 대해 말한다. 우리가 선한 일을 위해 지음 받았다는 것이다. 즉 우리를 구원하신 이유는, 하나님의 자녀로 삼아, 우리가 이 땅에서 선한 일을 할 수 있게 하기 위해서다.

🔊 로마서 8장 29-30절에서는 무엇이라고 말하는가?

우리를 구원하신 이유가 아들의 형상을 본받게 하기 위해서라고 말한다. 단순히 예수님을 믿고 구원받는 데서 멈추지 않고, 우리 인격이 예수님을 닮아가고 예수님처럼 되는 것을 하나님은 바라신다.

🔊 당신은 어떤가? 당신의 삶 속에서도 이런 모습과 자세가 나타나고 있는가?

이 세 가지 중에서 특별히 자신에게 부족한 점이 무엇인지 그리고 잘되고 있는 점은 무엇인지 나누어보라.

🔊 '삶의 열매를 거두며'를 보라.

삶의 열매를 거두며

사람들은 자신의 능력과 지식에 상관없이 예수님의 죽음과 부활을 통하여 구원받습니다. 이 놀라운 은혜를 깨달은 사람에게는 자연스럽게 삶의 변화가 나타납니다. 다만 한 가지 잊지 말아야 할 점은 이런 삶의 변화는 구원의 결과이지 원인이 아니라는 점입니다. 이 사실을 깨닫고 구원에 대한 분명한 확신을 가질 때 우리는 이 땅에서 천국을 맛볼 수 있습니다. 흔들림 없이 구원받았음을 확신하는 사람에게는 참된 기쁨과 감사가 흘러넘치기 때문입니다. 에베소서 1장 3-14절 말씀에 자신의 이름을 넣어 한번 읽어보십시오. 그리고 구원의 감격을 회복하게 해달라고 조용히 기도해보십시오.

에베소서 1:3-14　　찬송하리로다 하나님 곧 우리 주 예수 그리스도의 아버지께서 그리스도 안에서 하늘에 속한 모든 신령한 복을 우리에게 주시되 곧 창세전에 그리스도 안에서 우리를 택하사 우리로 사랑 안에서 그 앞에 거룩하고 흠이 없게 하시려고 그 기쁘신 뜻대로 우리를 예정하사 예수 그리스도로 말미암아 자기의 아들들이 되게 하셨으니 이는 그가 사랑하시는 자 안에서 우리에게 거저 주시는바 그의 은혜의 영광을 찬송하게 하려는 것이라 우리는 그리스도 안에서 그의 은혜의 풍성함을 따라 그의 피로 말미암아 속량 곧 죄 사함을 받았느니라 이는 그가 모든 지혜와 총명을 우리에게 넘치게 하사 그 뜻의 비밀을 우리에게 알리신 것이요 그의 기뻐하심을 따라 그리스도 안에서 때가 찬 경륜을 위하여 예정하신 것이니 하늘에 있는 것이나 땅에 있는 것이 다 그리스도 안에서 통일되게 하려 하심이라 모든 일을 그의 뜻의 결정대로 일하시는 이의 계획을 따라 우리가 예정을 입어 그 안에서 기업이 되었으니 이는 우리가 그리스도 안에서 전부터 바라던 그의 영광의 찬송이 되게 하려 하심이라 그 안에서 너희도 진리의 말씀 곧 너희의 구원의 복음을 듣고 그 안에서 또한 믿어 약속의 성령으로 인치심을 받았으니 이는 우리 기업의 보증이 되사 그 얻으신 것을 속량하시고 그의 영광을 찬송하게 하려 하심이라.

🔊 오늘 과를 배우면서 새롭게 느끼거나 깨달은 점이 있는지 각자 나눈 후, 에베소서 1장 3-14절 말씀을 함께 읽고 기도로 마무리한다.

영적 성장 PLUS⁺ | 첫째 날

특별한 재판 이야기

남아프리카 잠비아에 바벰바라는 부족이 있다. 이 부족은 다른 부족에 비해 유난히 범죄율이 낮았다. 특히 반사회적 범죄가 거의 없고, 재범률, 범죄한 사람이 다시 죄를 짓는 경우가 매우 낮았다. 학자들이 호기심을 갖고 연구한 결과, 이렇게 범죄율이 낮았던 이유가 바벰바 부족만의 특별한 재판 때문임을 발견했다.

이 부족은 누군가가 죄를 범하면, 며칠간 그를 마을 한가운데 세워둔다. 그러면 마을 사람들이 그에게 한마디씩 던진다. "저번에 저에게 먹을 것을 줘서 감사했어요." "저를 보고 웃어줘서 감사했어요." "우리 아들이 다쳤을 때 옆에 있어줘서 감사했어요." "결혼할 때 당신이 가장 기뻐해줘서 감사했어요." 비난의 말이나 돌을 던지는 것이 아니라 범죄를 저지른 사람이 과거에 했던 미담, 선행, 장점 등을 이야기해주는 것이다. 이를 통해 착했던 과거를 깨닫게 한 후, 새사람이 된 것을 축하하는 축제로 재판을 마무리 짓는다.

인간은 자신의 정체성에 맞춰 살아가려는 경향이 있다. 예를 들어, 자신을 군인으로 생각하는 사람은 군인답게 행동하려고 노력한다. 바벰바 부족의 재판은 재판받는 사람으로 하여금 자신이 누구인지를 돌아보게 하고, 새로운 삶을 살게 한다. 그만큼 자신을 누구라고 생각하느냐는 삶에 미치는 영향이 크다. 문제는 너무 자주 자신이 누구인지를 잊는다는 것이다.

세상은 끊임없이 우리 자신이 누구인지를, 우리가 얼마나 가치 있는 존재인지를 잊게 만든다. 자신이 누구인지를 잊는 순간, 열등감과 패배 의식 혹은 우월감에 빠져 자신의 인생을 스스로 낭비하게 된다. 그래서 성경은 우리가 얼마나 소중하고 가치 있는 존재인지 기억하라고 말한다.

세상을 살다 보면, 우리 자신에 대해 회의가 들 때가 있다. 자신의 존재가 가치 없게 느껴지고, 삶의 의미가 희미해질 때가 있다. 그럴 때라도 하나님 앞에서 내가 어떤 존재인지를 기억하기 바란다. 그러면 인생의 참된 의미와 기쁨이 솟아나는 것을 느낄 것이다(벧전 2:9 참고).

 구원은 '-으로부터의 구원'인가뿐만 아니라 '-을 향한 구원'인지가 중요합니다. 하나님은 우리를 죄에서 구원하셨을 뿐만 아니라 하나님의 자녀로 삼아주셨습니다. 당신은 이것이 얼마나 큰 은혜인지 알고 있습니까? 그리고 새로운 신분에 대한 분명한 정체성이 있는지 점검해보십시오.

영적 성장 PLUS⁺ | 둘째 날

먼 불빛

따스한 서민들의 실제 이야기로 우리의 심금을 울렸던 이철환 씨의 『연탄길』이라는 책이 있다. 이 책에는 '먼 불빛'이라는 제목으로 한 아버지와 아들의 이야기가 담겨 있다. 아들 현태는 고등학교 때부터 늘 사고를 치고, 친구들과 패싸움을 하며 심지어 절도까지 했다. 아무리 타일러도 막무가내였다. 언제 교도소로 들어갈지 모르는 위태위태한 자식의 모습을 보면서 아버지의 안타까운 마음만 커졌다. 그래서 아버지는 충격요법으로 자신이 먼저 교도소에 가서 아들이 교도소에 가는 것을 막으려 했다.

아버지는 어느 날 귀금속 가게에 들어가 마음에도 없는 도둑질을 하고 교도소에 가게 된다. 그리고 면회를 온 아들에게 이렇게 말한다. "아들아, 이 아버지를 용서해라. 사는 게 너무 힘들어 아버지가 순간적으로 잘못을 저질렀다. 아버지가 이 모양이니 넌 들 바른 길을 갈 수 있었겠니. 그런데 한 가지 부탁이 있다. 너는 꿈에라도 이런 곳을 기웃거려서는 안 된다. 교도소는 인간을 처참하게 만드는 곳이란다."

그런데 면회하고 나오는 길에 어머니가 아들을 붙잡고 통곡하면서 폭탄선언을 했다. "현태야. 할 말이 있다. 네 아버지는 도둑질 같은 거 하지 않았어. 정말이다. 이 엄마가 네 아버지를 안다. 네 아버지는 절대 그런 일 할 사람이 아니다. 너 때문에 일부러 그런 거야. 교도소가 사람이 있을 곳이 아니라는 걸 너에게 보여주려고. 생때같은 네 놈, 거기서 네 젊은 시절 다 보낼까 봐 네가 갈 그곳에 미리 가서 네가 오는 걸 막아보려고…."

어머니의 이야기를 들은 아들은 큰 충격을 받고 그날로 마음을 다잡았다. 검정고시를 치르고 전문대학에 진학하여 새 인생길을 걷는다. 작가는 이 이야기의 끝을 이런 말로 마무리한다. "아버지는 아들을 위해 스스로 어둠이 되었다. 빛을 거부했던 아들의 어둠 속으로 들어와, 끝내는 잘못되고야 말 그의 인생 앞에 불빛 하나를 밝혀주었다. 어두운 밤바다 같은 인생에서 표류할 때마다 두고두고 바라볼 먼 불빛, 아버지, 아버지."

만약 당신이 현태의 아버지라면 어떻게 했을까? 과연 아들을 위해, 아들이 잘못될까 염려스러워 대신 교도소에 들어갈 수 있겠는가? 결코 쉬운 선택이 아니다. '꼭 이렇게까지 해야 할까? 그런다고 아들이 변할까?'라는 의문이 들지도 모른다. 예수님이 십자가에 달리실 때도 그랬다. 어리석은 짓이라고, 그렇다고 인간들이 변하겠냐고 의문이 드셨을지도 모른다. 그럼에도 십자가의 죽음을 선택하셨다. 왜일까? 우리를 사랑하셨기 때문이다.

우리를 사랑해서 대신 어둠에 들어가 우리 앞에 불빛 하나를 밝혀주셨다. 어둔 밤바다와 같은 인생길을 표류할 때마다 두고두고 바라볼 불빛 하나를 밝혀주신 것이다. 그 불빛을 바라볼 때, 우리가 받은 사랑이 얼마나 큰지 깨달을 때 아무리 어두운 인생길이라도 헤매지 않고 걸어갈 수 있을 것이다. 그리고 예수님이 그러셨던 것처럼 우리도 누군가에게 먼 불빛이, 예수님처럼 밝지는 않지만 누군가에게 소망을 줄 수 있는 불빛이 될 수 있을 것이다.

 우리를 죄에서 구원하기 위해 예수님은 십자가를 지셨습니다. 그리고 우리도 십자가 사랑의 길을 걸어가기를 원하십니다. 십자가 위의 예수님을 닮아가기 위해 오늘 해야 할 일은 무엇입니까?

영적 성장 PLUS⁺ | 셋째 날

구겨진 5만 원

어느 세미나에서 있었던 일이다. 그날 강의를 하던 강사가 청중 앞에 5만 원짜리 지폐를 꺼내 들고 말했다. "저는 이것을 여러분에게 드리고자 합니다. 가지길 원하는 분이 있다면 손을 들어주십시오." 처음에는 다들 우물쭈물하더니, 한두 사람이 손을 들기 시작하자 모든 사람이 손을 번쩍 들었다.

그러자 강사는 그 돈을 양손으로 마구 구긴 후 이렇게 말했다. "이 돈은 이미 구겨져 버렸습니다. 하지만 이렇게 구겨진 돈이라도 가지길 원하는 분은 손을 들어보십시오." 다들 그냥 웃음만 지을 뿐 아무도 손을 내리지 않았다. 이번에는 구겨진 돈을 땅에 던진 후 구둣발로 지근지근 밟았다. 그런 다음 또 물었다. "이 지폐는 이미 구겨지고 이렇게 더러워졌습니다. 그래도 여전히 갖기 원하는 분이 있습니까?" 이번에도 여전히 모든 사람이 손을 들고 있었다.

당신이 만약 그 강의를 듣고 있었다면 어떻게 반응했겠는가? 손을 내렸을까? 아니면 여전히 손을 들고 있었을까? 사람들이 그 돈을 원한 이유는 무엇일까? 비록 구겨지고 밟히고 더럽혀졌어도 돈의 가치는 상실되지 않았기 때문이다. 인생을 살다 보면 우리의 삶도 때로는 얼룩지고 구겨지고 상처받을 때가 있다. 하지만 이런 순간에라도 잊지 말아야 할 것은 우리의 가치가 변함없다는 사실이다.

힘들고 지칠 때마다, 인생이 구겨지고 버려지고 짓밟힐 때마다 우리가 누구인지를 기억해야 한다. 비록 우리 인생이 얼룩지고 구겨지고 상처받아도, 여전히 우리는 하나님의 사랑을 받는 자녀로 그분께 소중한 존재다. 나를 향한 하나님의 기대가 크다는 사실을 잊지 말아야 한다.

 우리는 하나님의 선택을 받은 자녀이며 죄에서 구원받은 존재입니다. 이 사실은 언제나 변함없습니다. 이런 확신이 주는 유익이 무엇이라고 생각합니까? 이 확신이 흔들리지 않는 그리스도인이 되길 바랍니다.

영적 성장 PLUS⁺ | 넷째 날

벽돌을 쌓고 있지는 않습니까?

셰익스피어와 더불어 19세기 영국을 대표하는 소설가인 찰스 디킨스의 단편소설 『두 도시 이야기』에 나오는 내용이다.

한 죄수가 오랫동안 교도소에서 복역하게 되었다. 그는 오랜 시간 교도소에 있으면서 그 생활에 익숙해졌다. 그래서 자신이 거처하는 좁은 공간이 안락하다고 느꼈다. 교도소 안에 있으면 세상 근심이 없어서 좋았다. 돈 때문에 신경 쓰지 않아 좋고, 자식 걱정 안 해서 좋으며, 아내의 잔소리를 들을 필요가 없어서 좋았다. 그뿐만 아니라 말과 행동을 신경 쓰지 않아도 되고, 남의 눈치 볼 일도 없으며, 체면 차릴 일도 없었다. 거처가 좀 누추하기는 하지만 주는 밥 먹고, 낮에는 시키는 일 하며, 밤에는 자고 싶은 대로 자면 그만이었다. 그래서 그는 별다른 불편함 없이 교도소에서 하루하루를 보낸다.

오랜 교도소 생활 끝에 복역 기간이 다 되어 드디어 석방되었다. 석방 후 그는 부모 집에 돌아가게 되었는데, 그의 부모는 큰 저택에서 살고 있었다. 이 저택에서의 첫날 밤, 그는 잠을 이루지 못해 뒤척였다. 넓은 침실이 그를 불안하게 만들었기 때문이다. 고급 침대와 부드러운 이불이 조금도 편하지 않았다. 며칠 동안 잠을 설치다가 마침내 그는 넓은 방 모퉁이에 벽돌을 쌓기 시작했다. 옛날 자기가 거처하던 감방만 한 공간을 만든 것이다. 그제야 비로소 그는 그곳에서 마음의 평안을 되찾고 안락하게 잘 수 있었다.

흔히 인간을 습관의 노예라고 말한다. 인간은 길들여질 수 있는 존재로, 불편함조차 길들여지면 편할 수 있다는 것이다. '한 번 포기한 사람은 늘 포기하게 된다'라는 말이 있다. 어쩌면 인생의 크고 작은 고난이나 중요한 도전의 순간에 우리를 주저앉게 하는 것은 우리 자신일지도 모른다. 이 이야기의 주인공처럼 우리는 나만의 벽돌을 쌓는 것이다.

성경에서는 믿는 순간 새로운 피조물이 된다고 말한다. 우리는 주 안에서 새로운 존재가 되었음을 기억하고, 옛사람의 구습에서 벗어나 새 신분에 걸맞은 삶을 살아야 한다.

 자신만의 좁은 공간으로 되돌아가게 하고, 스스로 작게 만드는 잘못된 습관이 없는지 점검해보십시오. 버려야 할 습관과 태도가 있습니까? 그것은 무엇입니까? 그리고 그것을 고치기 위해 어떤 노력이 필요합니까?

영적 성장 PLUS+ | 다섯째 날

누군가 사랑했기에 누군가 희생했기에

한국의 어느 회사 입사 시험에 '진퇴양난'을 영어로 표현해보라는 면접시험이 출제되었다. 10명 중 9명은 장황한 단어와 문장을 사용하여 이 상황을 설명하려 했다. 그런데 몇 명만이 간단히 한 단어로 정답을 말했다. 그것은 '딜레마'다. 딜레마의 사전적 의미는 '바람직하지 못한 두 가지 대안 사이에 직면한 선택의 순간'이다.

뮤지컬 <버스>에서도 이런 상황이 등장한다. 시끄러운 시골 동네 사람들을 싣고 산길을 굽이굽이 돌아가던 길에서 버스가 브레이크 고장을 일으킨다. 한쪽은 절벽, 한쪽은 낭떠러지인 내리막길을 간신히 잘 피해 내려왔나 싶었는데, 충돌 완충을 위해 건초더미로 돌진하던 중 버스 기사는 건초더미 앞에 선 한 아이를 발견한다. 그러나 그 아이를 피해 가려면 버스 안 승객 7명의 목숨을 희생할 수밖에 없었다. 이럴 수도 없고 저럴 수도 없는 진퇴양난, 딜레마의 상황에 처한 것이다.

브레이크가 고장 난 버스를 이끌고 내리막길을 운전하던 기사는 마침내 버스 승객 7명을 살리기 위해, 건초더미 앞에 서서 버스를 향해 손을 흔드는 아이를 희생시키기로 작정한다. 결국 아이는 버스에 치였다. 건초더미 위에 멈춘 버스에서 살아 나온 승객들은 그 아이가 기사의 아이였음을 알게 되었다. 그리고 이런 구원을 경험한 승객들은 모두 충격 속에 새 인생의 길을 찾아 버스를 떠난다. 이 뮤지컬은 이런 노래로 막을 내린다. "누군가가 사랑했기에, 누군가가 희생했기에 이제 우리는 새로운 삶을 살아갈 수 있어요."

이 뮤지컬의 마지막 노래처럼, 우리를 사랑했던 누군가가, 우리를 위해 희생했던 누군가가 있었기에 오늘 우리가 있는 것이다. 자녀를 위해 희생을 마다하지 않는 부모님이, 이른 새벽부터 수고를 아끼지 않는 남편과 아내가, 힘들고 지칠 때 따스한 격려 한마디를 건네주는 친구들이, 한마음으로 기도의 무릎을 꿇을 줄 아는 공동체 지체들이 바로 그런 사람들이다. 그리고 무엇보다 자기 아들을 내어주기까지 우리를 사랑하셨던 하나님이, 우리를 위해 십자가 희생도 마다하지 않았던 예수님이 계시기에, 오늘 우리는 살아갈 수 있는 것이다. 어쩌면 우리는 누군가에게 너무나 많은 빚을 지고 있는지도 모른다. 그리고 이 빚을 갚는 방법은 우리가 다른 누군가를 사랑하고 섬기는 것이다.

 예수님의 사랑과 희생이 있었기에 우리는 구원받은 자로서 새로운 삶을 살 수 있게 되었습니다. 이런 사랑을 받은 자로서 어떻게 살아야 할지 다시 한번 묵상해보십시오. 그리고 그 사랑을 실천하기 위해 오늘 해야 할 일은 무엇이라고 생각합니까?

PART 3

성숙한 삶

9과

하나님 사랑

암송 구절 마태복음 22장 37-38절

"예수께서 이르시되 네 마음을 다하고 목숨을 다하고 뜻을 다하여 주 너의 하나님을 사랑하라 하셨으니 이것이 크고 첫째 되는 계명이요."

암송 구절은 반드시 암송해야 하는 것은 아니지만, 각 과의 핵심 구절이므로 숙지하는 것이 좋습니다. 함께 읽는 정도에서 시작해도 됩니다.

다루게 되는 내용

- 하나님을 사랑하는 것이 왜 중요한지 배운다(1-2번).
- 하나님 사랑과 하나님을 아는 지식과의 관계를 배운다(3-4번).
- 하나님을 사랑하는 자는 말씀에 순종해야 함을 배운다(5-9번).
- 하나님 사랑은 형제 사랑으로 나타나야 함을 배운다(10-11번).

마음의 문을 열며

하나님은 무조건적으로 우리를 사랑하시고, 독생자 예수 그리스도를 아낌없이 주심으로 우리를 향한 사랑을 확증하셨습니다. 이로써 우리는 하나님을 '아버지'라고 부를 수 있는 특권을 누리게 되었습니다. 그렇다면 하나님의 자녀 된 성도에게서 나타나야 할 가장 큰 변화는 무엇일까요? 그것은 바로 하나님의 사랑에 반응하는 것, 즉 하나님을 사랑하는 것입니다. 안타까운 현실은 예수님을 처음 믿었을 때는 있었던 뜨거운 열정과 하나님에 대한 사랑을 다 잃어버리고, 형식적인 신앙생활에 빠져 있는 성도가 의외로 많다는 것입니다. 이 시간 하나님 사랑이 무엇을 의미하는지, 어떻게 하면 하나님을 더욱 깊이 사랑할 수 있는지 배워보고자 합니다.

🔊 누군가에게서 사랑을 받아본 적이 있는가? 사랑을 받을 때 어떤 변화가 일어나는가?

> 누군가에게서 사랑을 받았을 때 나타나는 변화에 대해 각자 이야기를 나누어보라. 사랑을 받는 일은 즐겁고 행복한 일이다. 비록 내가 좋아하지 않고 나랑 스타일이 맞지 않는 사람이라고 해도 그렇다. 특별히 나를 사랑하는 사람이 모든 면에서 훌륭하고 존경스러우며 사랑스러운 사람이라면 더욱 그럴 것이다. 그런데 누군가의 사랑을 진심으로 느끼게 되면, 나 역시 그 사람을 품고 사랑하게 된다.

🔊 성경은 하나님이 무조건적으로, 독생자까지 아낌없이 주심으로 우리를 사랑하셨다고 말한다. 이에 대해 우리는 어떻게 반응해야 할까?

우리도 마땅히 그 사랑에 감사하며, 하나님을 더욱 사랑하게 될 것이다. 안타까운 것은 오늘날 많은 그리스도인이 하나님에 대한 사랑이 식어버린, 기쁨과 감격이 사라진 신앙생활을 하고 있다는 점이다. 오늘은 하나님 사랑이 왜 중요한지, 어떻게 하면 하나님을 더욱 깊이 사랑할 수 있는지 배워보자.

말씀의 씨를 뿌리며

대계명

1 어느 날 율법학자가 예수님께 찾아와 구약 성경에 나오는 수많은 하나님의 계명 중에서 가장 중요한 것이 무엇인지 물었습니다. 이에 대해 예수님은 무엇이라고 대답하셨습니까?

> **마태복음 22:37-38** 예수께서 이르시되 네 마음을 다하고 목숨을 다하고 뜻을 다하여 주 너의 하나님을 사랑하라 하셨으니 이것이 크고 첫째 되는 계명이요.

🔊 오늘 본문의 배경은 무엇인가?

어느 율법학자가 와서 성경에서 말하는 가장 중요한 계명이 무엇인지 물었다. 당시 유대인은 성경에서 말하는, 하나님의 백성으로서 해야 할 것과 하지 말아야 할 것을 정리한 몇 백 가지가 넘는 목록을 가지고 있었다. 이 가운데서 가장 중요한 것이 두엇인지 물은 것이다.

🔊 예수님은 가장 크고 첫째 되는 계명이 무엇이라고 말씀하셨는가?

하나님을 사랑하는 것이라고 말씀하셨다. 이는 신명기 6장 5절 말씀을 인용한 것으로, 모세가 이스라엘 백성에게 가르쳤던 말씀이다. 그만큼 하나님을 사랑하는 것은 중요하다. 믿는 사람으로서 우리에게 나타나야 할 가장 중요한 삶의 모습은 하나님 사랑이다.

🔊 특히 예수님은 어떻게 사랑하라고 가르치시는가?

"네 마음을 다하고 목숨을 다하고 뜻을 다하여" 사랑하라고 말씀하신다. 이는 지, 정, 의 모든 면에서, 전인격적으로 하나님을 사랑하라는 명령이다. 또한 하나님을 사랑하는 것을 최우선 가치로 두고 전심으로 사랑하라고 말씀하신다. 영어 성경으로는 "with all your heart and with all your soul and with all your mind"라고 되어 있다.

🔊 당신은 어떤가? 마음을 다하고 목숨을 다하고 뜻을 다하여 하나님을 사랑하고 있는가?

---

2 예수님은 하나님을 사랑하는 것이 가장 크고 첫째 되는 계명이라고 말씀하셨습니다. 당신의 '하나님 사랑'은 어떻습니까? 만약 사랑이 식었다면 그 이유를 무엇이라고 생각하십니까?

🔊 각자 자신이 얼마나 하나님을 사랑하는지 솔직하게 말해보라. 아마 다들 하나님을 사랑하지만, 가장 중요한 가치로 두고 전심으로 사랑하고 있는지는 자신할 수 없을 것이다.

🔊 만약 하나님에 대한 사랑이 식었다면 그 이유는 무엇일까? 각자 이야기를 나누어보라. 아마 여러 가지 이유가 있을 것이다. 그중 하나는 하나님에 대한 지식이 부족하기 때문이다. 이에 대해 3번 질문에서 더 자세히 살펴보자.

하나님을 사랑하는 삶, 배움

3 '하나님 사랑'은 성도에게 주어진 가장 큰 명령이자 뜻입니다. 하나님을 더욱 사랑하기 위해 우리에게 필요한 것은 무엇입니까?

> **호세아 4:6** 내 백성이 지식이 없으므로 망하는도다 네가 지식을 버렸으니 나도 너를 버려 내 제사장이 되지 못하게 할 것이요 네가 네 하나님의 율법을 잊었으니 나도 네 자녀들을 잊어버리리라.

🔊 하나님이 이스라엘 백성을 책망하신 내용은 무엇인가?

내 백성이 지식이 없으므로 망한다고 말씀하셨다. 이스라엘 백성에게 부족한 것은 지식이었다. 그렇다면 이 지식은 무엇인가? 계속해서 하나님은 그들이 하나님의 율법을 잊었다고 말씀하셨다. 따라서 그들에게 하나님과 말씀에 대한 지식이 없음을 한탄하신다. 하나님에 대한 지식이 부족한 결과는 어떠한가? 망하게 된다. 다시 말해 하나님과 그분의 말씀에 대한 지식만큼 소중한 것은 없다.

🔊 특별히 바울은 하나님을 아는 지식과 그분을 사랑하는 일을 연관 지어 설명하고 있다. 빌립보서 1장 9절 말씀을 보라.

> **빌립보서 1:9** 내가 기도하노라 너희 사랑을 지식과 모든 총명으로 점점 더 풍성하게 하사.

🔊 바울은 빌립보 교인들을 위해 어떻게 기도하고 있는가?

빌립보 교인들의 사랑이 지식과 총명으로 풍성해지도록 기도한다. 이 말씀에 따르면, 하나님에 대한 사랑은 어떻게 풍성해질 수 있을까? 하나님에 대한 지식이 많아지면 된다.

🔊 당신은 어떤가? 하나님을 사랑하는 데 왜 하나님을 아는 지식이 중요하다고 생각하는가?

> 각자의 생각을 들어보라. 어떤 대상을 사랑하기 전에 그 대상을 이해하는 것은 매우 중요하다. 누가 사랑하느냐 따라 그 사람에 대한 반응이 달라질 수밖에 없다. 예를 들어 유명 연예인이나 전 세계적인 지도자가 당신을 아끼고 사랑한다고 생각해보라. 분명 당신은 다르게 반응할 것이다. 마찬가지다. 하나님이 어떤 분이신지, 그분이 얼마나 높고 위대하신지를 배우고 묵상할수록 그분의 사랑이 얼마나 고귀한 것인지를 깨닫는다.
>
> 또 누군가 얼마나 어떻게 사랑하느냐에 따라 그 사람의 반응은 달라질 수밖에 없다. 가끔 몸이 아픈 경우가 있다. 그때 가족이 지극정성으로 나를 돌봐주는 모습을 볼 때 나를 얼마나 사랑하는지를 알게 되고, 가족에 대한 사랑이 더 커진다. 마찬가지로 하나님이 우리를 어떻게 사랑하셨는지, 그 사랑이 얼마나 큰지를 배우면, 하나님에 대한 사랑이 커질 수밖에 없다. 결국 문제는 우리가 누구에게서 사랑을 받았는지, 어떤 사랑을 받았는지 깨닫지 못해, 즉 지식이 부족하여 하나님에 대한 사랑이 자라지 않는 것이다.

🔊 당신은 어떤가? 하나님에 대한 지식이 부족하여 그분을 덜 사랑하지는 않는가? 4번 질문을 보라.

---

4 하나님에 대한 지식이 풍성해질수록 하나님에 대한 사랑도 커질 수밖에 없습니다. 반대로 하나님에 대한 사랑이 식어가는 이유도 하나님에 대한 지식이 없거나 하나님에 대해 배우려 하지 않기 때문입니다. 당신은 이 사실을 어떻게 생각합니까?

🔊 당신은 어떤가? 하나님에 대한 사랑이 부족한 이유가 하나님을 아는 지식이 없기 때문이라고 생각하는가?

각자 하나님에 대해 알고 있는지, 그분을 알아가고자 얼마나 노력하고 있는지, 이런 노력이 하나님을 사랑하는 데 어떤 영향을 주었는지 말해보라. 특히 지난 5주간 우리는 사도신경으로 믿음의 내용에 대해 배웠다. 하나님과 예수님이 어떤 분이신지, 예수님이 우리를 위해 어떤 일을 하셨는지, 우리가 받은 구원이 얼마나 값진 것인지, 하나님이 우리를 얼마나 사랑하시는지 배웠다. 이런 배움이 당신에게 어떤 영향을 주었는가? 그 시간 동안 하나님에 대해 더욱 알고, 그분을 더욱 사랑하게 되었는가? 하나님에 대한 사랑은 그분을 아는 것과 떼려야 뗄 수 없는 관계다. 물론 아직은 자신의 사랑이 자랐는지 아닌지 모를 수도 있다. 하지만 분명한 것은 이렇게 배움의 길을 걷다 보면, 하나님에 대한 사랑이 커질 것이라는 점이다.

🔊 당신은 얼마나 하나님에 대해 배우려고 노력하는 편인가?

각자 하나님에 대해 배우기 위해 어떤 노력을 하고 있는지 점검해보라.

> 하나님을 아는 사람은 하나님 안에서 커다란 만족을 얻는다. 자신이 하나님을 알고 하나님은 자신을 안다는 확신, 이런 관계가 죽음을 넘어서 영원한 삶에서까지 자신에 대한 하나님의 사랑을 보증해준다는 확신이 있는 사람이 누리는 평화는 그 무엇과도 비교할 수 없다. **제임스 패커**(James I. Packer)

> 그리스도인이라는 칭호는 그리스도와의 피상적인 연합 이상을 암시한다. 오히려 그리스도인이라는 칭호는 그리스도를 향한 깊은 애정과 충성, 그리스도의 말씀에 대한 복종을 요구한다. **존 맥아더**(John MacArthur)

🔊 하나님을 알아갈수록 우리는 하나님을 사랑하게 될 것이다. 그런데 하나님을 사랑하는 사람에게 나타나는 변화가 있다. 그것이 무엇인지 계속해서 살펴보자.

하나님을 사랑하는 삶, 순종

5 하나님을 사랑하는 자에게 나타나는 삶의 특징이 있습니다. 그것은 무엇입니까?

> 요한복음 14:21 나의 계명을 지키는 자라야 나를 사랑하는 자니 나를 사랑하는 자는 내 아버지께 사랑을 받을 것이요 나도 그를 사랑하여 그에게 나를 나타내리라.

🔊 예수님은 그분 자신을 사랑하는 사람이 어떻다고 말씀하시는가?

계명을 지키는 사람이 예수님을 사랑하는 자라고 말씀하신다. 왜 그럴까? 누군가가 당신을 사랑한다고 하면서 당신의 이야기나 바람에 무관심하다면 어떤 마음이 들겠는가? 그 사람이 정말 나를 사랑하는지 의심이 들 것이다. 누군가를 사랑한다는 것은 단순히 감정의 문제가 아니다. 그 사람의 말에 귀를 기울이고, 그가 정말 원하는 것이 무엇인지에 관심을 가지고 그것을 이루어주기 위해 노력한다는 의미가 담겨 있다. 마찬가지로 우리가 하나님을 사랑한다면, 하나님 말씀에 귀를 기울이고, 하나님이 우리에게 품으신 바람을 이루어드리도록 노력해야 할 것이다.

🔊 예수님의 말씀에 순종하는 자가 받는 은혜는 무엇인가?

하나님께 사랑을 받을 것이요, 예수님도 그를 사랑하셔서 그에게 예수님 자신을 나타낼 거라고 말씀하셨다. 물론 하나님은 우리를 있는 모습 그대로 사랑하신다. 동시에 우리가 부족한 가운데서도 하나님 말씀에 순종하려고 노력할 때 하나님은 그런 모습을 기뻐하시고 우리를 더욱 사랑스러워하신다. 자녀를 키우는 부모라면 알 것이다. 한순간도 자녀를 사랑하지 않은 적이 없지만, 유난히 자녀가 더욱 사랑스럽게 보일 때가 있다. 자녀가 부모의 마음을 헤아리고 부모의 뜻이 무엇인지 생각하며, 그 뜻을 행하려 할 때 특히 그런 느낌을 받는다. 하나님은 우리가 하나님 말씀에 순종하려 할 때 더욱 우리를 사랑하신다. "그에게 나를 나타내리라"는 말씀은 예수님이 어떤 분인지를 우리에게 더욱 보이시겠다는 의미다. 우리가 하나님의 말씀에 순종할 때 하나님에 대해 더욱 깊이 알아가고, 그분과 친밀한 교제를 나눌 수 있을 것이다.

🔊 예수님은 우리에게 순종하라고 명령하셨을 뿐만 아니라 순종의 모범을 보이셨다. 6번 질문을 보라.

---

6 하나님을 사랑하면 하나님의 말씀에 순종하게 됩니다. 예수님은 이 사실을 그분의 삶으로 가르쳐주셨습니다. 다음 성경 구절에서 예수님이 어떻게 순종하셨는지 살펴보십시오.

> **요한복음 4:34** 예수께서 이르시되 나의 양식은 나를 보내신 이의 뜻을 행하며 그의 일을 온전히 이루는 이것이니라.

🔊 예수님은 하나님께 순종하는 삶을 무엇이라고 하셨는가?

"나의 양식"이라고 표현하셨다.

🔊 여기서 알 수 있는 점은 무엇인가?

양식은 먹지 않으면 죽는다. 그만큼 순종을 소중히 여기셨다는 뜻이다. 또한 양식은 매일 먹어야 한다. 어제 먹은 것으로 오늘을 대신할 수 없다. 순종도 마찬가지다. 어제의 순종이 오늘의 순종을 대신하지 않는다.

🔊 예수님은 순종을 양식이라고 말씀하셨을 뿐만 아니라, 실제로 순종하는 삶을 사셨다. 빌립보서 2장 8절을 보라.

> **빌립보서 2:8** 사람의 모양으로 나타나사 자기를 낮추시고 죽기까지 복종하셨으니 곧 십자가에 죽으심이라.

🔊 예수님은 어떻게 순종의 본을 보이셨는가?

예수님은 사람의 모양으로 나셨다. 달리 말하면 성육신 하셨다. 그뿐만 아니라 죽기까지 순종하셨다. 하나님의 뜻에 자신의 목숨을 내어줄 정도로 순종하셨다.

지난번에 배웠듯이, 우리 중에는 예수님이 사람으로 태어나셨다는 말씀에 별다른 느낌을 받지 못하는 사람도 있다. 왜 그런가? 그것은 처지가 다르기 때문이다. 만약 당신이 돼지우리에 들어가서 남은 생을 살아야 한다면 어떤 생각이 드는가? 게다가 그 이유가 돼지를 대신해 죽기 위해서라고 한다면, 과연 당신은 그렇게 할 수 있겠는가? 돼지의 처지에서는 돼지우리에 사는 것이 당연하기 때문에 당신이 희생을 한다고 해도 큰일처럼 느끼지 못한다. 하지만 돼지가 아닌 사람의 처지에서는 엄청난 희생을 치르는 것이다. 마찬가지로 인간인 우리의 처지에서 예수님이 사람으로 오셨다는 것은 자연스러운 일이기 때문에 별다른 느낌을 받지 못한다. 하지만 하나님이신 예수님의 처지가 되어 생각해보라. 게다가 예수님이 이 땅에 오신 것은 사람을 대신해 죽기 위해서였다. 이처럼 예수님은 사람의 모양으로 오셨을 뿐만 아니라 죽기까지 순종하셨다. 하나님의 뜻을 이루고 행하는 일에 자신의 목숨을 거셨다.

🔊 예수님이 순종하신 모습과 당신이 순종하는 모습을 비교하면, 어떤 생각이 드는가?

물론 이런 생각이 들 수는 있다. '예수님이니까 그렇게 순종하실 수 있었겠지. 나는 안 돼.' 맞는 말이다. 그렇다면 믿음의 조상인 아브라함은 어떻게 순종했는지 7번 질문에서 살펴보자.

7 믿음의 조상인 아브라함은 우리에게 순종에 대한 중요한 모범을 보여줍니다. 아브라함에게서 배울 수 있는 순종의 모범은 무엇입니까?

> 히브리서 11:8 믿음으로 아브라함은 부르심을 받았을 때에 순종하여 장래의 유업으로 받을 땅에 나아갈새 갈 바를 알지 못하고 나아갔으며.

> 히브리서 11:17-19 아브라함은 시험을 받을 때에 믿음으로 이삭을 드렸으니 그는 약속들을 받은 자로되 그 외아들을 드렸느니라 그에게 이미 말씀하시기를 네 자손이라 칭할 자는 이삭으로 말미암으리라 하셨으니 그가 하나님이 능히 이삭을 죽은 자 가운데서 다시 살리실 줄로 생각한지라 비유컨대 그를 죽은 자 가운데서 도로 받은 것이니라.

🔊 아브라함이 약속의 땅에 갈 때의 상황은 어떠했는가?

어디로 가야 하는지 알지 못했다. 그런데도 아브라함은 계속 순종하며 믿음으로 나아갔다.

🔊 하나님이 이삭을 바치라고 명령하셨을 때 아브라함은 어떻게 행했는가?

이삭을 제물로 드렸다. 당신이 아브라함의 처지라면 그렇게 할 수 있었겠는가? 사실 불가능한 일이다. 이삭은 하나님이 약속의 상징으로 주신 귀한 아들이다. 그 아들이 얼마나 사랑스럽고 귀했겠는가? 아브라함의 꿈과 인생의 의미가 이삭에게 모두 달려 있다고 해도 과언이 아니다. 그런데 그런 소중한 아들을 하나님이 제물로 바치라고 말씀하신 것이다. 이 말씀에 순종하기는 절대 쉽지 않았을 것이다.

🔊 어떻게 아브라함은 이 명령에 순종할 수 있었을까?

하나님을 신뢰했기 때문이다. 하나님은 아브라함을 통해 큰 민족을 이루겠다고 약속하셨다. 아브라함은 비록 이삭이 죽어도 하나님이 반드시 그 약속을 지키실 것을 신뢰했기에 순종할 수 있었다. 우리는 하나님 말씀에 어떻게 순종할 수 있는가? 하나님의 약속을 신뢰해야 한다. 하나님은 자신의 계명을 지키는 자를 더욱 사랑하시고 그에게 자신을 나타낸다고 말씀하셨다. 우리가 이 사실을 믿고 하나님의 말씀에 순종할 때, 하나님은 반드시 우리의 갈 길을 복되게 인도하실 것이다. 이런 믿음이 있어야 한다. 자녀가 잘못되기를 바라는 부모가 어디 있겠는가? 모든 부모는 자녀가 잘되기를 바라고, 자녀에게 좋은 것을 주길 원한다. 마찬가지로 하나님은 우리가 잘되기를, 우리에게 좋은 것을 주기를 바라신다. 하나님의 말씀은 언제나 옳은 것일 뿐만 아니라 좋은 것이다. 이 사실을 믿을 때 우리는 기쁨으로 순종하는 삶을 살 수 있다.

> 마음 깊은 곳에서부터 하나님의 방법이 옳은 것일 뿐만 아니라 좋은 것이기도 하다는 사실을 깨달아야 한다. 그럴 때 하나님의 말씀을 복종해야 할 명령이 아니라 저절로 따르게 되는 거룩한 긍정으로 여기게 된다. **리처드 포스터**(Richard Foster)

8 순종은 성도들에게 주어진 의무이면서 동시에 성도의 삶을 축복하기 위한 하나님의 수단임을 기억해야 합니다. 하나님의 말씀에 순종하기 어려웠는데 믿음으로 순종하여 받았던 은혜가 있다면 나누어봅시다.

🔊 과거에 순종했던 경험이 있는가? 그리고 순종하여 받은 은혜가 있는가?

각자의 이야기를 나누어보라. 여러 가지 이야기가 나올 수 있다. 작게는 오늘 이 자리에 나와 성경 공부를 하거나 예배드리는 것도 한 가지 순종의 예가 될 수 있다. 주일 아침 교회에 나오기 싫었는데 그래도 말씀에 순종해서 예배드리고 성경 공부를 하다 보니 받은 은혜가 있었을 것이다. 집에서 잠자고 쉬는 것보다 이렇게 나와 예배하고 공부하는 것이 더 유익하다는 생각이 들었을 것이다. 아주 사소한 것에 대한 순종이라도, 순종했을 때 우리가 받는 은혜는 크다.

> 순종은 하나님에 대한 사랑의 표현이다. 순종하는 데 문제가 있으면 하나님을 사랑하는 데 문제가 있는 것이다. 하나님을 사랑한다면 당신은 그분에게 순종할 것이다. **헨리 블랙커비**(Henry Blakaby)

🔊 물론 순종하기보다는 그렇지 못한 경우가 더 많을 수 있다. 중요한 것은 얼마나 순종하느냐가 아니라, 작은 것 하나라도 지금부터 즉시 순종하는 삶의 태도다. 9번 질문을 보라.

9 하나님께 순종해야 함을 알면서도 실천하지 못하고 미루는 것이 있습니까? 지금 이 순간 생각나는 부분이 있다면 한 가지만 나누어보십시오.

🔊 각자 한 가지씩 나누어보라. 어떤 것이든지 자유롭게 나누어도 좋다.

> 순종에서 가장 중요한 특징 중 하나는 즉각성이다. 우리는 흔히 환경이 더 좋아지면 실천하겠다고 마음먹는다. 하지만 지금 순종하지 못하면 나중에도 순종하기 어렵다. 세상은 늘 우리를 순종하기 어렵게 만들기 때문이다. 이런 점에서 순종이란 환경에 상관없이 바로 실천해야 하는 것이다. 또한 우리는 순종이라고 하면 대단한 무엇인가를 하거나 평소에 잘 못하던 것을 하려는 경향이 있다. 하지만 평소에 하기 어려운 일들은 오랜 헌신과 결단 속에서는 행할 수 있는 것이다. 따라서 행하기 쉬운 작은 일부터 실천하려는 습관이 중요하다. 오늘 행할 수 있는 작은 일 하나에 순종하고자 노력할 때, 우리의 삶이 조금씩 변하는 것을 느끼게 될 것이다.

🔊 하나님을 사랑하면 하나님의 말씀에 순종하게 되어 있다. 그런데 하나님을 사랑하는 사람에게 나타나는 또 다른 중요한 특징이 있다. 10번 질문을 보라.

하나님을 사랑하는 삶, 형제 사랑

10 사람이 하나님을 진정으로 사랑한다는 사실을 어떻게 알 수 있습니까?

> **요한일서 4:20-21** 누구든지 하나님을 사랑하노라 하고 그 형제를 미워하면 이는 거짓말하는 자니 보는바 그 형제를 사랑하지 아니하는 자는 보지 못하는바 하나님을 사랑할 수 없느니라 우리가 이 계명을 주께 받았나니 하나님을 사랑하는 자는 또한 그 형제를 사랑할지니라.

🔊 하나님을 사랑한다는 사실이 우리에게 어떤 모습으로 나타나야 하는가?

요한일서에서는 하나님을 사랑한다고 하면서 형제를 미워하면 거짓말을 하는 것이라고 말한다. 하나님 사랑은 형제 사랑으로 나타나야 한다. 어느 예비부부가 있었다. 두 사람은 결혼 준비를 하다가 어려움에 봉착했다. 자매는 애완견을 좋아해서 기르길 원했는데, 형제는 애완견을 싫어했기 때문이다. 그럼에도 형제는 불편을 감수하고 애완견을 기르기로 했다. 자매를 사랑한다면, 그 자매가 사랑하는 것까지 사랑할 수 있어야 한다고 생각했기 때문이다. 우리가 하나님을 사랑한다면, 하나님이 사랑하시는 것을 소중히 여길 수 있어야 한다. 그것이 바로 사랑이다.

🔊 그럼 어떻게 형제를 사랑할 수 있는지 11번 질문에서 자세히 살펴보자.

11 하나님에 대한 사랑은 형제에 대한 사랑과 섬김으로 나타나야 합니다. 왜냐하면 교회의 머리 되신 예수님에 대한 사랑은 그분의 몸 된 교회에 대한 사랑으로 이어지기 때문입니다. 당신은 이 사실을 충분히 알고 있습니까? 형제를 사랑하기 위해 당신에게 필요한 것은 무엇입니까?

> **골로새서 3:11-14** 거기에는 헬라인이나 유대인이나 할례파나 무할례파나 야만인이나 스구디아인이나 종이나 자유인이 차별이 있을 수 없나니 오직 그리스도는 만유시요 만유 안에 계시니라 그러므로 너희는 하나님이 택하사 거룩하고 사랑 받는 자처럼 긍휼과 자비와 겸손과 온유와 오래 참음을 옷 입고 누가 누구에게 불만이 있거든 서로 용납하여 피차 용서하되 주께서 너희를 용서하신 것같이 너희도 그리하고 이 모든 것 위에 사랑을 더하라.

🔊 **바울이 골로새 교인에게 권면한 형제 사랑의 모습은 어떤 것인가?**

무엇보다도 차별이 없다고 바울은 선언한다. 우리가 형제 사랑을 실천하는 데 가장 중요한 전제는 서로 존중하고 존경하는 것이다. 안타깝게도 교회 내에서도 다르다는 이유로 차별과 갈등을 겪을 수 있다. 교회 공동체의 가장 큰 특징은 성령 안에서 하나 되는 것임을, 서로 존중하고 존경하며 인정하고 세워가는 것임을 잊어서는 안 될 것이다.

그런 다음 바울은 긍휼과 자비와 겸손과 온유와 오래 참음과 용납과 용서의 옷을 입으라고 말한다. 여기서 인도자는 각각의 의미에 대해 너무 깊이 나누지 않아도 된다.

🔊 **당신에게 필요한 모습은 무엇인가?**

각자에게 형제 사랑에 있어 부족한 점이 무엇인지 이야기해보자. 어떤 사람은 긍휼하지 못한 점이, 어떤 사람은 잘 용납하지 못하는 것이 부족한 점일 수 있다. 각자 부족한 점을 나누고, 어떻게 하면 형제 사랑을 잘 실천할 수 있는지 경험한 바를 바탕으로 서로 나누어보라.

형제 사랑을 실천하는 가장 좋은 방법은 기도하는 것이다. 누군가를 위해 기도할 때 우리 마음에 긍휼, 인내, 용서가 자라날 것이다. 심지어 내게 상처를 준, 받아들이기 어려운 사람을 위해 기도하다 보면 그를 품고 용납하게 될 것이다. 그것이 기도의 능력이자 기도할 때 성령님이 주시는 은혜다.

> 교회는 예수님께 헌신하는 것처럼 서로 헌신하는 사람들의 모임이다.
> 브루스 라슨(Bruce Larson)

삶의 열매를 거두며

오늘은 하나님이 주신 가장 소중하고 중요한 계명을 배웠습니다. 하나님에 대한 사랑이 계속해서 자라가기 위해서는 하나님에 대해 끊임없이 배워야 합니다. 또한 하나님을 사랑한다면 그분의 말씀에 순종하고, 형제를 사랑하며 섬기는 모습으로 그 순종이 나타나야 합니다. 이번 한 주간 당신이 하나님을 사랑하기 위해 실천해야 할 일 한 가지를 정해봅시다.

🔊 오늘 배운 내용 중에서 각자 새롭게 깨닫거나 느낀 점이 있다면 나누어보라.

하나님이 믿는 성도에게 주신 가장 큰 계명은 하나님을 사랑하는 것이다. 그럼 어떻게 하나님을 사랑할 수 있을까? 하나님을 사랑하는 삶은 하나님을 알아가기 힘쓰며 그 지식을 따라 순종하고 형제를 사랑으로 섬기는 것이다. 한 주간 하나님을 사랑하기 위해 실천해야 할 일 한 가지를 정해보자. 매일 같은 시간을 정해서 교회와 성도를 위해 기도하는 시간을 보내는 것도 하나님 사랑을 실천하는 좋은 방법이다.

> 성경에 나타나는 '그리스도인의 교제'에는 세 가지 측면이 있다. 하나님과의 관계, 세상에 대한 봉사, 성도 사이의 돌봄이다. 모임의 구성원들이 한마음으로 성경 읽기에 전념하여 하나님을 아는 지식을 넓히고, 사랑으로 서로 돌아보아 서로의 짐을 지며, 함께 그리스도인의 봉사에 참여할 수 있어야 한다. **존 스토트**(John Stott)

영적 성장 PLUS+ | 첫째 날

누가 방향을 바꾸어야 할까?

밤중에 배 한 척이 바다를 항해하고 있었다. 칠흑 같은 어둠을 헤치고 앞으로 나아가는데 갑자기 불빛이 앞에 나타났다. 너무 놀라서 상대방에게 긴급히 타전을 했다. "방향을 동쪽으로 10도만 트십시오." 그랬더니 즉각 답신이 왔다. "그럴 수 없습니다. 당신이 서쪽으로 10도를 트십시오."

선장이 다시 메시지를 보냈다. "나는 해군 함장이다. 항로를 즉각 변경하라. 이 지역은 내 관할 아래 있다." 몇 초 후에 다시 메시지가 왔다. "저는 이등수병입니다. 하지만 방향을 바꿀 수 없습니다. 함장님이 항로를 바꾸셔야 합니다." 자신의 명령에도 꿈쩍하지 않는 이등수병의 태도에 함장은 매우 화가 났다.

함장은 최후통첩을 했다. "이 배는 전투함이다. 전진할 것이다. 빨리 피하라." 그러자 즉각 메시지가 돌아왔다. "저희는 피할 수 없습니다. 여기는 등대입니다." 등대와 전투함 중 누가 항로를 바꾸어야 할까? 당연히 전투함이 항로를 바꾸어야 한다. 왜냐하면 등대는 배가 안전한 길로 다닐 수 있도록 항로를 인도하는 기준이기 때문이다.

하나님은 우리를 사랑하시는 아버지 되신다. 그리고 우리의 인생을 선하고 아름다운 길로 인도하길 원하신다. 그래서 때로는 우리를 위해 항로를 변경하라고 말씀하시기도 하고, 내가 원하지 않는 항로로 인도하기도 하신다. 안타깝게도 우리 역시 함장처럼 행동할 때가 많은 것 같다. 하나님의 계획과 인도하심을 구하기보다는 내 뜻과 계획에 하나님이 맞추시기를 바라는 것이다. 그 결과 하나님의 인도하심이 주는 풍요로움과 선하심을 맛보지 못하게 된다.

자신이 얼마나 하나님의 인도하심을 구하고 그것에 민감하게 반응하는지 돌아보고, 내 항로를 고집하기보다는 하나님이 인도하시는 항로를 따르는 믿음의 사람이 되기를 바란다.

 당신은 하나님의 뜻과 의지를 찾고 따르려는 사람입니까? 아니면 나의 뜻과 의지만을 고집하는 사람입니까? 하나님의 뜻과 의지에 순종하기 위해 필요한 것과 버려야 할 것이 무엇인지 묵상해보십시오.

영적 성장 PLUS⁺ | 둘째 날

하나님이 일하시는 방식

하나님은 오늘도 우리 삶에 역사하실까? 이 질문에 대한 답은 '그렇다'이다. 다만 하나님은 늘 같은 방식으로 일하지 않으시고, 때와 상황에 맞게 다르게 일하신다. 그럼 하나님은 어떻게 우리의 삶 가운데 역사하실까?

하나님이 우리 삶에 역사하시는 첫째 방법은 직접적인 개입을 통해서다. 하나님이 간섭하셔서 우리가 처한 환경을 바꾸고, 우리를 어려움 가운데서 건져내시는 것이다. 대표적인 예는 오병이어의 기적(보리떡 다섯 개와 물고기 두 마리로 5천 명을 먹이신 사건)일 것이다. 예수님은 전혀 예상하지 못했던 방식으로 자신을 따르던 무리가 직면한 배고픔이라는 문제를 해결해주셨다. 이는 우리가 어려움에 처했을 때 본능적으로 하나님께 구하는 도움이기도 하다.

하나님이 역사하시는 둘째 방법은 협력이다. 하나님이 자신의 뜻을 이루시고자 종종 인간의 상식을 깨고 어떤 일을 행하시듯, 그분은 우리가 있는 곳으로 오셔서 함께 일하자고 제안하신다. 달리 말하면, 하나님의 영이 우리를 감동시켜 우리에게 주어진 은사를 활용하여 문제를 해결하도록 하는 것이다. 성경에서 이에 대한 좋은 예를 찾아보자면, 모세를 들 수 있다. 하나님은 이스라엘 백성을 이집트에서 탈출시키기 위해 모세를 부르셨다. 물론 모세가 그랬던 것처럼, 우리도 이런 부르심 앞에 주저하기 쉽다. 하지만 하나님은 우리와 협력해서 문제를 해결해나가길 바라신다. 이를 통해 우리가 하나님과 더욱 깊은 관계를 맺고 하나님을 닮아가길 바라시는 것이다.

하나님이 역사하시는 셋째 방법은 내면의 변화다. 우리가 인생의 문제에 직면했을 때 하나님은 환경을 인내하며 그것을 이겨낼 힘을 주신다. 환경은 변하지 않지만, 우리 내면이 바뀌어 삶에 변화가 일어나는 것이다. 성경에 나오는 좋은 예가 있다면 바울일 것이다. 바울은 육체의 가시(질병)를 없애달라고 기도했지만, 하나님은 육체의 가시를 없애주지 않으셨다. 하지만 바울은 이것 때문에 더 깊은 은혜와 성장을 맛보았다고 고백한다. 겉으로는 잘 모르지만, 이 방법이야말로 어려움을 이기게 하는 강력하고 힘 있는 선물임에 틀림없다.

 하나님은 다양한 방식으로 우리 삶 가운데 일하십니다. 이 사실을 확신할 때 우리는 어떤 형편에 있든지 좌절하지 않을 것입니다. 그동안 당신의 삶 가운데 하나님이 어떻게 역사하셨는지 점검해보십시오. 하나님의 역사하심을 맛보기 위해 필요한 것은 무엇입니까?

영적 성장 PLUS⁺ | 셋째 날

젊은 살리에리의 기도

살리에리증후군이라는 말이 있다. 자기 주변에 있는 뛰어난 사람 때문에 질투와 시기, 열등감을 느끼는 증상을 말한다. 모차르트에게 열등감을 느낀 살리에리의 모습에서 유래된 말이다.

피터 셰퍼의 희곡 <아마데우스>를 보면, 살리에리는 젊은 시절 하나님께 이렇게 기도했다. "나는 소년이 생각할 수 있는 가장 오만한 기도를 몰래 드렸다. '주여, 저를 위대한 작곡가가 되게 하소서! 음악으로 주의 영광을 찬미하게 하시고 저도 칭송받게 하소서! 제가 온 세상에 유명해져 불멸의 존재가 되게 하소서! 제가 죽은 후에도 제 작품이 사랑받고 제 이름이 영원히 회자되게 하소서! 그 대가로 저는 주께 순결과 근면함과 겸손과 삶 전체를 드리겠나이다. 또한 사람들을 최대한 돕겠나이다. 아멘, 또 아멘!'"

살리에리는 하나님 앞에서 드린 이 맹세를 지키며 살아간다. 그때 살리에리보다 뛰어난 재능이 있는 모차르트가 등장한다. 모차르트의 중간 이름인 '아마데우스'는 '하나님께 사랑받다'라는 뜻인데, 그 이름처럼 모차르트의 천재성은 하나님이 주신 것처럼 보였다. 결국 살리에리는 하나님께 "이제부터 당신과 나는 서로 적입니다"라고 말하고는, 그 뒤로는 어떻게든 모차르트를 무너뜨리려 했다.

왜 살리에리는 모차르트가 등장하자 하나님을 적으로 돌렸을까? 살리에리는 자신이 하나님께 충성을 다하면, 하나님이 그에 합당한 재능을 주셔야 한다고 생각했다. 물론 하나님은 심은 대로 거두게 하는 공평하신 분이다. 다만 우리가 하나님과 이웃을 사랑하고 섬기는 것은 그 열매나 결과 때문이 아니라, 사랑하고 섬기는 것 자체가 좋기 때문이다. 만약 열매나 결과에만 집착한다면 우리 역시 언제든지 살리에리처럼 하나님을 적으로 돌릴 수 있다.

일터에서 땀을 흘리고, 자녀를 양육하며, 교회에서 봉사하는 것은 그 자체가 소중하다. 만약 그 자체가 아니라 그것이 주는 다른 무엇인가에 초점을 맞춘다면, 우리는 반드시 넘어지고 좌절할 수밖에 없을 것이다. 왜냐하면 때로는 우리의 열심이나 충성과 무관하게, 원하는 결과가 나타나지 않을 때도 있기 때문이다.

우리를 사랑하시는 하나님은 우리의 필요를 채우시는 분입니다. 다만 우리가 하나님을 사랑하고 섬기는 이유는 다른 무엇도 아닌 하나님을 사랑하고 섬기는 것 자체가 기쁘고 소중하기 때문입니다. 왜 하나님을 사랑하고 섬기는지 자신의 이유를 정리해보십시오. 그것에서 무엇을 느낍니까?

영적 성장 PLUS+ | 넷째 날

어제에 담긴 내일

이 시대 최고의 혁신가 중 엘론 머스크라는 사람이 있었다. 영화 <아이언 맨>의 주인공의 실제 모델이기도 한 그는 젊은 나이에 다양한 사업 분야에서 큰 성공을 이루었다. 특히 전기 자동차나 우주 항공, 태양열 등 새로운 사업 분야를 개척하면서, 창의력과 혁신의 대명사로 명성을 떨쳤다.

그런데 그는 어느 인터뷰에서 이렇게 말했다. "사람들은 저를 새로운 것을 만드는 혁신가로 소개하곤 합니다. 하지만 저는 '어떻게 하면 새로운 것을 만들까'가 아니라 '어떻게 하면 기존의 것을 낫게 만들까'를 고민합니다. 그 고민의 결과물로 만들어진 것이 바로 테슬라의 전기차입니다. 이 아이디어는 이미 150년 전에 구현되었기 때문입니다."

실제로 19세기 말 미국에는 3만 대 이상의 전기차가 등록되어 있었고, 전기차 택시들이 거리를 활보했다. 그런데 약 10년이 흐른 후, 전기차는 자취를 감춘다. 당시 주요 교통수단이었던 마차 기사들이 사고 문제로 퇴출을 주장했고, 배터리 용량 문제가 겹치면서 전기차 회사는 문을 닫을 수밖에 없었다. 하지만 150년이 지난 오늘날, 사회 환경이 바뀌면서 전기차가 최고의 혁신으로 인정받게 된 것이다.

실제로 오늘날 혁신이라는 불리는 아이디어들은 과거의 것을 다시 생각해낸 재발견인 경우가 많다. 19세기 인류의 식탁 혁명을 일으킨 냉동식품 아이디어는 400년 전 베이컨이 발명한 아이디어를 되살린 것이다. 즉 혁신은 과거와의 단절에서 얻어지는 것이 아니라, 오히려 과거로부터 배워서 얻는 것이다.

성경의 이야기도 마찬가지다. 21세기 최첨단 시대에, 고대 사회에 있었던 미개하고 고리타분해 보이는 이야기에서 배워야 하는 이유는 무엇일까? 그 이야기에서 내일을 다르게 살아가는 지혜를 배울 수 있기 때문이다. 한 번밖에 없는 인생, 무엇을 추구하며 어떻게 살아가야 할지에 대한 지혜가 그 속에 담겨 있기 때문이다.

 하나님을 아는 만큼 우리는 하나님을 사랑하게 됩니다. 어쩌면 우리가 고민해야 할 점은 사랑의 부재가 아니라 지식의 부재일지 모릅니다. 당신은 얼마나 하나님에 대해 배우려고 노력합니까? 하나님에 대해 알아가기 위해 필요한 노력은 무엇입니까?

영적 성장 PLUS⁺ | 다섯째 날

산다는 것이 황홀하다

다하라 요네코는 고등학교 때 어머니를 먼저 떠나보낸다. 이 일 때문에 실의에 빠진 그녀는 목숨을 끊으려고 기차가 오는 철로로 뛰어들었다. 다행히 목숨은 구했지만, 두 다리와 왼팔이 날아가고, 오른팔 하나만 남게 되었다. 또 손가락은 세 개만 남았다. 너무 흉측한 모습으로 남은 생을 살아야 했다. 이렇게 병상에서 몸부림을 치는데 전도사였던 청년을 만나게 된다. 그는 요네코에게 복음을 전했고, 그녀는 예수님을 믿게 되었다. 그런데 그는 요네코에게 프러포즈까지 했다. 요네코는 받아들일 수가 없었다. 그것이 진실이라고 믿기도 어려웠을 뿐만 아니라 청년이 순간의 감정에 겨워 청혼했다고 생각했기 때문이다.

서로 기도하는 시간을 보내기로 하고, 얼마의 시간이 흐른 후 그들은 다시 만났다. 하나님의 응답이 무엇인지 서로 이야기하는데, 두 사람이 같은 성경 구절을 응답으로 받았음을 확인했다. 그 말씀은 마태복음 18장 19절이었다. "진실로 다시 너희에게 이르노니 너희 중의 두 사람이 땅에서 합심하여 무엇이든지 구하면 하늘에 계신 내 아버지께서 그들을 위하여 이루게 하시리라." 비록 현실은 어렵지만 두 사람이 합심해서 기도하면 못 이룰 것이 무엇이겠느냐며 하나님이 응답해주실 테니 기적을 일으키는 삶을 한번 살아보기로 하고 두 사람은 결혼한다.

결혼해서 두 아이도 낳았지만, 행복한 삶을 꾸려가는 일은 절대 쉽지 않았다. 그녀가 쓴 책에 '감자와의 전쟁'이라는 글이 나오는데, 감자 하나를 깎는 데 수십 분을 씨름하는 이야기가 담겨 있다. 나중에는 무서운 절망감으로 칼로 자신을 찌르고픈 충동까지 느꼈다고 말한다. 그만큼 사소한 일상조차 그녀에게는 어려움이고 장벽이었다. 그런데 그녀가 쓴 책의 제목이 '산다는 것이 황홀하다'이다.

그녀는 책에서 이렇게 말한다. "힘내세요. 저 같은 장애인도 사랑을 합니다. 귀한 것을 잃었더라도 남은 것이 있습니다. 당신이 하나님의 목적에 따라 살면 삶은 여전히 황홀한 것입니다."

 온몸이 멀쩡하고 좋은 환경에서 지내도 산다는 것이 지겨울 때가 있는데, 과연 무엇이 요네코로 하여금 이렇게 고백하게 만들었을지 생각해보십시오. 그것은 아마도 하나님의 사랑을 알고, 다른 누군가를 사랑하기로 결단한 사람만이 누리는 은혜요, 고백일 것입니다.

10과

이웃 사랑

암송 구절 마태복음 22장 39절

"둘째도 그와 같으니 네 이웃을 네 자신같이 사랑하라 하셨으니."

암송 구절은 반드시 암송해야 하는 것은 아니지만, 각 과의 핵심 구절이므로 숙지하는 것이 좋습니다. 함께 읽는 정도에서 시작해도 됩니다.

다루게 되는 내용

- 성경에서 말하는 이웃이 누구인지 이해한다(1-2번).
- 선한 사마리아인의 비유를 통해 이웃 사랑의 원리를 이해한다(3-6번).
- 이웃 사랑은 어떻게 실천해야 하는지 배우고 행동으로 옮긴다(7-10번).
- 최고의 이웃 사랑이 '복음 증거'임을 깨닫고 실천한다(11-12번).

마음의 문을 열며

이웃이라는 단어에는 정겨움과 다정다감함, 따스함이 담겨 있습니다. 그래서 이웃을 가리켜 '이웃사촌'이라고 표현하기도 합니다. 그러나 점점 개인주의가 심화되는 현대 사회에서 이웃은 가까이하기에 부담스러운 존재, 갈수록 거리감이 느껴지는 대상으로 여겨집니다. 그래서인지 "이웃을 네 몸과 같이 사랑하라"는 예수님의 명령에 순종하기가 어렵습니다. 하지만 예수님은 하나님을 사랑하라는 계명 외에 가장 중요한 명령이 바로 이웃 사랑이라고 말씀하십니다. 이 시간 사랑하고 섬겨야 할 우리의 이웃은 누구인지, 그들을 어떻게 섬기는 것이 예수님이 원하시는 것인지 배우고, 이웃 사랑을 이야기만 하는 사람이 아니라 몸으로 실천하는 그리스도인이 되길 바랍니다.

🔊 '이웃' 하면 어떤 이미지가 떠오르는가?

> 각자의 이야기를 들어보라. 이웃이라는 말을 들었을 때 별다른 이미지가 떠오르지 않을 수 있다. '마음의 문을 열며'에서 말하는 정겨움이나 다정다감함, 따스함이 떠오르지 않는 것이 우리의 솔직한 현실일지도 모른다. 오히려 때에 따라서는 무관심이나 불편함이 떠오를 수도 있다. 개인주의가 만연함에 따라 이웃과의 거리도 점점 멀어지는 것이 사실이다.

🔊 네 이웃을 사랑하라는 예수님의 명령에 대해 당신은 어떤 마음이 드는가?

> 각자의 이야기를 들어보라. 사실 대부분 이 말씀이 마음에 부담으로 다가올 것이다.

🔊 그렇다면 왜 성경에서는 이웃을 사랑하라고 했을까?

> 이웃 사랑이라 하면 흔히 내가 다른 사람을 위해 베푼다고 생각하기 쉽다. 하지만 그렇지 않다. 하나님이 우리에게 이웃을 사랑하라고 말씀하신 이유는 우리 자신을 위해서다. 우리 주변에는 우리의 도움이 필요한 사람이 많다. 그런데 그런 사람들을 돕다 보면 오히려 돕는 우리가 받는 은혜가 더 크다는 사실을 자주 느끼게 된다. 다른 사람을 도울 때 오히려 내 자신을 더 돌아보게 되고, 내가 받은 축복과 은혜에 더 깊이 감사하게 된다. 그뿐만 아니라 도움을 주는 사람에게 오히려 배울 때도 있다. 소록도와 같은 곳에 봉사하러 다녀온 사람들이 한결같이 자신들이 더 큰 은혜를 받았다고 고백하는 이유도 이 때문이다. 당신은 어떤가? 이웃을 사랑하면서 이런 은혜를 받아본 적이 있는가?

🔊 이웃 사랑은 부담이 아니라 선물이다. 즉 우리를 위해 하나님이 주신 명령이다. 이 시간 이웃 사랑에 대해 배워보자.

말씀의 씨를 뿌리며

성경에서 말하는 이웃

1 예수님은 "네 이웃을 네 자신같이 사랑하라"(마 22:39)고 말씀하십니다. 예수님이 돌보셨던 이웃은 누구입니까?

> 요한복음 8:4-9 예수께 말하되 선생이여 이 여자가 간음하다가 현장에서 잡혔나이다 모세는 율법에 이러한 여자를 돌로 치라 명하였거니와 선생은 어떻게 말하겠나이까 그들이 이렇게 말함은 고발할 조건을 얻고자 하여 예수를 시험함이러라 예수께서 몸을 굽히사 손가락으로 땅에 쓰시니 그들이 묻기를 마지 아니하는지라 이에 일어나 이르시되 너희 중에 죄 없는 자가 먼저 돌로 치라 하시고 다시 몸을 굽혀 손가락으로 땅에 쓰시니 그들이 이 말씀을 듣고 양심에 가책을 느껴 어른으로 시작하여 젊은이까지 하나씩 하나씩 나가고 오직 예수와 그 가운데 섰는 여자만 남았더라.

🔊 예수님은 어떤 사람을 돌보셨는가?

간음한 여인을 돌보셨다. 간음한 여인은 죄를 지었고, 사람들에게 비난 받았으며 죽임당할 위기에 처한 소외된 존재였다.

> 누가복음 7:13 주께서 과부를 보시고 불쌍히 여기사 울지 말라 하시고.

🔊 예수님은 어떤 사람을 돌보셨는가?

과부를 돌보셨다. 과부는 두 가지 차원에서 어려움을 겪고 있었다. 사랑하는 사람을 먼저 떠나보냈고, 경제적으로 힘겨운 상황에 놓여 있었다. 특히 성경에는 예수님이 과부를 불쌍히 여기셨다고 나온다. 불쌍히 여기셨다는 단어는 '공감하다, 함께 고통을 느끼다'라는 의미로, 예수님이 과부의 아픔을 느끼고 함께 아파하셨으며 그를 위로하셨다는 뜻이다.

> 누가복음 17:11-14 예수께서 예루살렘으로 가실 때에 사마리아와 갈릴리 사이로 지나가시다가 한 마을에 들어가시니 나병환자 열 명이 예수를 만나 멀리 서서 소리를 높여 이르되 예수 선생님이여 우리를 불쌍히 여기소서 하거늘 보시고 이르시되 가서 제사장들에게 너희 몸을 보이라 하셨더니 그들이 가다가 깨끗함을 받은지라.

🔊 예수님은 어떤 사람을 돌보셨는가?

예수님은 나병환자를 돌보셨다. 전염병을 앓는 나병환자는 부정했기에 사회적으로 소외될 수밖에 없었다. 또한 당시 사람들은 율법을 어기고 죄를 지었기에 이런 병에 걸린다고 생각했다. 이처럼 나병환자는 육체적, 사회적, 종교적으로 고통당하고 소외된 사람이었다.

🔊 정리하면 예수님이 돌보신 자들은 어떤 사람이었는가?

예수님은 늘 소외되고 고통당하며 무시당하는 사람들을 돌보고 섬기셨다. 마태복음 4장 23-24절에는 이렇게 나와 있다. "예수께서 온 갈릴리에 두루 다니사 그들의 회당에서 가르치시며 천국 복음을 전파하시며 백성 중의 모든 병과 모든 약한 것을 고치시니 그의 소문이 온 수리아에 퍼진지라 사람들이 모든 앓는 자 곧 각종 병에 걸려서 고통당하는 자, 귀신 들린 자, 간질하는 자, 중풍병자들을 데려오니 그들을 고치시더라." 예수님 주변에는 늘 고통과 아픔을 겪는 사람들이 몰려들었고, 예수님은 그들을 돌보셨다.

🔊 그렇다면 예수님이 돌보신 이웃과 당신이 생각하는 이웃은 어떻게 다른지 2번 질문에서 살펴보라.

2 지금까지 당신은 자신의 이웃을 누구라고 생각하며 살아왔습니까? 성경이 말하는 이웃과 당신이 생각해온 이웃에 차이가 있다면, 그것이 무엇인지 나누어 보십시오.

🔊 각자 생각을 나누어보라.

🔊 예수님은 당시 사회적으로 소외되고 고통당하는 사람들을 돌보셨다. 특히 예수

님은 당시 사람들에게 있었던 편견(종교, 사회, 개인)을 뛰어넘어 그 사람의 본질에 관심을 가지셨다. 세상이 보는 대로가 아닌, 사랑과 긍휼의 시각으로 그를 바라봐주시고, 그의 가치를 인정해주셨으며, 소중히 여겨주셨다. 당신 역시 당신에게만 있는 이웃에 대한 편견이 있을 수 있다. 먼저 이 편견을 극복하는 것이 이웃 사랑의 시작이다. 당신에게 있는 이웃에 대한 편견은 무엇인가? 이웃을 사랑하지 못하게 하는 당신의 한계가 무엇인지 점검해보라.

◀) 이웃 사랑은 이웃에 대한 바른 시각에서 시작한다. 동시에 이웃 사랑은 구체적으로 실천할 수 있어야 한다. 어떻게 하면 이웃 사랑을 실천할 수 있는지 계속해서 배워보자.

이웃 사랑의 원리

3 예수님은 선한 사마리아인의 비유로 중요한 이웃 사랑의 원리를 가르치셨습니다. 강도를 만나 길가에 쓰러져 있는 사람을 지나쳤던 사람은 누구였습니까? 그리고 그들은 각각 어떤 반응을 보였습니까?

> **누가복음 10:31-35** 마침 한 제사장이 그 길로 내려가다가 그를 보고 피하여 지나가고 또 이와 같이 한 레위인도 그곳에 이르러 그를 보고 피하여 지나가되 어떤 사마리아 사람은 여행하는 중 거기 이르러 그를 보고 불쌍히 여겨 가까이 가서 기름과 포도주를 그 상처에 붓고 싸매고 자기 짐승에 태워 주막으로 데리고 가서 돌보아주니라 그 이튿날 그가 주막 주인에게 데나리온 둘을 내어 주며 이르되 이 사람을 돌보아주라 비용이 더 들면 내가 돌아올 때에 갚으리라 하였으니.

◀) 제사장, 레위인, 사마리아인은 각각 어떤 반응을 보였는가?

제사장은 그를 보고 피하여 갔다. 레위인도 그를 보고 피하여 지나갔다. 물론 제사장이나 레위인의 행동을 정당하게 볼 근거는 있다. 당시 유대교에서는 피 흘린 자나 죽은 시체를 가까이하거나 만지면 부정하게 된다고 가르쳤기 때문이다. 하지만 이들은 하나님이 세우신 율법의 정신을 잘못 이해하고 있었다. 크고 둘째 되는 계명이 이웃 사랑이라고 말씀하셨을 정도로, 예수님은 생명을 중요하게 생각하셨다. 제사장과 레위인과 달리 사마리아인은 강도 만난 자를 보고 불쌍히 여겨 가까이 가서 도왔다.

🔊 그렇다면 사마리아인에게서 배울 수 있는 이웃 사랑의 모습은 무엇인지 4번 질문을 통해 살펴보자.

---

4 쓰러져 있는 사람을 피해 갔던 제사장, 레위인과 그를 돌봐주었던 사마리아인의 차이점은 무엇입니까? 특히 사마리아인의 행동을 주의 깊게 살펴보십시오. 그에게서 배울 점은 무엇입니까?

🔊 세 사람에게 어떤 차이가 있는지 나누어 보라.

제사장이나 레위인은 강도 만난 자를 보고 그냥 지나쳤다. 하지만 사마리아인은 그를 보고 불쌍히 여겼다. 불쌍히 여기는 마음이 사마리아인에게는 있었다. 모든 행동의 시작은 마음이다. 불쌍히 여기는 마음이 없이는 이웃 사랑을 실천하기 어렵다. 물론 마음이 없더라도 행동을 하다 보면 마음이 생기는 경우도 있다. 따라서 마음이 없다고 무조건 행하지 않는 것은 옳지 않다. 하지만 불쌍히 여기는 마음이 없이는 이웃 사랑을 꾸준히 실천하기 어렵다.

둘째, 사마리아인은 가까이 다가가 도움을 주었다. 불쌍히 여기는 마음은 반드시 행동으로 옮겨야 한다. 특히 사마리아인은 실질적인 도움을 주었다. 그를 돕기 위해 희생과 대가를 치렀다. 이웃 사랑에 대해 말은 많이 할 수 있지만 실제로 돕지 않는다면, 그것은 공허한 메아리로 그칠 것이다.

그런데 여기서 주목할 점이 있다. 사마리아인이 자신의 한계를 정하고 도왔다는 점이다. 이웃을 도와야 하지만, 그에게는 가야 할 정해진 길이 있었다. 우리가 행동하는 데 어려움을 겪는 이유는 한계를 두지 않기 때문이다. 이웃을 돕더라도 할 수 있는 범위 내에서만 돌봐야 한다. 그래야 지속적으로 이웃을 돌볼 수 있다. 어떤 이웃을 평생 도와야 한다고 전제한다면, 부담감 때문에 시작도 하기 전에 도우려는 마음을 접게 될 것이다.

🔊 당신은 어떤가? 당신에게도 사마리아인과 같은 마음과 행동이 있는가? 5번 질문을 보라.

5 이웃을 대하는 당신의 모습은 제사장이나 레위인, 사마리아인 중 누구와 가깝습니까? 그 이유가 무엇이라고 생각합니까?

🔊 자신이 세 사람 중에서 누구와 가장 가깝다고 생각하는지, 그 이유는 무엇인지 각자 나누어보라.

🔊 아마 대부분은 자신이 제사장이나 레위인은 아니지만, 그렇다고 사마리아인이라고 자신할 수 없을 것이다. 그 중간 어디쯤이라고 답할 것이다. 그렇다면 어떤 점에서 사마리아인과 비교했을 때 부족하다고 생각하는지 나누어보라.

🔊 이웃 사랑이 힘든 이유에는 여러 가지가 있다. 그중 하나는 희생과 대가를 치러야 한다는 것이다. 다른 사람을 섬기기 위해서는 시간, 에너지, 물질 등을 소비해야 한다. 그런데 솔직히 말해 희생이나 대가를 치르는 것을 좋아할 사람은 없다. 그렇다면 어떻게 이런 희생과 대가를 감당하고 이웃을 섬길 수 있을까? 6번 질문을 보라.

6 본문에 등장하는 선한 사마리아인은 누구를 비유한 것이라고 생각합니까? 선한 사마리아인의 비유에서 발견할 수 있는 이웃을 사랑해야 하는 이유와 이웃 사랑의 길은 무엇입니까?

> **요한일서 3:16** 그가 우리를 위하여 목숨을 버리셨으니 우리가 이로써 사랑을 알고 우리도 형제들을 위하여 목숨을 버리는 것이 마땅하니라.

🔊 오늘 본문에 등장하는 사마리아인과 강도 만난 자는 누구를 비유한 것이라고 생각하는가?

본문에 등장하는 사마리아인은 예수님을, 강도 만난 자는 우리를 의미한다. 우리는 모두 강도 만난 자처럼 죄 때문에 죽을 수밖에 없는 존재였는데, 예수님이 우리의 죗값을 치르시고 우리의 상처도 치유하셨으며 하나님의 자녀로 우리를 거듭나게 하셨다.

🔊 여기서 알 수 있는 이웃 사랑의 길은 무엇이라고 생각하는가?

우리가 받은 사랑을 기억해야 한다. 요한일서 3장 16절에서 예수님은 우리를 위하여 목숨을 버리심으로 우리가 사랑을 알았다고 나온다. 즉 예수님께 사랑을 받았기에 그 사랑을 실천해야 한다는 것이다. 결국 우리가 다른 사람을 사랑하지 못하는 이유는 무엇인가? 우리가 받은 사랑이 얼마나 큰지 잘 모르기 때문이다. 우리가 받은 사랑이 얼마나 큰지 안다면 그 사랑만큼은 아니더라도 조금씩 사랑을 실천하게 될 것이다.

달은 태양 빛에 의지한다. 태양 빛을 얼마나 많이 받고 있느냐에 따라 달빛이 빛나는 정도가 달라진다. 달은 스스로 빛을 낼 수 없기 때문이다. 마찬가지로 인간은 스스로 누군가를 사랑하는 데 한계가 있다. 하나님의 사랑이 우리 마음을 비출 때 우리도 다른 사람의 마음에 사랑의 마음을 비출 수 있는 것이다.

🔊 그런데 이웃 사랑을 실천할 때 우리가 갖추어야 할 중요한 기준과 태도가 더 있다. 7번 질문을 보라.

이웃 사랑의 실천

7 이웃 사랑을 실천할 때는 분명한 기준이 있습니다. 예수님은 어떻게 이웃을 사랑하라고 명령하십니까?

> 마태복음 22:39 둘째도 그와 같으니 네 이웃을 네 자신같이 사랑하라 하셨으니.

🔊 예수님은 어떻게 이웃을 사랑하라고 말씀하시는가?

자신같이 사랑하라고 말씀하셨다.

🔊 예수님은 왜 이웃을 자기 몸처럼 사랑하라고 하셨는가?

앞서 요한일서 3장 16절에서 우리도 예수님처럼 사랑해야 한다고 배웠다. 하지만 이는 절대 쉬운 일이 아니다. 십자가에 자기를 내어주기까지 사랑하기는 쉽지가 않다. 다른 사람을 위해 목숨을 버리는 것과 같은 희생적 사랑은 아무나 할 수 있는 일이 아니다. 따라서 조금 더 현실적으로 자신처럼 사랑하라고 말씀하신 것이다.

또한 이웃을 사랑하는 것이 결국 자신을 사랑하는 것이기 때문이다. 요즘은 개인주의가 만연하여 공동체 의식이 약해졌지만, 나와 이웃이 한 공동체임을 잊어서는 안 될 것이다. 당장 발톱이 아프면 손은 아무런 피해도 입지 않지만, 결국 몸의 건강이 약화되어 모든 지체가 해를 입게 된다.

🔊 자신처럼 사랑하라는 말의 의미는 무엇인가?

자신을 사랑하는 것과 같은 태도로 사랑하라는 말이다. 예를 들어 자신

의 부족함이나 연약함을 발견했을 때 어떤가? 부족한 점이나 연약한 점은 되도록 숨기고 감싸주며 보완하려고 노력한다. 또 그 부분이 좋아질 거라고 기대한다. 이와 같은 마음으로 다른 사람의 연약함과 부족함을 바라보고 돌보라는 것이다. 사실 이웃을 사랑하는 것이 우리 자신을 사랑하는 것이기도 하다.

🔊 성경에는 네 자신과 같이 이웃을 사랑하라는 하나님의 명령이 나오며, 이웃 사랑의 목적과 동기를 분명히 가르치고 있다. 8번 질문을 보라.

---

8 이웃 사랑을 실천할 때 우리에게 요구되는 것이 있습니다. 우선 바른 목적과 동기를 세우는 것입니다. 이웃 사랑의 목적과 동기는 무엇입니까?

> **마태복음 5:16** 이같이 너희 빛이 사람 앞에 비치게 하여 그들로 너희 착한 행실을 보고 하늘에 계신 너희 아버지께 영광을 돌리게 하라.

🔊 우리가 이웃 사랑을 실천해야 하는 목적은 무엇인가?

하나님께 영광을 돌리기 위해서다.

🔊 그렇다면 왜 하나님의 영광이 이웃 사랑의 목적이 되어야 하는가?

기독교와 세상의 이웃 사랑의 차이점은 하나님과 맺는 관계에 있다. 세상은 나와 이웃과의 관계만을 본다. 하지만 기독교에서 이웃 사랑을 실천해야 하는 이유는 하나님께 받은 사랑을 베풀고, 이를 통해 하나님께 영광 돌리기 위해서다. 사실 나와 이웃과의 관계만 보면 이웃 사랑을 실천하기가 어렵다. "물에 빠진 사람을 건져주었더니 보따리 내놓으라고 한다"라는 말이 있다. 어떤 사람에게 사랑과 선행을 실천해도 그 사람은 그것을 고마워하지 않을 수 있다. 고마워하지도 않는 사람에게 사랑과 선행을 베풀기란 불가능하다. 하지만 이웃 사랑의 목적이 하나님께 받은 사랑을 갚고 그분께 영광 돌리는 데 있다면, 이웃이 어떤 반응을 보이든 우리는 사랑을 실천할 수 있다.

🔊 목적과 더불어 동기에 대해서도 한번 살펴보자.

> **고린도전서 13:3** 내가 내게 있는 모든 것으로 구제하고 또 내 몸을 불사르게 내줄지라도 사랑이 없으면 내게 아무 유익이 없느니라.

🔊 우리가 이웃 사랑을 실천하는 동기는 무엇인가?

사랑이다.

🔊 왜 사랑이 이웃 사랑을 실천하는 동기가 되어야 하는가?

사랑이 동기가 되어야 이웃 사랑을 실천할 수 있기 때문이다. 사랑 외에 다른 목적이 동기가 된다면 잠시 섬김과 선행을 실천할 수 있을지 몰라도, 지속적으로 할 수는 없다. 또 사람은 다른 사람의 진심을 느낄 수 있다. 결국 사람에게 위로를 주고 그를 변하게 하는 것은 마음이므로, 진심으로 누군가를 사랑하고 도울 때야 비로소 선행의 참된 열매를 맛볼 수 있다.

다른 사람에게 우리가 주어야 하는 것은 물질이나 어떤 도움이 아니라, 그들을 진심으로 아끼는 우리의 마음이다. 그래서 누구나 이웃 사랑을 실천할 수 있는 것이다. 진심으로 다른 사람을 불쌍히 여기고 도와주려는 마음만 있으면 된다.

🔊 이웃 사랑의 목적과 동기와 더불어, 어떤 자세로 이웃 사랑을 실천해야 하는지 성경은 자세히 가르쳐주고 있다. 9번 질문을 보라.

9 다음 성경 구절에서 이웃 사랑을 실천할 때 필요한 자세와 태도는 무엇인지 살펴보십시오.

> **요한일서 3:18** 자녀들아 우리가 말과 혀로만 사랑하지 말고 행함과 진실함으로 하자.

🔊 말과 혀로만 사랑하지 말고 어떻게 하라고 말하는가?

행함과 진실함으로 하자고 말한다.

🔊 왜 행함과 진실함으로 하라고 하는가?

이웃 사랑의 목적과 동기도 중요하다. 하지만 실제로 진실한 마음으로 실천하지 않는다면 아무 소용이 없고 울리는 꽹과리에 지나지 않는다. 안타깝게도 이웃 사랑에 대해 알고 말할 줄 아는 사람은 많은데, 실천하는 사람은 적다.

🔊 구체적인 행동으로 실천할 때 주의할 점이 있다. 로마서 12장 8절을 보라.

> **로마서 12:8** 혹 위로하는 자면 위로하는 일로, 구제하는 자는 성실함으로, 다스리는 자는 부지런함으로 긍휼을 베푸는 자는 즐거움으로 할 것이니라.

🔊 어떤 자세로 이웃 사랑을 행해야 하는가?

성실하고 부지런하며 즐겁게 해야 한다.

🔊 왜 이런 자세가 중요한가?

다른 사람을 섬길 때 형식적이거나 불성실한 태도를 보인다면, 섬기지 않는 것보다는 낫겠지만, 수고에 합당한 결실을 기대하기 힘들다. 때로는 다른 섬기는 사람이나 섬김을 받는 사람에게 안 좋은 영향을 끼칠 수도 있다. 따라서 섬김을 받는 사람이나 섬기는 사람 모두에게 유익이 되지 않을 확률이 높다.

> **마태복음 6:3-4** 너는 구제할 때에 오른손이 하는 것을 왼손이 모르게 하여 네 구제함을 은밀하게 하라 은밀한 중에 보시는 너의 아버지께서 갚으시리라.

🔊 예수님은 이웃 사랑을 실천할 때 어떻게 하라고 말씀하시는가?

은밀한 중에 하라고 하신다.

🔊 왜 은밀한 중에 하라고 말씀하시는가?

선한 행위를 반드시 비밀로 하라는 의미는 아니다. 다만 자기 자랑을 하거나 자기 의를 나타내기 위해 선행하지는 말라는 것이다. 자기중심적인 사람은 드러나는 선행만 할 수밖에 없고, 그러면 진정한 섬김이 필요한 곳에서 섬길 사람이 없게 된다. 그뿐만 아니라 자기 자랑이 목표가 될 때 섬기는 자는 참된 기쁨을 얻지 못하며, 예수님을 닮아가는 즐거움도 누릴 수 없게 된다.

🔊 이상에서 이웃 사랑과 관련된 다양한 성경의 가르침을 배웠다. 이중 당신에게 특별히 와 닿은 것은 무엇인지 10번 질문에서 살펴보자.

10 이웃 사랑을 실천하는 자세와 태도 그리고 구체적인 실천 방법을 배웠습니다. 이 가운데 특별히 당신이 노력해야 한 부분은 무엇입니까?

🔊 이웃 사랑을 실천한 경험을 바탕으로 각자 나누어보라.

🔊 이웃 사랑을 실천해본 경험이 없는 경우, 행함 자체가 부족하기에 나눌 이야기가 적을 수 있다. 행함이 부족한 이유는 이웃 사랑에 대한 관심이 부족하기 때문일 것이다. 오늘 이 과를 배우는 이유도 이웃 사랑에 대한 시각을 넓히는 계기로 삼기 위해서다. 이렇게 이웃 사랑에 대해 고민해보는 것부터 시작하면 된다.

🔊 이웃을 사랑하는 방법은 여러 가지다. 그중 가장 중요한 것이 있다. 11번 질문을 보라.

최고의 이웃 사랑, 복음 증거

11 베드로와 요한이 예루살렘 성전으로 들어갈 때 태어날 때부터 걷지 못했던 사람이 성전 미문 앞에서 구걸하고 있었습니다. 그가 베드로와 요한에게 구한 것과, 베드로와 요한이 그에게 준 것은 무엇입니까? 여기서 알 수 있는 사실은 무엇입니까?

> **사도행전 3:3-6** 그가 베드로와 요한이 성전에 들어가려 함을 보고 구걸하거늘 베드로가 요한과 더불어 주목하여 이르되 우리를 보라 하니 그가 그들에게서 무엇을 얻을까 하여 바라보거늘 베드로가 이르되 은과 금은 내게 없거니와 내게 있는 이것을 네게 주노니 나사렛 예수 그리스도의 이름으로 일어나 걸으라 하고.

🔊 앉은뱅이가 구한 것은 무엇이었는가?

그는 구걸하고 있었다. 즉 먹고살 수 있도록 돈이나 물질을 구했다.

🔊 베드로는 무엇을 주었는가?

은과 금이 아니라, 나사렛 예수의 이름으로 일어나 걸으라고 말했다.

🔊 여기서 알 수 있는 사실은 무엇인가?

> 앉은뱅이에게 필요했던 궁극적 해결책은 걷게 되는 것이었다. 은과 금은 눈앞의 문제를 해결하는 데는 도움이 되었지만, 궁극적인 해결책은 아니다. 특히 베드로는 그냥 일어나 걸으라고 한 것이 아니라, 예수님의 이름으로 일어나 걸으라고 말함으로, 예수님을 알고 그분을 만나는 것이 더 중요한 것임을 강조하고 있다.

🔊 당신은 어떤가? 예수님의 이름(복음)을 전하는 것이 최고의 이웃 사랑이라고 생각하는가? 12번 질문을 보라.

---

12 베드로와 요한은 하루하루 구걸하며 생활했던 사람에게 가장 필요한 것이 무엇인지 알았습니다. 그것은 현실적인 문제를 해결하기 위한 물질이 아니라 예수 그리스도의 복음이었습니다. 우리의 소유로 이웃을 사랑하고 섬기는 것은 중요합니다. 그러나 하나님과 예수님을 모르는 이웃에게 가장 필요한 것은 바로 영원한 생명과 참된 기쁨을 안겨주는 복음입니다. 당신은 이 사실을 분명히 확신하고 있습니까? 혹시 이 확신이 부족하거나 전도에 대한 두려움이 있지는 않습니까?

🔊 복음을 전하는 것도 이웃 사랑이라고 생각하는가? 왜 그렇게 생각하는가?

> 각자의 생각을 나누어보라. 이 세상에 생명보다 중요한 것은 없다. 건강도 중요하고 먹고사는 문제도 중요하지만 생명보다 중요한 것은 없다. 따라서 복음을 통해 영원한 생명을 소유하는 것은 우리 생에서 무엇보다 소중하다. 물론 기독교에서 전하는 생명의 복음이 사후 세계만을 위한 것은 아니다. 우리는 이 땅에서도 생명을 누려야 한다. 그래서 복음 증거와 더불어 현실적인 문제를 돕기 위해 노력해야 한다. 이 두 가지가 균형을 잃을 때 우리는 반쪽자리 이웃 사랑을 하는 셈이 될 것이다.

🔊 '삶의 열매를 거두며'를 보라.

삶의 열매를 거두며

하나님을 사랑하는 성숙한 그리스도인은 이웃을 자기 몸처럼 사랑하는 사람입니다. 우리는 성경이 전하는 우리의 이웃이 누구인지를 알고 그들에게 하나님의 사랑을 실천해야 합니다. 이웃을 자기 몸처럼 사랑하며, 자기 의가 아닌 하나님의 영광만이 나타나도록 노력해야 할 것입니다. 이번 한 주간 당신 주위에서 사랑을 실천할 대상을 찾아보고 구체적인 실천 방법 한 가지를 정하여 적용해보도록 합시다.

🔊 오늘 배운 내용 가운데 새롭게 깨달았거나 느낀 점이 있다면 무엇인지 나누어보라.

🔊 배운 내용을 바탕으로 이웃 사랑을 실천하기 위해 한 주간 어떤 노력이 필요한지 나누어보라.

영적 성장 PLUS⁺ | 첫째 날

가슴이 뛰는 일

국제구호개발기구인 월드비전에서 일하고 있는 한비야 씨는 원래 여행가였다. 자신이 가고 싶은 곳으로 다니며 모험하는 것을 즐기던 사람이었는데, 그 경험을 살려 월드비전의 긴급구호 팀장이 되었다. 한번은 어느 대학생이 이렇게 물었다고 한다. "재미있는 세계 여행을 그만두고 왜 힘든 긴급구호 일을 하게 되셨나요?" 이 질문을 받은 순간 자기도 모르게 이런 대답이 튀어나왔다고 한다. "이 일이 제 가슴을 뛰게 만들기 때문입니다."

여행가였던 그가 긴급구호가로 변신하는 데 지대한 영향을 끼친 사람이 있는데, 그는 케냐의 40대 안과 의사였다. 진찰을 받으려면 며칠을 기다려야 할 정도로 그 의사는 유명한 사람이었다. 한비야 씨가 그를 처음 만났을 때, 그는 풍토병이 난무하는 오지의 어느 이동 병원에서 몸에 진물이 흐르는 환자를 돌보고 있었다. 그런 그를 보고 한비야 씨가 이렇게 물었다. "당신은 유명한 의사면서 왜 아무도 알아주지 않는 이런 험한 곳에서 일하고 있습니까?" 그러자 그는 잇몸을 드러내고 환하게 웃으며 이렇게 답했다. "제가 나이로비에 있었다면 잘 먹고 잘살았겠죠. 그런데 제가 가지고 있는 기술과 재능을 돈 버는 데만 쓰는 건 너무 아깝잖아요."

그리고 그는 이런 말을 덧붙였다. "무엇보다 이 일이 제 가슴을 뛰게 하기 때문입니다."

이 땅을 살면서 우리의 가슴을 뛰게 하는 일은 많다. 은사와 재능으로 자아를 실현하고, 사회를 위해 의미 있는 일을 하며, 사랑하는 가족을 위해 땀 흘려 수고하고, 자녀가 인생의 목적을 이룰 수 있도록 응원하는 일 등. 다만 우리의 가슴을 뛰게 하는 일 중 하나가 섬김이어야 함을 잊지 말아야 한다. 어쩌면 가슴과 삶에 열정이 사라지는 이유가 우리의 시선이 우리 자신에게만 맞추어져 있기 때문일지 모른다.

THINK 당신의 가슴을 뛰게 하는 것은 무엇인지 한번 적어보십시오. 당신 안에 다른 누군가의 삶에 선한 영향력을 미치겠다는 열정이 있습니까?

영적 성장 PLUS⁺ | 둘째 날

불필요한 낭비

남미 에콰도르의 선교사인 짐 엘리엇의 실제 이야기를 다룬 <창끝>이라는 영화가 있다. 휘튼대학을 수석으로 졸업한 짐 엘리엇은 친구 네 명과 함께 복음을 한 번도 들어본 적이 없는 에콰도르의 아우카 족을 전도하기 위해 떠난다. 하지만 도착한 지 얼마 되지 않아, 그들은 모두 원주민들의 창에 찔려 순교한다. 총이 있었지만 그들은 총을 사용하지 않았다.

이 소식이 전해지자, 타임지를 비롯해 많은 언론 매체에서 비판의 소리를 높였다. "얼마나 불필요한 낭비인가?"라며 당시의 선교 정책을 비판했다. 장래가 촉망되는 젊은이들이 이런 무의미한 죽임을 당해서는 안 된다는 것이다. 그런데 나중에 짐 엘리엇이 학창 시절에 쓴 일기가 발견되었고, 그중에는 이런 내용이 있었다. "영원한 것을 위해 영원하지 않은 것을 포기하는 것은 결코 어리석은 일이 아니다." 과연 무엇이 낭비인지를 되묻는 질문이었다.

짐 엘리엇의 미망인 엘리자베스는 간호학을 배우며 선교 준비를 해서, 나머지 미망인과 함께 다시 그 부족을 찾아간다. 아우카 부족은 여자를 해치는 일은 비겁하다고 여겼기 때문에 그들을 공격하지는 않았다. 그들은 부족의 여인들이 아이 낳는 것을 도왔다. "당신들은 누구이며, 왜 우리를 돕느냐?"라는 원주민의 질문에 그들은 "우리가 바로 당신들이 죽였던 다섯 젊은이의 아내입니다"라고 답했다. 이들의 헌신적인 노력으로 아우카 부족은 복음을 받아들이게 되었고, 훗날 다섯 젊은이를 죽였던 원주민 가운데 네 명은 목사가 되고 한 명은 전도자가 되었다.

오늘날 우리는 효율성을 중시하는 사회에서 살고 있다. 분명 낭비는 옳은 일이 아니지만, 영혼을 위한 헌신은 아무리 커도 낭비라고 부를 수 없다. 영혼은 그 무엇과도 바꿀 수 없을 만큼 소중하며, 한 영혼에게 있는 가능성은 무궁하기 때문이다. 또한 그것이 예수님이 이 땅에 오셔서 십자가에 달리신 이유이고, 그분이 우리에게 가르쳐주신 진리이자 우리가 걸어가야 할 길이다.

우리가 다른 사람을 사랑하는 것은 예수님이 그 영혼을 위해 십자가에 죽기까지 사랑하셨기 때문입니다. 다른 사람을 향한 예수님의 마음과 당신의 마음은 비교해보십시오. 예수님처럼 한 영혼을 귀히 여기고 섬길 줄 아는 사람이 될 수 있도록 기도합시다.

영적 성장 PLUS⁺ | 셋째 날

나비가 전해준 행복

어느 날 한 소녀가 가시덤불에 걸린 나비를 보고, 가시를 헤치고 들어가 나비를 구해주었다. 나비는 자신의 목숨을 구해준 소녀에게 뭔가를 해주고 싶었다. 그래서 이렇게 말했다. "네가 원하는 것을 무엇이든 말해보렴. 그럼 내가 다 들어줄 테니." 소녀는 "정말? 으음, 난 행복하게 살고 싶어"라고 답했다. 그러자 나비는 "그럼 이렇게 해봐"라며 소녀의 귀에 몇 마디를 속삭였다. 그 후 소녀의 삶은 정말 행복해졌다. 어른이 되고, 엄마가 되고, 할머니가 된 후에도 행복은 계속되었다.

나중에 사람들은 그녀에게 그 비결을 물었다. "어떻게 하면 당신처럼 행복하게 살 수 있습니까?" 그녀는 어릴 적, 나비가 자기에게 해준 이야기를 사람들에게 그대로 들려주었다. "행복이요? 별로 어렵지 않습니다. 이 세상에 완벽한 사람은 한 명도 없습니다. 다시 말해 누구나 다른 사람의 도움이 필요합니다. 행복의 비밀은 바로 여기에 있습니다. 이 세상의 누군가는 당신의 도움이 필요합니다. 당신이 그들에게 필요한 사람이 되어주면 됩니다."

인생은 크게 세 가지 단계가 있다. 첫 번째 단계는 생존의 단계다. 의식주와 같은 가장 기본적인 욕구를 추구하는 단계다. 두 번째 단계는 성취의 단계다. 사회적 성공이나 부를 추구하는 단계다. 세 번째 단계는 의미의 단계다. 인생의 의미와 가치, 중요성을 찾는, 달리 말하면 자아실현을 추구하는 단계다. 인생의 참된 행복을 누리기 위해서는 생존과 성공의 단계도 필요하지만, 의미의 단계가 가장 중요하다.

그렇다면 어떻게 인생의 가치와 의미를 발견할 수 있을까? 그것은 누군가에게 도움을 줄 때 가능하다. 흔히 섬김을 섬김 받는 사람을 위한 것이라고 생각하기 쉽지만, 섬기는 사람이 누리는 유익도 많다. 그중 하나는 자신이 얼마나 소중하고 가치 있는 존재인지를 확인하는 것이다. 이것은 소유나 누군가에게서 사랑을 받는 것 이상의 행복이다. 어쩌면 오늘날 많은 사람이 삶의 의미와 의욕을 상실하는 것은 그의 삶 속에 섬김이 빠져 있기 때문일 것이다.

 하나님은 몸과 지체의 비유로 우리의 삶을 설명하십니다. 그분은 우리를 도움을 주고, 또 다른 사람에게 도움을 받는 존재로 지으셨습니다. 이 과정을 통해 서로의 가치를 발견하고 서로 세워나가기를 바라신 것입니다. 당신은 지금 섬김이 주는 기쁨과 행복을 누리고 있습니까?

영적 성장 PLUS+ | 넷째 날

아픔을 낭비하지 마라

1967년 어느 무더운 7월, 조니 에릭슨 타다는 얕은 물에 다이빙을 하다가 목이 부러지는 큰 사고를 당한다. 급히 병원에 옮겨질 때만 해도 자신이 2년 후에야 겨우 퇴원하게 될 줄을 그리고 전신 마비가 되어 평생 살아야 할지를 몰랐다. 이 사고로 꿈 많던 소녀의 인생은 전혀 생각지 못한 길로 접어들었다.

처음 자신의 상태를 깨달았을 때 그녀는 숨이 멎을 것만 같았다. 육체적 고통은 물론이고, 말을 다할 수 없는 두려움이 그녀를 휘감았다. 울음이 터졌지만 주변에 눈물을 닦아줄 사람조차 없었다. 그때 그녀의 입에서 들릴 듯 말 듯한 소리로 찬송이 흘러나왔다.

"잠잠하라 내 영혼아, 주 곁에 계시니/ 슬픔과 고통의 십자가 인내로 견디라/ 주 친히 다스리며 다 채워주시니/ 온 세상 다 변해도 늘 한결같으신 주/ 잠잠하라 내 영혼아, 네 친구 되신 주/ 고생길 지나 이끄시리 기쁨의 자리로."

바로 그 순간이 남은 인생을 어떻게 살지를 결정하는 계기가 되었다. 삶을 이대로 감옥살이로 만들 수는 없었다. 그래서 어떤 일이 닥쳐도 그 상황을 자기 영혼의 단련장이자 신앙의 시험장 그리고 하나님의 선교지로 삼기로 다짐했다. 이런 마음이 10대 아이에게서 나올 수 있는가라는 의구심이 들 수도 있지만, 정말로 그랬다고 그녀는 말한다.

물론 현실은 변한 게 없었다. 팔다리를 쓰지 않고 어떻게 남은 생을 살아야 할지 막막하기만 했고, 눈물 없이는 단 하루도 보낼 수가 없었다. 심각한 우울증이 찾아오기도 했지만, 결코 절망에 빠지지는 않았다. 그녀는 후에 그날 한 단호한 결심 덕분에 모든 것이 달라졌다고 고백한다. 그리고 그 다짐처럼 그녀는 자신에게 임한 고난을 통해 더 많은 사람을 위로하는 자리에 서게 된다.

이 땅을 살다 보면 크고 작은 어려움을 만나게 된다. 어떤 어려움을, 언제 어떻게 만날지는 알 수 없다. 다만 우리는 그 어려움이 왔을 때 어떤 반응을 보일지 선택할 수 있다. 오늘 내게 임한 고통에 갇혀 살지 아니면 그것을 통해 삶을 더욱 아름답게 가꾸어갈지는 각자의 선택이다. 조니의 말처럼, 오늘 내게 임한 아픔을 낭비하지 말아야 한다.

 오늘 내게 임한 고통이 내일 다른 사람을 돕는 귀한 도구로 사용될 것을 믿습니까? 그동안 당신이 겪었던 어려움들을 돌아보십시오. 이를 통해 얻은 유익은 무엇이었습니까?

영적 성장 PLUS⁺ | 다섯째 날

내가 사랑한 것은

홍수가 나면 제일 흔한 것이 물이다. 온 천지가 물바다가 된다. 그런데 홍수 때 가장 귀하고 드문 것 또한 물이다. 마실 물을 구하기가 제일 어렵다. 오늘날 우리는 사랑의 홍수 시대에 살고 있다. TV나 영화를 봐도, 음악을 들어도 온 세상에 사랑이라는 주제가 넘쳐난다. 그런데도 사람들은 여전히 사랑에 굶주려 있다. 오늘날 현대인이 느끼는 갈등과 고독, 무의미의 가장 중요한 원인은 사랑의 결핍에 있다고 한다.

미국의 루스벨트 대통령은 미국인에게 가장 사랑받는 대통령 중 한 명이다. 명문가의 아들로 태어나 유복한 어린 시절을 보냈지만, 탄탄대로만 걸었던 것은 아니다. 특히 변호사와 정치인으로서 승승장구하던 그는 39세에 소아마비에 걸렸다. 결국 하반신이 마비되어 평생 휠체어의 도움을 받아야만 움직일 수 있게 되었다. 주변에서는 루스벨트의 인생이 끝났다고 말했다.

하지만 그는 좌절하지 않았다. 건강을 회복하고 삶을 정상 궤도로 돌리는 데 많은 시간과 노력을 쏟아야 했다. 이 기간을 "꽤 긴 인생의 휴가였다"라고 스스로 평했다. 그는 이런 모든 어려움을 이겨내고 1928년에는 뉴욕 주지사로, 1932년에는 미국 대통령으로 당선된다. 그리고 대통령 재임 기간 중에 대공황과 같은 국가적 어려움도 이겨냈다. 그는 "우리가 유일하게 두려워해야 할 것은 두려움 자체입니다"라는 유명한 말을 남기기도 했다.

그렇다면 그가 이런 어려움을 이겨낼 힘이 어디서 왔을까? 그는 아내의 말 한마디 때문이었다고 말한다. 병에 걸린 후 그는 아내에게 이렇게 물었다. "내가 이 모양이 되었는데 여전히 날 사랑하오?" 그러자 그의 아내 엘레나는 이렇게 답했다. "제가 사랑하는 것은 당신의 다리가 아니에요. 나는 당신을 사랑했어요. 당신은 여전히 멋진 사람이에요. 당신은 무슨 일이든 할 수 있어요. 우리 함께 기도하며 이겨내요."

인생을 살다 보면 부득이하게 어려움과 아픔을 경험할 때가 있다. 더는 일어설 힘이 없어서 포기하고 싶을 때도 있다. 그럴 때라도 루스벨트를 위로했던 엘레나처럼 우리의 삶을 아끼고 응원하는 사람이 있다면 우리는 능히 어려움을 이겨낼 수 있을 것이다.

THINK 주변에 어려움을 당한 사람이 있습니까? 그에게 필요한 것이 무엇이라고 생각합니까? 그를 진심으로 아끼고 응원하고 있는지 돌아보십시오.

11과

인생의 목적

암송 구절 요한일서 2장 17절

"이 세상도, 그 정욕도 지나가되 오직 하나님의 뜻을 행하는 자는 영원히 거하느니라."

암송 구절은 반드시 암송해야 하는 것은 아니지만, 각 과의 핵심 구절이므로 숙지하는 것이 좋습니다. 함께 읽는 정도에서 시작해도 됩니다.

다루게 되는 내용

- 주재권의 개념을 배우고, 내 인생의 주재권이 하나님께 있음을 고백한다(1-3번).
- 청지기의 삶이 무엇인지 배우고, 청지기로서 어떻게 살지를 함께 나눈다(4-7번).
- 예수 그리스도를 닮아가는 것이 우리 인생의 목표임을 깨닫는다(8-10번).

마음의 문을 열며

인생의 목적보다 중요한 것은 없습니다. 알게 모르게 우리는 자신만의 목적을 세우고 살아갑니다. 어떤 사람은 생존을 위해, 어떤 사람은 성공을 위해, 어떤 사람은 자녀를 위해 많은 시간과 열정을 쏟으며 살아갑니다. 따라서 예수님을 믿은 다음 인생의 목적이 조금도 변하지 않았다면, 그 사람은 예수님을 제대로 믿는다고 할 수 없습니다. 안타깝게도 예수님을 알면서도 잘못된 인생의 목적을 추구함으로써 헛된 것에 인생을 낭비하는 경우가 많습니다(전 1:2 참고). 이 시간 하나님의 자녀 된 우리가 이 땅에서 무엇을 위해 살아야 하는지를 배우고자 합니다. 정직하게 자기 내면의 모습을 말씀 앞에 내려놓고 성령의 음성에 귀를 기울이기 바랍니다.

🔊 당신의 무덤 묘비에 어떤 글이 쓰이길 바라는가?

각자 자기의 생각을 나누어보라. 어떤 내용이 왜 기록되었으면 좋을지 함께 나누어보라.

🔊 오늘은 인생의 목적에 대해 배운다. 왜 인생의 목적에 대해 배워야 하는가?

알게 모르게 누구나 인생의 목적을 세우고 살아간다. 분명한 목표가 있는 사람도 있고, 그렇지 않은 사람도 있지만 누구나 삶의 목적이라는 것이 있다. 인생에서는 속도 못지않게 방향이 중요하다. 잘못된 곳을 향해 열심히 달리면 오히려 돌아오기가 힘들다. 그래서 인생의 목적을 잘못 세우면 소중한 인생을 낭비하게 된다. 특히 성도는 세상 사람과는 다른 인생의 목적으로 살아가야 한다. 예수님을 믿고 나서 일어나는 여러 가지 변화가 있지만, 가장 중요한 것은 인생에 대한 관점이다. 인생관의 변화는 반드시 인생의 목적이 변하는 것으로 나타난다.

🔊 우리의 문제는 무엇인가?

오늘날 많은 사람이 인생의 목적에 대해 무감각하다. 왜일까? 여러 가지 이유가 있을 수 있지만, 우리를 끊임없이 충동질하여 우리 인생의 목적을 잊게 하는 것이 세상에 많기 때문이다. 이 세상 것들은 우리 스스로 잘못된 길을 가도록 인도한다. 또한 인생을 살다 보면 여러 가지 실패와 좌절을 맛보는데, 그 가운데 우리는 인생의 목적을 잊어버리게 된다. 그런데 사실 많은 사람이 실패와 좌절을 맛보는 이유는 잘못된 목적을 세웠기 때문이다. 그리스도 안에서 바른 인생의 목적을 세워야 하는 이유가 여기에 있다. 바른 목적이 무엇인지 알고, 그것을 잘 세울 때 실패와 좌절보다는 기쁨과 즐거움을 맛볼 수 있게 된다.

🔊 이 시간에는 인생의 목적을 올바로 세우는 법을 배우려고 한다.

말씀의 씨를 뿌리며

하나님의 주재권

1 영적으로 성숙한 삶을 살기 위해서는 무엇보다도 하나님의 주재권을 인정할 수 있어야 합니다. 주재권이란 주인 된 권리를 뜻하는데, 우리의 주재권은 하나님

께 있습니다. 그 이유는 무엇입니까? 다음 성경 구절에서 확인해보십시오.

창세기 1:1 태초에 하나님이 천지를 창조하시니라.

사도행전 17:25 또 무엇이 부족한 것처럼 사람의 손으로 섬김을 받으시는 것이 아니니 이는 만민에게 생명과 호흡과 만물을 친히 주시는 이심이라.

🔊 주재권이란 무엇인가?

주인 된 권리를 말한다.

🔊 하나님께 우리의 주재권이 있는 이유는 무엇인가?

창세기 1장 1절에서 하나님이 천지를 창조하셨다고 말한다. 사도행전 17장 25절에서는 하나님이 모든 사람에게 생명과 호흡과 만물을 친히 주셨다고 말한다. 하나님은 이 세상 모든 것을 창조하시고, 우리 각 사람에게 생명과 호흡을 친히 주셨다. 따라서 하나님께 주재권이 있는 이유는 그분이 창조주이시기 때문이다.

🔊 당신은 하나님의 주재권을 인정하는가?

각자의 이야기를 들어보라. 만약 우리가 하나님의 창조주 되심을 인정한다면, 당연히 그 주재권도 인정해야 할 것이다. 왜냐하면 모든 물건의 주권은 그 물건을 만든 사람에게 있기 때문이다. 만약 유에서 유를 만들었다면 온전히 소유권을 주장하지 못할 수도 있다. 하지만 하나님은 무에서 유를 창조하셨다. 이 사실을 인정한다면 우리는 하나님의 주재권을 인정할 수밖에 없다.

물론 하나님은 모든 만물의 주인이시지만, 우리에게 경작하고 지키는 소명을 주셨다. 인간 왕이나 주인은 아랫사람을 억압하고 착취하는 경우가 많지만, 하나님은 그렇지 않으시다. 모든 것의 주인 되시는 그분은 우리의 아버지 되시고, 우리에게 상속권을 주셨다. 상속권이 있는 자녀는 아버지의 모든 소유를 물려받게 되지만, 그 모든 것이 내 것이기 전에 아버지의 소유이자 아버지가 주신 것이라는 사실을 잊어서는 안 된다.

🔊 주재권을 인정한 사람에게 나타나는 특징이 있다. 2번 질문을 보라.

2 하나님의 주재권을 온전히 인정한 사람에게서 나타나야 할 당연한 변화는 무엇입니까?

> **고린도전서 10:31** 그런즉 너희가 먹든지 마시든지 무엇을 하든지 다 하나님의 영광을 위하여 하라.
>
> **이사야 43:21** 이 백성은 내가 나를 위하여 지었나니 나를 찬송하게 하려 함이니라.
>
> **디모데후서 1:8** 그러므로 너는 내가 우리 주를 증언함과 또는 주를 위하여 갇힌 자 된 나를 부끄러워하지 말고 오직 하나님의 능력을 따라 복음과 함께 고난을 받으라.

🔊 고린도전서 10장 31절에서는 무엇이라고 말하는가?

하나님의 영광을 위하여 하라고 말한다. 인생의 주권이 하나님께 있음을 인정한 사람은, 즉 내 인생의 주인이 하나님이시라고 믿는 사람은 하나님의 영광을 위해 살아야 한다.

🔊 이사야 43장 21절에서는 무엇이라고 말하는가?

우리는 하나님을 찬송하기 위해 지어졌다. 이는 단순히 입으로만 찬송한다는 의미가 아니라 삶 전체로 하나님을 높이는 것을 의미한다.

🔊 디모데후서 1장 8절에서는 무엇이라고 말하는가?

바울은 주를 위하여 갇힌 자가 되었다고 고백한다. 당시 바울은 감옥에 갇혀 있었다. 그럼에도 주를 위한다고 고백한다. 바울은 무엇을 하든지, 특히 고난과 역경 속에서도 하나님을 위하여 살고자 노력했다.

🔊 하나님의 주재권을 인정한 사람은 어떻게 살아가는가?

하나님의 주재권을 인정한 사람은 하나님의 영광을 위해, 하나님의 이름을 높이기 위해, 하나님을 위해 살아간다. 즉 삶의 초점이 내가 아니라 하나님께 맞추어져 있다. 그는 어떠한 환경에서도 이런 초점을 잃지 않고 살아간다.

🔊 당신은 어떤가? 당신은 주재권을 온전히 인정한 사람인가? 3번 질문을 보라.

---

3 하나님의 주재권을 온전히 인정한 사람은 삶의 초점도 다릅니다. 모든 것이 자신의 것이라고 생각하는 사람과 하나님이 주신 것이라고 생각하는 사람은 삶의 태도와 자세가 다를 수밖에 없습니다. 당신은 하나님의 주재권을 온전히 인정합니까? 모든 주권이 하나님께 있음을 인정함으로써 당신의 삶에 나타난 변화가 있다면 나누어보십시오.

🔊 각자 하나님의 주재권을 인정하고 있는가? 주재권을 인정했다면 자신의 삶에 어떤 변화가 일어나고 있는지 나누어보라.

🔊 다만 여기서 기억할 점은 하나님의 주권을 인정한다는 것이 옳은 일일 뿐만 아니라, 좋은 일이라는 사실이다. 우리가 하나님을 위해 살고, 그 결과 하나님의 뜻이 우리의 삶에 온전히 이루어진다고 생각해보라.

하나님은 우리의 아버지가 되신다. 아버지가 자녀에게 품은 바람은 좋고 선한 것이다. 악한 자라도 자녀를 위하는데 하물며 하나님이 자녀인 우리가 잘못된 길로 가기를 원하시겠는가. 만약 당신이 아버지 회사에서

일한다고 가정해보라. 당신이 회사를 위해 열심히 일하는 것이 아버지만을 위한 일인가? 결국은 상속자인 당신을 위한 일이기도 하다.

🔊 주인 되신 하나님이 우리에게 우리 인생을 가꾸어가도록 맡기셨다. 이것을 '청지기직'이라고 한다. 이에 대해 계속해서 살펴보자.

청지기직

4 예수님의 주재권을 인정한 사람은 청지기와 같은 삶을 살아야 합니다. 청지기란 주인의 것을 맡아 책임 있게 관리하고 나중에 주인 앞에서 결산하는 사람을 말합니다. 마태복음 25장 16-30절에 나오는 달란트 비유는 청지기로서 어떻게 살아가야 하는지에 대한 소중한 교훈을 줍니다. 달란트를 받은 종 세 명은 주인이 돌아올 때까지 자신들이 받은 달란트를 어떻게 사용했습니까?

> **마태복음 25:16-30** 다섯 달란트 받은 자는 바로 가서 그것으로 장사하여 또 다섯 달란트를 남기고 두 달란트 받은 자도 그같이 하여 또 두 달란트를 남겼으되 한 달란트 받은 자는 가서 땅을 파고 그 주인의 돈을 감추어 두었더니 오랜 후에 그 종들의 주인이 돌아와 그들과 결산할새 다섯 달란트 받았던 자는 다섯 달란트를 더 가지고 와서 이르되 주인이여 내게 다섯 달란트를 주셨는데 보소서 내가 또 다섯 달란트를 남겼나이다 그 주인이 이르되 잘하였도다 착하고 충성된 종아 네가 적은 일에 충성하였으매 내가 많은 것을 네게 맡기리니 네 주인의 즐거움에 참여할지어다 하고 두 달란트 받았던 자도 와서 이르되 주인이여 내게 두 달란트를 주셨는데 보소서 내가 또 두 달란트를 남겼나이다 그 주인이 이르되 잘하였도다 착하고 충성된 종아 네가 적은 일에 충성하였으매 내가 많은 것을 네게 맡기리니 네 주인의 즐거움에 참여할지어다 하고 한 달란트 받았던 자는 와서 이르되 주인이여 당신은 굳은 사람이라 심지 않은 데서 거두고 헤치지 않은 데서 모으는 줄을 내가 알았으므로 두려워하여 나가서 당신의 달란트를 땅에 감추어 두었나이다 보소서

> 당신의 것을 가지셨나이다 그 주인이 대답하여 이르되 악하고 게으른 종아 나는 심지 않은 데서 거두고 헤치지 않은 데서 모으는 줄로 네가 알았느냐 그러면 네가 마땅히 내 돈을 취리하는 자들에게나 맡겼다가 내가 돌아와서 내 원금과 이자를 받게 하였을 것이니라 하고 그에게서 그 한 달란트를 빼앗아 열 달란트 가진 자에게 주라 무릇 있는 자는 받아 풍족하게 되고 없는 자는 그 있는 것까지 빼앗기리라 이 무익한 종을 바깥 어두운 데로 내쫓으라 거기서 슬피 울며 이를 갈리라 하니라.

🔊 종 세 명은 각각 자신이 받은 달란트를 어떻게 사용했는가?

다섯 달란트 받은 사람은 장사를 해서 다섯 달란트를 더 남겼고, 두 달란트를 받은 사람은 장사를 해서 두 달란트를 더 남겼으며, 한 달란트 받은 사람은 땅을 파서 그것을 묻어두었다. 여기서 다섯 달란트, 두 달란트, 한 달란트는 각자가 받은 은사나 재능이 다르다는 것이지, 누구는 더 받고 덜 받고의 문제이거나 받은 것의 좋고 나쁨을 비교하는 것이 아니다.

🔊 그렇다면 주인은 이 세 종의 모습을 어떻게 평가했는지 5번 질문에서 살펴보자.

5 주인은 돌아와서 종들에게 무엇이라고 말했습니까? 여기서 알 수 있는 사실은 무엇입니까?

🔊 주인은 다섯 달란트, 두 달란트 받은 종에게 무엇이라고 말했는가?

"잘하였도다 착하고 충성된 종아"라고 칭찬하며 "적은 일에 충성하였으매 내가 많은 것을 네게 맡기리니 네 주인의 즐거움에 참여할지어다"라고 말했다.

🔊 주인은 한 달란트 받은 종에게 무엇이라고 말했는가?

"악하고 게으른 종아"라고 꾸짖었다. 특히 한 달란트 받은 종이 가졌던 주인에 대한 잘못된 인식을 지적했다. 한 달란트 받은 종은 주인에게 "당신은 굳은 사람이라 심지 않은 데서 거두고 헤치지 않은 데서 모으는 줄"로 알았다고 말했다.

🔊 이상에서 알 수 있는 사실은 무엇인가?

첫째, 결산의 때가 있다는 것이다. 하나님이 우리에게 맡기신 것으로 어떻게 살았는지 각 사람이 하나님 앞에서 결산할 때가 있다.

둘째, 결산의 때에 우리는 삶에 대한 명확한 평가를 받게 될 것이다. 하나님은 불의한 분이 아니시다. 하나님은 정의로운 분이시기에 각 사람의 삶에 대한 공정한 평가를 내려주실 것이다.

셋째, 우리는 칭찬받게 될 것이다. 하나님이 우리의 인생에 대해 명확한 평가를 내려주시고, 이에 합당한 칭찬과 기쁨을 누리게 하실 것이다.

넷째, 하나님에 대한 바른 인식이 있어야 한다. 한 달란트 가진 사람은 하나님을 오해해서 잘못된 선택을 했다. 하나님은 인자하신 우리 아버지 되신다. 또 우리가 맡겨진 것을 잘 감당하기를 바라시는 분이다. 그리고 마지막 날에 우리가 수고한 것에 대해 큰 칭찬으로 우리를 격려해주실 것이다.

🔊 청지기로서 우리도 반드시 결산할 날이 있을 것이다. 당신은 이 사실을 분명히 알고 있는가? 6번 질문을 보라.

6 청지기로서 우리는 반드시 결산하는 날을 맞이할 것입니다. 마지막 결산은 너무나 엄숙해서 적당히 넘어가지는 못할 것입니다. 만약 예수님이 내일 당장 오신다면 당신에게 어떻게 말씀하실 것 같습니까? 당신의 지금 모습은 어느 종의 모습에 가깝습니까?

🔊 각자 자신의 모습이 어떤지 점검해보라. 무엇보다도 자신의 인생을 결산할 날이 있음을 믿는지, 그날을 준비하며 살아가는지 점검하는 것이 중요하다. 또 결

산할 날에 대한 소망이 있는지, 그 기대감을 품고 이 땅을 살아가는지도 점검해보라. 이런 분명한 의식만 있다면, 당신의 삶에 조금씩이라도 변화가 있을 것이다.

🔊 우리 중에 자신이 어떤 달란트를 받았는지 모르는 사람이 있을 수 있다. 달란트라고 해서 엄청 대단한 것을 생각하면 안 된다. 시간을 생각해보라. 시간은 누구에게나 공평하게 주어졌다. 당신은 시간을 어떻게 사용하고 있는가? 얼마만큼의 시간을 하나님을 위해 드리고 있는가?

> 사도 바울이 받는다는 상이 문자 그대로의 면류관인지는 잘 모르겠습니다. 그러나 마태복음 25장에 나오는 달란트 비유에서처럼 무엇보다 가장 놀라운 순간은 주님께 '잘했다'라는 말을 듣는 것이 아닐까 생각합니다. 저는 '잘했다'는 말을 듣고 싶습니다. 저로서는 그것보다 더 큰 상을 상상할 수 없습니다. 그 상을 받기 위해서 제가 할 수 있는 모든 일을 할 것입니다. **로버트 켄들**(R. T. Kendall)

🔊 그렇다면 청지기로서 어떻게 살아야 하는지 7번 질문을 통해 살펴보자.

---

7 주님이 당신에게 맡기신 것의 목록을 작성해보십시오. 대표적인 예로 시간이나 재물, 사람이 있을 수 있습니다. 이중에서 특히 당신이 청지기로서 잘 관리하지 못하는 부분이 있다면 무엇인지 점검해보십시오.

🔊 하나님이 우리에게 맡기신 것의 목록을 작성해보라. 시간이나 건강, 재물, 재능, 사람 등 다양하다.

🔊 이중 청지기로서 잘 관리하지 못하는 것이 무엇인지, 그나마 잘되는 것은 무엇인지 각자 점검해보라. 그리고 어떻게 하면 청지기로서 자신의 역할을 잘 감당할 수 있을지 나누어보라.

🔊 무엇보다 드리는 훈련이 조금은 도움이 될 것이다. 물론 우리가 살아가는 모든 시간이 하나님의 것이지만, 특별히 그중 일부를 구별해서 드리는 훈련이 도움이 된다. '하루에 10분씩 하나님을 위해 사용하기, 다른 사람을 위해 사용하기' 등이 그것이다. 이때 기억해야 할 점은 변화는 단번에 일어나지 않는다는 것이다. 어제까지 하나님을 위해 10밖에 쓰지 않은 사람이 오늘 갑자기 20-30을 드릴 수 없다. 1씩이라도 조금씩 늘려가는 것이 중요하다.

🔊 이상에서 주재권과 청지기직에 대해 배웠다. 그런데 우리가 추구해야 할 가장 중요한 인생의 목적이 한 가지 있다. 8번 질문을 보라.

삶의 목적, 작은 예수로 살다

8 바울은 에베소서 4장 13절에서 그리스도인이 궁극적으로 추구해야 할 삶의 모습을 무엇이라고 말하고 있습니까? 특히 여기서 말하는 온전한 사람이 된다는 것은 어떤 의미라고 생각합니까?

> **에베소서 4:13** 우리가 다 하나님의 아들을 믿는 것과 아는 일에 하나가 되어 온전한 사람을 이루어 그리스도의 장성한 분량이 충만한 데까지 이르리니.

🔊 바울은 믿는 것과 아는 일에 하나가 되어 어떻게 되자고 권하는가?

온전한 사람이 되자고 말한다. 온전한 사람이란 그리스도의 장성한 분량이 충만한 데까지 이르는 것이다. 쉽게 말하면 그리스도처럼 되는 것을 의미한다. 온전한 사람이란 그리스도처럼 되는 것, 그리스도를 닮아가는 것을 의미한다.

🔊 예수님을 닮아가는 것은 성경 전체에 나오는, 하나님이 우리를 구원하신 목적이기도 하다. 9번 질문을 보라.

9 예수님을 닮아가는 것은 성도를 향한 하나님의 가장 중요한 뜻이자 성도를 부르신 하나님의 목적입니다. 다음 성경 구절에서 이 사실을 확인해보십시오.

> 로마서 8:29 하나님이 미리 아신 자들을 또한 그 아들의 형상을 본받게 하기 위하여 미리 정하셨으니 이는 그로 많은 형제 중에서 맏아들이 되게 하려 하심이니라.
>
> 고린도후서 3:18 우리가 다 수건을 벗은 얼굴로 거울을 보는 것같이 주의 영광을 보매 그와 같은 형상으로 변화하여 영광에서 영광에 이르니 곧 주의 영으로 말미암음이니라.
>
> 요한일서 3:2 사랑하는 자들아 우리가 지금은 하나님의 자녀라 장래에 어떻게 될지는 아직 나타나지 아니하였으나 그가 나타나시면 우리가 그와 같을 줄을 아는 것은 그의 참모습 그대로 볼 것이기 때문이니.

🔊 로마서 8장 29절에서 우리를 부르신 목적은 무엇이라고 말하는가?

그 아들의 형상을 본받게 하기 위해서, 즉 예수님을 닮아가게 하기 위해서 부르셨다. 하나님은 이 목적을 미리 정하셨다.

🔊 고린도후서 3장 18절에서는 우리가 지금 어떻게 되고 있다고 말하는가?

주님과 같은 형상으로 변화하고 있다고 말한다. 특히 주의 영(성령)의 능력으로 우리가 그리스도를 닮아가고 있다고 말한다. 하나님이 오늘 우리 가운데 성령님을 주셔서 행하시는 일은 우리로 예수님을 닮아가게 하시는 것이다.

🔊 요한일서 3장 2절에서는 주님이 나타나시면 우리가 어떻게 된다고 말하는가?

우리가 그분과 같이 될 것이라고 말한다. 여기서 "그"는 예수님으로, 예수님처럼 될 것이라는 뜻이다.

🔊 하나님이 성도를 부르신 목적은 무엇인가?

하나님이 우리를 부르신 목적은 예수님을 닮아가라는 것(영원한 목적, 과거)이고, 성령님을 보내셔서 지금 우리 안에서 행하시는 일도 예수님을 닮아가게 하는 것(역사적 목적, 현재)이며, 궁극적으로 마지막 날에 이루실 일도 우리로 예수님을 닮아가게 하는 것(종말론적 목적, 미래)이다. 즉 하나님이 우리에게 한결같이 바라시는 것은 예수님을 닮아가는 것이다.

🔊 예수님을 닮아가는 것이 당신 인생에서는 어떤 의미가 있는가? 10번 질문을 보라.

---

10 예수님을 닮아간다는 것은 예수님처럼 생각하고 행동하며 산다는 것입니다. 당신은 이 사실을 분명히 알고 있습니까? 1년 전 당신의 삶과 지금 당신의 삶을 비교해보십시오. 당신의 삶 속에서 얼마나 인격적 변화가 나타나고 있습니까?(갈 5:19-23 참고)

> 갈라디아서 5:19-23 육체의 일은 분명하니 곧 음행과 더러운 것과 호색과 우상숭배와 주술과 원수 맺는 것과 분쟁과 시기와 분냄과 당 짓는 것과 분열함과 이단과 투기와 술 취함과 방탕함과 또 그와 같은 것들이라 전에 너희에게 경계한 것같이 경계하노니 이런 일을 하는 자들은 하나님의 나라를 유업으로 받지 못할 것이요 오직 성령의 열매는 사랑과 희락과 화평과 오래 참음과 자비와 양선과 충성과 온유와 절제니 이 같은 것을 금지할 법이 없느니라.

🔊 예수님을 닮아가는 것은 믿는 자 모두에게 주신 보편적인 인생의 목적이다. 가난하다고 예수님을 닮아갈 수 없는 것도 아니고, 부자라고 예수님을 더 잘 닮아가는 것도 아니다. 각기 다른 은사와 자능을 주셔서 각 사람의 소명은 다르지만, 동시에 모든 사람에게 보편적으로 주신 소명은 그리스도를 닮아가는 것이다. 어쩌면 그날에 우리가 주님 앞에서 결산해야 할 것은 이 땅에서 무슨 일을 했는가가 아니라 어떤 사람으로 살았는가일 것이다.

🔊 당신은 어떤가? 당신은 그리스도를 닮아가는 삶을 살고 있는가? 특별히 예전에 비해 지금 더 나아진 부분이 있는가? 이때 성령의 아홉 가지 열매는 나의 인격을 점검하는 중요한 수단이 된다.

🔊 '삶의 열매를 거두며'를 보라.

삶의 열매를 거두며

목적이 없는 인생만큼 불행한 인생은 없습니다. 잘못된 목적을 향해 달려가는 인생만큼 허무한 인생도 없습니다. 바른 인생의 목적은 우리에게 날마다 샘솟는 참된 기쁨과 소망의 원천이 됩니다. 예수님이 우리에게 주신 가장 중요한 인생의 목적은 작은 예수로 살아가는 것입니다. 이보다 가치 있는 일은 이 세상에 존재하지 않습니다. 다만 예수를 닮아가는 일은 가만히 있어서는 절대 이루어질 수 없습니다. 끊임없는 노력과 연습이 필요합니다. 그리고 이런 노력과 연습은 바로 오늘부터 시작되어야 합니다. 당신에게 어떤 노력과 연습이 필요한지 적어보십시오.

🔊 우리 인격과 삶이 예수님을 닮아가기 위해 어떤 노력이 필요한지 각자 나누어 보라.

🔊 처음에 말한 내 무덤의 비문을 다시 한 번 작성하고, 오늘 배움을 통해 그 내용이 어떻게 바뀌었는지 나누어보라.

영적 성장 PLUS+ | 첫째 날

팜 스프링스에는 가로등이 없다

미국 LA 근교의 팜 스프링스라는 작은 도시에 대한 글을 읽은 적이 있다. 팜 스프링스는 일종의 계획도시로, 사막 한가운데 200여 개의 골프장을 만들고, 그 안의 주택을 분양하여 만든 전원도시다. 지금은 미국의 은퇴자들이 가장 살고 싶은 곳 중 하나로 손꼽는 유명한 휴양지가 되었다. 그런데 이 도시에는 이상한 점이 하나 있다. 그곳에 가로등이 없는 것이다.

관광객이 많은 휴양지인데, 가로등이 없다는 것은 이상한 일이다. 왜 그런 것일까? 그 이유는 바로 아름다운 사막의 밤을 즐기기 위해서다. 특히 구름이 없기 때문에 별빛이 다른 곳보다 더 잘 빛난다고 한다. 그래서 밤하늘의 별빛을 더 잘 보이게 하기 위해 팜 스프링스 시의회에서는 가로등을 없애기르 결의했다.

사실 가로등이 없으면 불편한 점이 한두 가지가 아니다. 밤에 운전하기도 불편하고 걷기도 어렵다. 그럼에도 별빛을 더 잘 보이게 하겠다는 목표가 있었기에 가로등을 없애겠다는 결정을 내렸다. 더 소중한 가치(아름다움)를 위해 상대적으로 낮은 가치(편리함)를 포기한 것이다. 밤하늘에 쏟아지는 별빛 때문에 이 도시는 관광 명소가 되었다.

아프리카에는 나무와 관련된 속담이 하나 있다. "세 그루의 나무를 심어라. 하나는 열매를 위해 다른 하나는 아름다움을 위해 그리고 나머지 한 그루는 그늘을 위해." 여기서 열매는 생계와 물질적 만족을 위한 것이고, 아름다움은 정서적이고 미적인 만족을 위한 것이다. 그리고 마지막으로 그늘은 섬김과 다른 사람을 배려하기 위한 것이다. 이 땅을 살면서 우리가 추구해야 할 가치가 무엇인지를 다시 한번 생각하게 하는 속담이다. 이처럼 우리도 어떤 가치를 최우선으로 여기며 사는지, 그것을 위해 덜 소중한 가치들을 포기할 줄 아는 사람이 되어야 한다.

> **THINK** 당신이 어떤 가치를 추구하며 살아가는지 적어보십시오. 인생에서 가장 소중한 가치가 무엇인지 깨닫고, 이를 위해 헌신하고 희생할 줄 아는 사람이 되도록 노력하십시오.

영적 성장 PLUS⁺ | 둘째 날

1,440불이 입금되었습니다

미국에서 실제로 있었던 이야기다. 한 학생이 고등학교를 졸업했다. 그리고 졸업한 지 얼마 되지 않아 전화 한 통을 받았다. 은행에서 온 전화였다. "오늘 당신 계좌로 1,440불이 입금되었으니 유용하게 사용하시기 바랍니다." 이 학생은 장난 전화라고 생각했다.

그런데 이튿날 같은 시간에 또 전화가 왔다. "어제 입금한 1,440불을 하나도 쓰지 않으셨더군요. 이제 그것은 무효가 되었습니다. 그런데 오늘 또다시 1,440불을 입금했습니다. 꼭 유용하게 사용하시기 바랍니다." 그는 여전히 장난 전화라고 생각하고 무시했다. 다음 날 똑같은 시각에 또 전화가 왔다. "어제도 한 푼도 안 쓰셨더군요. 어제 것도 무효가 되었습니다. 오늘 다시 한번 당신의 계좌로 1,440불을 입금했습니다. 오늘은 꼭 유용하게 사용하시기 바랍니다."

그는 이상하다는 생각에 은행에 가서 조회를 해보았다. 그랬더니 실제로 1,440불이 입금되어 있었다. 그래도 여전히 미심쩍어 그 돈 중 일부만 사용했다. 그랬더니 이튿날 전화가 왔다. "어제는 조금 사용하셨더군요. 입금하신 1,440불을 전부 사용하셔도 됩니다. 유용하게 잘 사용하시길 바랍니다. 오늘도 입금하겠습니다." 그래서 이번에는 돈을 전부 찾아서 마음껏 썼다.

이렇게 일주일이 지나고 또 전화가 왔다. 그런데 이번에는 그의 아버지에게서 전화가 왔다. "얘야, 네가 고등학교를 졸업했기 때문에 이제 돈을 제대로 사용하는지 한번 테스트를 해보고 싶었단다. 그런데 어제 네가 쓰는 것을 보니, 아직 준비가 덜 된 것 같구나. 그런데 돈보다 더 중요한 것이 있단다. 나는 일주일 동안 매일 1,440불을 입금했지만, 하나님은 우리에게 매일 1,440분이라는 소중한 시간을 주신단다. 그것을 바르게 사용하는 방법을 네가 배우기를 바란다."

만약 매일 통장에 1,440불이라는 돈이 입금된다면, 당신은 어떻게 하겠는가? 아마도 기쁜 마음에 필요한 곳에 사용할 것이다. 비록 돈은 아니지만 매일 우리에게 그냥 주어진 것이 많이 있다. 시간, 건강, 아름다운 자연, 소중한 사람들…. 안타까운 사실은 그냥 주어졌기에 그것을 잃어버리기 전에는 그 소중함을 잘 모른다는 것이다. 많은 사람이 인생을 허비했다고 후회하는 이유도 이 때문일 것이다.

THINK 하나님이 당신에게 위탁하신 것들이 무엇인지 생각나는 대로 적어보십시오. 그리고 그것들을 대하는 당신의 태도와 모습을 조용히 돌아보십시오. 청지기로서 갖추어야 할 바른 태도와 자세는 무엇입니까?

영적 성장 PLUS⁺ | 셋째 날

내가 알고 있다네

르네상스 3대 거장이자 천재 화가인 라파엘로. 16세의 나이로 대가의 반열에 올랐지만 그가 유일하게 시기했던 한 사람이 있었다. 라파엘로는 그를 떨어뜨리고자 교황이 추진하는 벽화 작업에 그를 추천했다. 그 라이벌은 화가가 아니라 조각가였다. 그림에 익숙하지 않은 그가 실수를 저지를 것은 불을 보듯 뻔했고, 이로써 그에게 망신을 줄 계획이었다. 그는 신이 내린 조각가로 불리는 미켈란젤로였다.

교황의 명령으로 어쩔 수 없이 그림을 그려야 했던 미켈란젤로는 당시의 심정을 편지에 썼다. "나는 완전히 의기소침해 있습니다. 내 본업이 아니기 때문에 일도 어렵고 자꾸 늦어집니다. 신이여, 도와주소서!" 그는 작업을 끝내지 못할 수도 있다는 중압감에 시달렸다. 그림을 그리는 4년 동안 그의 몸은 만신창이가 되었다.

그럼에도 그는 손에서 붓을 놓지 않는데, 뼛속까지 배어 있던 조각가로서의 기질 때문이었다. 그는 매우 사소한 부분까지 섬세하게 작업하려고 애썼다. 인물들의 그림자는 빛의 방향에 따라 모두 다르게 져 있고, 상체는 크고 다리는 작게 그려서 아래에서 그림을 봤을 때 비율이 딱 떨어진다. 최악의 상황에서도 그는 작은 부분들을 절대 포기하지 않았다.

그러던 어느 날 여느 때와 같이 벽화를 그리던 그에게 한 제자가 물었다. "스승님, 대체 누가 알아준다고 잘 보이지 않는 구석에 그렇게 시간을 쓰십니까?" 사실 이 제자의 질문은 당연한 것이었다. 모든 그림이 위치하는 곳은 높이 20미터의 천정이었기 때문이다. 그의 섬세한 작업이 보일 리 만무했다. 제자의 질문에 미켈란젤로는 이렇게 대답했다. "내가 알고 있다네." 4년 뒤 벽화는 세상에 공개되었다. 그를 위기에 빠뜨렸던 이 사건은 '천지창조'라는 인류 최고의 걸작이 탄생하는 계기가 된다.

인생을 살다 보면, 부당하거나 불합리한 상황에 처할 때가 있다. 내게 맞지도 않고 내가 원한 적도 없으며 할 수 없는 일이라고 항변하고 싶을 때가 있다. 내 삶에 아무도 관심 없고, 버려진 것만 같은 기분이 드는 순간도 있다. 그럴 때라도 눈을 들어 우리 인생을 그리시는 하나님의 손길을 바라보아야 한다. "내가 다 알고 있단다"라고 말씀하시는 하나님의 음성에 귀를 기울여야 한다.

> **THINK** 인생은 하나님께 위탁받은 것이라고 성경은 말합니다. 그리고 언젠가 주님이 다시 오시면 우리가 청지기로서 얼마나 성실히 살았는지를 칭찬해주실 것입니다. 당신은 얼마나 그날을 소망합니까? 그날을 소망하는 사람으로서 오늘 필요한 삶의 자세는 무엇입니까?

영적 성장 PLUS+ | 넷째 날

당신의 1번 핀은 무엇인가

어느 연구 결과에 따르면 우리 행동의 45퍼센트는 습관에서 나온다고 한다. 그만큼 습관은 중요하다. 문제는 좋은 습관을 들여야 한다는 사실은 알지만, 습관을 바꾸기는 쉽지가 않다는 것이다. 왜 그럴까?

어느 교수가 강의 중에 학생들에게 이렇게 말했다. "지금부터 1분의 시간을 드릴 테니 다른 생각은 다 하더라도 코끼리 생각은 하지 마십시오." 그리고 눈을 감으라고 했다. 1분이 지난 후에 이렇게 다시 물었다. "이 중에 코끼리 생각을 하지 않은 사람은 손을 들어보세요." 결과가 어땠을까? 손을 든 사람은 아무도 없었다.

그럼 왜 모두 코끼리 생각을 할 수밖에 없었을까? 코끼리 생각을 하지 않으려고 애쓰는 것 자체가 함정이었다. 아무도 손을 들지 않은 것을 보고 교수는 코끼리 생각을 하지 않는 비결을 가르쳐주겠다며 이렇게 말했다. "여러분, 1분 동안 코끼리 생각을 하지 않으려면 코끼리 생각을 하지 않으려고 발버둥치는 것이 아니라, 코끼리보다 더 아름다운 것을 생각하면 됩니다. 귀여운 강아지나 아름다운 꽃 또는 어머니를 생각해보세요. 코끼리 생각을 하지 않으려고 하면 100퍼센트 실패하지만, 코끼리보다 더 아름다운 것을 생각하면 성공할 수 있습니다."

우리는 나쁜 습관을 고치기 위해 많이 노력한다. 하지만 나쁜 습관을 버리기 위해 노력하기보다는, 이와는 무관해 보이는 좋은 습관을 익히고자 노력할 때 나쁜 습관을 더 쉽게 고치는 경우가 많다. 예를 들어, 운동을 안 하던 사람이 꾸준히 운동하면 어떤 효과가 일어날까? 근육이 생기고 몸매가 좋아지는 결과만 생길까? 실제로 실험해본 결과, 식습관도 좋아지고 일의 능률도 향상된다. 그뿐 아니라 담배도 덜 피우고, 동료나 가족에게 더 인내심을 발휘하며, 소비도 줄고 이로 인한 스트레스도 덜하게 된다.

마치 볼링을 칠 때 1번 핀이 맞으면 나머지 핀이 연쇄적으로 쓰러지는 것처럼, 하나의 습관이 다른 삶의 요소들에 영향을 미치는 것이다. 이를 '습관의 연쇄력'이라고 하는데, 1번 핀 같은 습관을 핵심 습관이라고 한다. 좋은 습관 한 가지를 익힐 때, 우리는 삶의 변화를 맛볼 것이다.

당신이 추구하는 가장 소중한 가치를 한 가지 생각해보십시오. 그리고 그 가치를 실현하기 위해 익혀야 할 습관 하나를 정해보십시오. 무엇보다도 우리의 영혼에 날마다 새 힘을 공급해줄 영적인 습관 한 가지를 정해 익히기 위해 노력해보십시오.

영적 성장 PLUS⁺ | 다섯째 날

당신에게 남은 것을 적어보십시오

유명한 저술가이자 상담가인 노먼 빈센트 필 박사에게 사업에 실패한 52세 남성이 찾아왔다. 그는 극도의 절망감에 사로잡혀 이렇게 말했다. "저의 인생은 이제 끝났습니다. 사업에 완전히 실패했습니다. 모든 것을 잃었습니다. 이제 남은 것은 죽음뿐입니다." 이 말을 들은 필 박사는 이렇게 대답했다. "방금 모든 것을 잃었다고 했습니까?"

"예, 그렇습니다. 저는 절망적입니다. 모든 것을 다 잃었으니까요."

그러자 필 박사는 이렇게 제안했다. "그럼 우리 함께 이 종이 위에 당신에게 남아 있는 것을 한번 적어봅시다." 그런 다음 필 박사는 펜과 종이 한 장을 그에게 건넸다. "부인은 계십니까?"

"예, 좋은 아내지요."

"그럼 종이 위에 좋은 아내라고 적으십시오. 자녀는 있습니까?"

"예, 귀여운 세 아이가 있습니다."

"이 종이에 귀여운 세 아이라고 쓰세요. 친구는요?"

"예, 있습니다."

이렇게 계속해서 종이에 적다가 필 박사가 물었다. "당신은 아까 모든 것을 잃었다고 했습니다. 그러나 사실 모든 것을 다 잃은 것은 아니군요. 아직도 많은 것을 가지고 있지 않습니까?" 이 남성은 필 박사의 말에 무엇인가를 한참 생각하더니 "선생님, 감사합니다"라는 말을 남기고 의자를 박차고 나갔다.

인생을 살다 보면 크고 작은 문제를 만나게 된다. 이때 우리는 문제에 집중하는 경향이 있다. 내게 부족한 것만 바라보느라 정작 내게 주어진 소중한 것을 보지 못하는 경우가 많다. 결국 자신의 부족함에 집중하다 보면 불행하다고 느낄 수밖에 없다. 하나님은 풍요로운 분이시다. 사명을 감당하기에 충분한 자원을 우리에게 주셨다. 문제는 그 사실을 모르고 가난하게 사는 사람이 많다는 것이다. 우리에게 무엇보다 필요한 것은 이미 주어진 소중한 것을 볼 줄 아는 눈이다.

 당신의 모습은 이야기 속 남성의 모습과 닮지 않았습니까? 하나님이 당신에게 허락하신 모든 것을 적어보십시오. 그것을 가지고 당신이 해야 할 일은 무엇인지 다시 한번 돌아보십시오.

12과

영적 전투와 고난

암송 구절 고린도전서 15장 57-58절

"우리 주 예수 그리스도로 말미암아 우리에게 승리를 주시는 하나님께 감사하노니 그러므로 내 사랑하는 형제들아 견실하며 흔들리지 말고 항상 주의 일에 더욱 힘쓰는 자들이 되라 이는 너희 수고가 주 안에서 헛되지 않은 줄 앎이라."

암송 구절은 반드시 암송해야 하는 것은 아니지만, 각 과의 핵심 구절이므로 숙지하는 것이 좋습니다. 함께 읽는 정도에서 시작해도 됩니다.

다루게 되는 내용

- 성도의 삶이 영적 전투의 현장임을 깨닫는다(1-3번).
- 영적 전투에서 승리하기 위해 준비한다(4-6번).
- 성도의 삶 속에서 경험하는 고난의 문제를 배운다(7번).
- 하나님이 허락하시는 영적 전투와 고난의 목적을 이해함으로, 세상 속에서 승리하는 그리스도인으로 산다(8-9번).

마음의 문을 열며

많은 그리스도인이 예수님을 믿는 순간 평탄한 삶이 펼쳐지기를 바랍니다. 하지만 실제 성도의 삶은 이런 장밋빛 환상과는 거리가 있습니다. 날마다 영적 전투와 고난이 끊임없이 이어지는 것이 실상입니다. 믿음이 좋다는 것은 전투와 고난이 없다는 것이 아니라, 전투와 고난 중에서도 믿음으로 잘 이겨낸다는 것을 의미합니다. 물론 하나님은 우리를 사랑하고 지키며 보호하고 온갖 좋은 것들로 우리에게 주길 원하십니다. 하지만 하나님이 진정으로 우리에게 주기 원하시는 것은 이 땅의 복이 아니라 하늘의 신령한 복입니다. 왜냐하면 하늘의 신령한 복만이 진정하고 참된 복이기 때문입니다. 그렇기 때문에 성도의 삶 속에 특별한 목적을 두고 고난과 고통, 영적인 전투를 허락하시는 것입니다. 따라서 영적으로 바로 서기 위해서 고난과 고통, 영적 전투를 바른 관점으로 보는 것이 필수입니다.

🔊 그리스도인을 잘 나타내는 표현은 무엇일까? 한 가지씩 나누어보라.

그리스도인을 나타내는 표현에는 여러 가지가 있다. 그리스도인의 정체성은 중요하다. 왜냐하면 정체성에 따라 삶의 모습이 달라지기 때문이다. 신약 성경에서 그리스도인을 가리킬 때 가장 많이 사용된 이미지는 영적 군사다. 그러나 안타깝게도 그리스도인을 군사의 이미지로 생각하는 사람은 별로 없다. 그렇기 때문에 많은 그리스도인이 전쟁터와 같은 세상 속에서 실패하고 넘어지는 경우가 많다.

🔊 많은 그리스도인이 예수님을 믿는 순간 평탄한 삶이 펼쳐지길 바란다고 '마음

의 문을 열며'에서 언급했다. 당신은 어떤가?

아마도 고난이 반가운 사람은 없을 것이다. 고생이나 고통을 좋아하는 사람은 없다. 성경에서도 고생이나 고통을 미화하지 않는다. 어쩌면 계속 평탄한 삶을 살길 바라는 인간의 마음은 당연한 것인지도 모른다. 그런데 현실은 우리의 바람과는 다르다. 믿는 사람도 고통과 고난을 겪을 수밖에 없다. 때로는 믿기 때문에 오히려 더 많은 고난을 당해야 할 때도 있다. 믿음이 좋다는 것은 이런 영적 전투와 고난을 잘 이겨낸다는 의미다.

🔊 당신은 어떤가? 당신은 영적 전투와 그난을 잘 이겨내는 편인가? 아마도 대부분은 그렇지 않을 것이다. 오늘 '영적 전투와 고난'을 배우는 이유도 여기에 있다. 그리스도의 군사로서 이 땅에서 어떻게 승리하며 살아갈지를 함께 배워 보자.

말씀의 씨를 뿌리며

영적 전투

1 우리는 예수님을 믿는 순간 세상과 구별된 새로운 존재가 되었습니다. 바울은 이 사실을 어떻게 말했습니까?

> **고린도후서 5:17** 그런즉 누구든지 그리스도 안에 있으면 새로운 피조물이라 이전 것은 지나갔으니 보라 새것이 되었도다.

🔊 바울은 우리가 어떤 존재가 되었다고 말하는가?

새로운 피조물이 되었다고 말한다. 새로운 존재가 되었다는 의미다. 우리가 새로운 존재가 되는 조건은 무엇인가? "그리스도 안에 있으면." 즉 예수님을 믿기만 하면 새로운 존재가 된다. 본문에 "누구든지"라고 나와 있듯이 어떤 사람이든 예수님만 믿으면 새로운 존재가 된다. 당신은 어떤가? 그리스도 안에서 새로운 존재가 되었음을 믿는가?

🔊 그런데 새로운 존재가 되었기 때문에 경험할 수밖에 없는 갈등이 있다. 2번 질문을 보라.

---

2 그리스도 안에서 새로운 존재가 되었기에 부딪힐 수밖에 없는 갈등이 있습니다. 그것은 무엇입니까?

> **요한일서 5:19**(벧전 5:8-9 참고)   또 아는 것은 우리는 하나님께 속하고 온 세상은 악한 자 안에 처한 것이며.

> **베드로전서 5:8-9**   근신하라 깨어라 너희 대적 마귀가 우는 사자같이 두루 다니며 삼킬 자를 찾나니 너희는 믿음을 굳건하게 하여 그를 대적하라 이는 세상에 있는 너희 형제들도 동일한 고난을 당하는 줄을 앎이라.

🔊 우리가 어디에 속했다고 말하는가?

하나님께 속했다. 예수님을 믿는 순간 우리는 새로운 존재가 되었을 뿐만 아니라, 소속도 바뀐다. 인간은 태어나면서 국적을 갖는다. 마찬가지로 우리는 새로운 존재로 태어나면서 새로운 국적을 갖게 되었다.

🔊 우리의 소속이 바뀌었기 때문에 나타나는 현상은 무엇인가?

악한 자가 우리를 괴롭힌다. 베드로전서에서는 마귀가 우는 사자와 같이 믿는 자를 삼키려 한다고 말한다. 세상은 그리스도를 대적하기 때문에 악한 자는 그리스도에게 소속된 사람들을 끊임없이 괴롭히는 것이다.

반대로 말해, 예수님을 믿었는데도 세상이 나를 괴롭히지 않고 삶이 너무 평온하다면, 과연 내가 어디에 속했는지를 의심해봐야 한다. 예를 들어 야구 경기에서 어떤 팀을 응원한다고 생각해보라. 내 팀이 아닌 다른 팀을 응원하는 사람을 고운 시각으로 보지는 않게 된다. 그런데 만약 다른 팀을 응원하는 팬이 아니라 적군이라고 생각해보라. 더 하지 않겠는가? 이처럼 그리스도에 속한 사람이 악한 자에게서 아무런 방해를 받지 않는다면, 이상한 일이다.

🔊 그렇다면 이런 갈등을 이겨내고 승리하기 위해 어떤 것이 필요할까? 3번 질문을 보라.

3 우리가 하나님께 속했기 때문에 세상은 끊임없이 우리를 넘어뜨리고자 도전합니다. 세상의 유혹과 시험을 이기기 위해서는 어떤 노력이 필요합니까?

> **요한일서 2:15-16** 이 세상이나 세상에 있는 것들을 사랑하지 말라 누구든지 세상을 사랑하면 아버지의 사랑이 그 안에 있지 아니하니 이는 세상에 있는 모든 것이 육신의 정욕과 안목의 정욕과 이생의 자랑이니 다 아버지께로부터 온 것이 아니요 세상으로부터 온 것이라.

🔊 세상의 유혹과 시험을 이기기 위해서 어떤 노력이 필요한가? 왜 그런가?

세상을 사랑하면 안 된다. 왜 세상을 사랑하면 안 되는가? 물론 세상을 살면서 이 땅의 것들이 필요하다. 하지만 이것들을 사랑하여 그것에 빠지고 매이면 안 된다. 또 소유나 권력에 대한 욕망에 빠지거나 다른 사람의 필요를 무시하면서까지 더 좋은 것을 가지려는 이기적인 욕망에 빠져서는 안 된다. 이 모든 것이 세상 것들에 대한 욕심(육신의 정욕)과 갈망(안

목의 정욕)과 자랑(이생의 자랑)에서 비롯한 것이다. 세상에 속해 세상 속에서 살아가지만, 세상을 사랑해서는 안 된다. 결국 세상의 것들을 사랑하다 보면 하나님으로부터 멀어질 수밖에 없다. 삼손의 예를 보아도 잘 알 수 있다. 블레셋 여인 데릴라를 사랑한 결과가 어땠는지 보라.

그렇다면 세상을 사랑하지 않기 위해서 필요한 것은 무엇인가? 하나님을 더 사랑하는 것이다. 세상을 사랑하지 말아야 한다고 사랑하지 않게 되는 것이 아니다. 오히려 하나님을 더욱 사랑할 때(말씀을 배우고 하나님에 대해 알아갈 때, 하나님께 더욱 가까이 가려고 노력할 때) 세상을 사랑하지 않게 된다.

> **마태복음 26:41** 시험에 들지 않게 깨어 기도하라 마음에는 원이로되 육신이 약하도다 하시고.

🔊 세상의 유혹과 시험을 이기기 위해 어떤 노력이 필요하다고 마태복음에 나오는가? 왜 그런가?

첫째, 시험에 들지 않게 깨어 기도하라고 당부한다. 즉 늘 영적 전투의 현장에 있음을 기억하고 깨어 있어야 한다. 군인이 자신의 신분을 망각한 채 지낸다면 결과는 패배로 이어질 수밖에 없다.

둘째, 기도해야 한다. 영적 전투의 현장에 있다는 것을 기억할 뿐만 아니라 기도로 늘 무장해야 한다. 기도는 영적으로 무장하는 가장 중요한 통로다. 우리 힘으로는 영적 싸움을 이길 수 없다. 하나님이 주신 능력으로만 승리할 수 있으며, 이 능력을 공급받는 가장 중요한 통로가 바로 기도다. 우리는 얇은 종이와 같이 연약한 존재다. 하지만 콘크리트 벽에 붙어 있으면 쉽게 떼거나 찢지 못한다. 마찬가지로 기도는 우리가 하나님께 가깝게 붙어 있게 해준다.

> '기도하고 싶을 때 기도하라'고 누군가 말했다. 하지만 중요한 것은 이것이다. 기도하고 싶지 않을 때도 기도해야 하며, 기도하고 싶은 마음이 들 때까지 기도해야 한다. **칩 잉그램**(Chip Ingram)

> **전도서 4:12** 한 사람이면 패하겠거니와 두 사람이면 맞설 수 있나니 세 겹 줄은 쉽게 끊어지지 아니하느니라.

🔊 전도서에서는 세상의 유혹과 시험을 이기기 위해 무엇이 필요하다고 말하는가? 왜 그런가?

> 두 사람이면 맞설 수 있다고 말한다. 즉 공동체가 필요하다는 것이다. 왜일까? 하나 더하기 하나는 단순히 둘이 아니다. 그 이상이다. 그만큼 혼자 싸울 때보다 함께 싸울 때 더 승리할 가능성이 크다. 공동체의 중요성은 아무리 강조해도 지나치지 않다. 또한 믿음의 사람들을 가까이하다 보면 나의 믿음도 깊어지게 되어 있다. '근묵자흑, 근주자적'이라는 말이 있다. 교회에 나와 여러 크고 작은 공동체에 소속되어 생활하는 것이 중요한 것도 이 때문이다. 단순히 혼자 신앙생활을 한다면 영적인 싸움에서 승리할 수 없을 것이다. 어떤 사람과 가까이하느냐가 그만큼 중요하다는 의미다.

🔊 당신은 어떤가? 이 세 가지 중에서 특별히 중요하다고 생각하는 것이 있는가?

> 각자 이 세 가지의 중요성을 생각해보거나 느낀 적이 있는지, 어떤 점에서 그렇게 생각하거나 느꼈는지 나누어보라.

🔊 세상의 유혹과 시험을 이겨내기 위해서는 늘 영적으로 무장되어 있어야 한다. 4번 질문을 보라.

---

4 영적 전투에서 승리하기 위해서는 늘 영적으로 무장되어 있어야 합니다. 당신은 영적으로 잘 무장되어 있는 사람입니까? 만약 그렇지 않다면 어떤 점에서 더욱 노력해야 합니까?

> **에베소서 6:13-17** 그러므로 하나님의 전신갑주를 취하라 이는 악한 날에 너희가 능히 대적하고 모든 일을 행한 후에 서기 위함이라 그런즉 서서 진리로 너희 허리띠를 띠고 의의 호심경을 붙이고 평안의 복음이 준비한 것으로 신을 신고 모든 것 위에 믿음의 방패를 가지고 이로써 능히 악한 자의 모든 불화살을 소멸하고 구원의 투구와 성령의 검 곧 하나님의 말씀을 가지라.

🔊 에베소서 6장에는 영적인 전투를 위해 무엇을 하라고 권면하는가?

전신갑주를 입으라고 말한다. 그리고 상세하게 우리가 입어야 할 전신갑주에 대해 설명한다.

🔊 여기서 알 수 있는 사실은 무엇인가?

철저히 준비해야 한다는 점이다. 전쟁터에 나간다고 생각해보라. 무기만 들고 나가면 되겠는가? 투구도 쓰고 갑옷 가슴 쪽에 호심경도 붙이고 철저히 준비해서 나갈 것이다. 마찬가지다. 영적 전투에 승리하기 위해서는 철저히 준비해야 한다. 또한 다양한 영적인 준비가 필요하다는 사실을 알 수 있다. 기도는 물론 말씀 그리고 복음에 대한 분명한 지식 등 다양한 영역을 준비해야 한다.

🔊 당신은 어떤가? 영적으로 잘 무장되어 있는 사람인가? 어떤 점에서 더 준비가 필요한가?

각자 이야기를 나누어보라. 우리 중에 철저히 무장되어 있다고 답할 사람은 거의 없다. 부족하다면 어떤 점에서 가장 부족한지 나누어보라. 그리고 어떻게 하면 더 영적으로 잘 무장할 수 있을지 각자의 생각을 나누어보라.

🔊 그런데 영적 전투에 임할 때 반드시 기억해야 할 점이 있다. 5번 질문을 보라.

5 때로는 영적 전투에서 넘어지고 쓰러질 때가 있습니다. 하지만 궁극적으로 성도는 반드시 승리하게 될 것입니다. 이렇게 확신해도 좋은 이유가 무엇입니까?

> **요한일서 4:4** 자녀들아 너희는 하나님께 속하였고 또 그들을 이기었나니 이는 너희 안에 계신 이가 세상에 있는 자보다 크심이라.

🔊 우리가 세상과의 싸움에서 어떻게 되었다고 말하는가?

이겼다고 말한다. 그 이유는 무엇인가? 우리 안에 계신 이, 즉 예수님이 세상보다 크시기 때문이다. 우리 안에 계신 예수님이 우리를 도와주실 것이므로 우리는 승리할 것이다. 또한 우리가 하나님께 속해 있고, 하나님이 세상보다 크시기 때문에 우리는 승리하게 될 것이다. 운동 경기를 할 때 내가 잘하는 것도 중요하지만, 잘하는 팀에 소속되어 훌륭한 선수들과 함께 경기하는 것이 더 중요하다. 내가 못해도 우리 팀이 잘한다면 나는 승리할 것이기 때문이다.

> **로마서 16:20** 평강의 하나님께서 속히 사탄을 너희 발아래에서 상하게 하시리라 우리 주 예수의 은혜가 너희에게 있을지어다.

🔊 로마서에서는 하나님이 어떻게 하실 것이라고 말하는가?

사탄을 우리의 발아래 상하게 하실 것이라고 말한다. 우리가 승리하게 된다는 의미다. 그 근거는 어디에 있는가? 비록 우리는 약하지만, 우리를 도우시는 하나님이 계시기 때문에 승리할 수 있다. 그렇다면 중요한 것은 무엇인가? 우리에게 승리를 주시는 하나님께 가까이 가는 것이다. 그분의 도우심을 붙잡고 그분을 의지하며 나아가는 것이다. 결국 싸움의 승패는 하나님을 얼마나 가까이하느냐에 달려 있다.

🔊 당신은 어떤가? 반드시 세상 속에서 승리할 것이라는 확신이 있는가? 6번 질문을 보라.

---

6 당신에게도 이런 승리에 대한 분명한 확신이 있습니까? 만약 확신이 없다면 어떤 이유 때문입니까? 그리고 이런 확신이 주는 영적인 유익은 무엇이라고 생각합니까?

🔊 승리에 대한 확신이 왜 중요한가?

> 될 수 있다고 생각하는 사람과 될 수 없다고 생각하는 사람은 삶을 대하는 태도 자체가 다르다. 시험에서 합격할 거라고 믿는 사람과 그렇지 않은 사람을 생각해보라. 안될 거라고 생각하는 사람은 시도조차 안 하거나 시도하더라도 적극적이지 않다. 전쟁을 치를 때 장수의 가장 중요한 역할 중 하나는 병사들의 사기를 높여주는 것이다. 사기에 따라 군사력은 몇 배의 차이를 보인다. 승리에 대한 확신이 있는 병사와 그렇지 않은 병사는 싸우는 태도 자체가 다르다. 영적인 전투도 마찬가지다. 승리를 확신하며 영적 전투에 임할 때 우리는 낙심하지 않고 계속 전쟁을 치를 수 있다.

🔊 그리스도인에게 영적인 전투는 필수다. 그리고 마지막에 반드시 승리할 것이다. 하지만 여전히 고난과 어려움도 경험한다. 7번 질문을 보라.

고난과 영광

7 인간의 타락으로 세상에 고통과 고난이 들어왔습니다. 이런 고난과 고통은 그리스도인에게도 예외가 아닙니다. 하나님이 성도에게 고난을 허락하신 이유는 무엇입니까?

> **야고보서 1:2-4** 내 형제들아 너희가 여러 가지 시험을 당하거든 온전히 기쁘게 여기라 이는 너희 믿음의 시련이 인내를 만들어 내는 줄 너희가 앎이라 인내를 온전히 이루라 이는 너희로 온전하고 구비하여 조금도 부족함이 없게 하려 함이라.

🔊 우리에게 시험을 허락하시는 이유는 무엇인가?

온전하고 구비하여 조금도 부족함이 없게 하기 위해서다. 달리 말하면, 시련과 고난을 통해 신앙, 인격의 성장과 성숙을 이루고, 우리가 온전한 존재가 되게 하기 위해서다.

🔊 왜 시련이 없으면 안 되는가?

계속 햇빛만 있는 곳은 사막이 된다는 중동 속담이 있다. 땅이 메마르지 않기 위해서는 때로는 비도 내리고 홍수도 일어나야 한다. 마찬가지로 인생에 어려움이 없으면 우리의 인격은 메마르게 된다. 인생의 실패나 고난을 경험하지 않은 사람은 교만하기 쉽고 다른 사람의 아픔을 이해하지 못한다. 어려움이 없다면 우리는 기도조차 안 할지도 모른다. 크고 작은 어려움이 있기에 무릎을 꿇고 기도하며 하나님을 찾고 의지하게 되는 것이다. 철을 강하게 하기 위해 때리듯이, 크고 작은 시련과 고난을 통해 우리의 인격은 더욱 강해지고 아름답게 빚어진다.

> **고린도후서 1:4** 우리의 모든 환난 중에서 우리를 위로하사 우리로 하여금 하나님께 받는 위로로써 모든 환난 중에 있는 자들을 능히 위로하게 하시는 이시로다.

🔊 우리에게 고난을 허락하시는 이유는 무엇인가?

우리가 받은 위로로 다른 사람을 위로하기 위해서다. 첫째, 우리는 하나님께 위로를 받는다. 고난 중에만 경험하는 하나님의 독특한 은혜가 있다. 고난의 시절에 우리는 하나님을 더욱 깊이 만나게 된다. 둘째, 우리가 받은 위로로 다른 사람을 위로하게 된다. 즉 하나님은 고난을 통해 다른 사람을 섬기도록 우리를 준비시키신다. 하나님이 우리에게 고난을 허락하신 이유는 하나님을 더욱 깊이 알아가고, 선한 일을 하도록 준비시키기 위해서다.

🔊 당신은 하나님이 선한 목적으로 우리에게 고난을 허락하셨음을 믿는가?

각자 자신이 생각하는 고난의 목적에 대해 나누어보라.

🔊 고난에는 목적이 있다. 그런데 이런 고난을 이겨내기 위해 우리에게 필요한 믿음의 자세가 있다. 8번 질문을 보라.

8 고난에서 승리하기 위해 우리에게 어떤 믿음의 태도와 자세가 필요하다고 생각합니까?

> **로마서 8:28** 우리가 알거니와 하나님을 사랑하는 자 곧 그의 뜻대로 부르심을 입은 자들에게는 모든 것이 합력하여 선을 이루느니라.

🔊 로마서에서는 믿는 자에게 일어나는 일이 어떻다고 말하는가?

모든 것이 합력하여 선을 이룬다고 말한다. 우선은 모든 것이라고 말했다. 단 하나도 예외 없이, 우리에게 일어나는 나쁜 일조차 포함된 것이다. '합력하다'는 함께 작동한다는 뜻이다. 마치 복잡한 시계 내부에 있는 여러 부품이 함께 작동하여 시간을 보여주는 것처럼, 우리가 경험하는 모든 일이 모여 하나님의 선하신 뜻을 이루어간다. 우리가 당하는 고난조차도 하나님은 선을 이루어가는 도구로 사용하신다는 것이다. 이런 믿음이 필요하다.

> **베드로전서 1:6-7** 그러므로 너희가 이제 여러 가지 시험으로 말미암아 잠깐 근심하게 되지 않을 수 없으나 오히려 크게 기뻐하는도다 너희 믿음의 확실함은 불로 연단하여도 없어질 금보다 더 귀하여 예수 그리스도께서 나타나실 때에 칭찬과 영광과 존귀를 얻게 할 것이니라.

🔊 **시험을 이긴 자들은 어떤 결과를 얻게 되는가?**

예수님이 나타나실 때 칭찬과 영광과 존귀를 얻게 될 것이다. 시험이나 고난을 믿음으로 이겨냈을 때 하나님이 상급을 주실 것이다. 고난의 끝에 반드시 주님이 주시는 영광이 있음을 믿어야 한다. 언젠가 우리의 삶이 평가받는 날이 올 것이다. 그날에 이 땅에서 믿음을 지키고 하나님의 뜻을 이루며 살았던 사람들은 하나님께 말로 다할 수 없는 칭찬을 받게 될 것이다. 이 칭찬은 우리가 누렸던 어떤 기쁨보다 더 크며, 우리가 경험한 고통과 아픔, 슬픔과 눈물을 다 씻어줄 만큼 클 것이다.

> **히브리서 12:1-2** 이러므로 우리에게 구름같이 둘러싼 허다한 증인들이 있으니 모든 무거운 것과 얽매이기 쉬운 죄를 벗어 버리고 인내로써 우리 앞에 당한 경주를 하며 믿음의 주요 또 온전하게 하시는 이인 예수를 바라보자 그는 그 앞에 있는 기쁨을 위하여 십자가를 참으사 부끄러움을 개의치 아니하시더니 하나님 보좌 우편에 앉으셨느니라.

🔊 **고난당할 때 어떻게 하라고 말하는가?**

예수님을 바라보라고 말한다. 우리를 위해 십자가의 고난을 받으신 예수님을 그리고 십자가의 고난을 이겨내고 부활의 영광을 누리신 예수님을 바라보아야 한다. 예수님이 우리를 얼마나 사랑하셨는지, 우리를 위해 어떤 희생을 치르셨는지를 기억할 때, 예수님을 본받아 우리도 고난을 이겨낼 수 있다. 나를 위해 목숨까지 아끼지 않으신 주님을 생각하고 바라볼 때 우리가 겪는 고난은 절대 큰 것이 아님을 깨달을 수 있다. 주님이 그렇게까지 날 사랑하셨는데 그런 주님을 위해 그 정도 사랑도 드릴 수 없겠는가?

🔊 당신은 어떤가? 고난당할 때 어떻게 그 상황을 바라보고 이겨내려고 노력하는가? 9번 질문을 보라.

9 다음 글을 읽고 느낀 점을 나누어보십시오.

> 나는 감히 제안한다. '고통의 순간에 하나님은 어디에 계시는가?'라고 묻지 말고, '고통의 순간에 나는 어디에 서 있는가?'라고 물으라. 성숙한 그리스도인은 고통을 겪지 않는 사람이 아니라, 고통 중에도 하나님을 온전히 신뢰하는 사람이다. 쉽지는 않지만, 그렇다고 불가능한 일은 아니다. 이런 태도가 없다면 은혜와 진리 안에서 계속 성장할 수 없다. **존 페어렐**(John Pearrell)

🔊 당신은 고난당할 때 어떻게 고난을 이겨내려고 노력하는 편인가?

각자 고난을 이겨낸 경험, 어떻게 믿음으로 고난을 이겨내려고 노력했는지 나누어보라.

🔊 '삶의 열매를 거두며'를 보라.

삶의 열매를 거두며

성경에는 성도의 삶에 대한 두 가지 상반된 이미지가 나옵니다. 하나는 웨딩드레스를 입은 신부의 모습이며, 다른 하나는 전투복을 입은 군인의 모습입니다. 신부의 모습이 주님을 인생의 주인으로 모신 성도만 누릴 수 있는 기쁨과 평강을 묘사한 이미지라면, 군인의 모습은 주님을 인생의 주인으로 모셨기 때문에 이 땅에서 겪어야만 하는 고통과 고난을 묘사한 이미지입니다. 우리가 영적인 전투와 고난 중에서도 기쁨을 잃지 않는 이유는 예수님이 아무런 자격이 없는 우리를 자녀로, 신부로 삼아주셨다는 확신에서 나오는 감격 때문일 것입니다. 또한 영광 중에 계신 그리스도로 말미암아 반드시 승리할 것이라는 확신 때문입니다. 당신이 지금 직면한 고난은 무엇입니까? 함께 나눈 후 전심으로 기도합시다.

🔊 각자 요즘 가장 많이 기도하고 있는 제목이 무엇인지 나누고 함께 기도한다.

영적 성장 PLUS⁺ | 첫째 날

프라이팬이 작아서

맥스 루케이도라는 기독교 작가가 쓴 『짐을 버리고 길을 묻다』(좋은씨앗 역간)라는 책을 보면 다음과 같은 이야기가 나온다. 미국 캘리포니아 주에 사는 어떤 친구 둘이서 바다낚시를 갔다. 고기가 얼마나 많은지 낚싯대를 던졌다 하면 고기가 미끼를 물었다. 둘은 신이 나서 물고기를 잡았다. 그런데 이상한 점을 하나 발견했다.

상식적으로는 큰 물고기를 잡으면 가져온 통에 담아놓고 작은 것을 잡으면 도로 풀어주는 법인데, 함께 간 친구는 반대로 하고 있었던 것이다. 큰 고기가 잡히면 다 보내주고 손바닥만 한 작은 고기가 잡히면 통에 담았다. 그래서 친구에게 물었다.

"다른 사람들은 보통 큰 고기가 들어오면 취하고 작은 고기가 오면 방류하는데, 왜 자네는 반대로 하는가?"

그러자 그 친구는 이렇게 답했다. "우리 집 프라이팬이 작은 것밖에 없어서."

집에 프라이팬이 작은 것밖에 없다 보니, 프라이팬에 들어갈 만한 작은 고기만 잡고, 큰 고기는 풀어주었다는 것이다.

우리의 모습은 어떤가? 이야기 속에 등장하는 작은 프라이팬에 맞는 고기만을 취하는 사람이 우리 모습은 아닐까? 작은 그릇에 만족하여 더 귀하고 값진 것들을 그냥 스쳐 보내고 있지는 않은가? 하나님이 우리에게 주시고자 하는 복은 너무나 크고 놀라운데, 그 복을 담기에는 너무 작은 마음의 그릇을 가진 것이 우리의 솔직한 모습은 아닐까?

하나님은 우리를 있는 모습 그대로 사랑하신다. 그러나 동시에 그분은 우리가 변화되길 바라신다. 왜냐하면 우리에게 주시려는 것이 많기 때문이다. 우리 마음의 그릇이 커졌을 때, 더 많은 것을 주실 수 있기 때문이다. 때로 우리에게 인생의 역경과 시련을 허락하시는 이유도, 기대하지 않았던 길로 인도하시는 이유도 우리를 더욱 귀한 것을 담을 수 있는 그릇으로 다듬으시기 위해서다.

당신은 어떤 마음의 프라이팬을 가지고 있습니까? 당신이 소중히 여기는 가치들을 적어보십시오. 그런 다음 어떤 가치를 추구하며 살아가야 할지 다시 한번 묵상해보십시오.

영적 성장 PLUS+ | 둘째 날

네가 먹이를 주는 쪽이 이긴단다

다음은 에단 호크의 『기사의 편지』에 나오는 저자의 경험담이다.

> 8월의 어느 무더운 밤, 할아버지와 해변에서 야영할 때였습니다. 할아버지가 말씀하셨습니다. "전쟁에 관해 가르치면서 꼭 알려주고 싶은 게 있단다. 우리 각자의 내면에 사는 두 마리 늑대 사이에서 벌어지는 진정한 투쟁 말이다."
> "두 마리 늑대요?"
> 나는 불 가까이 놓인 낡은 통나무에 걸터앉아 물었습니다. 밤공기 속에서 어지럽게 일렁이는 불꽃에 시선을 고정한 채.
> "한 마리는 악이지. 분노, 질투, 탐욕, 오만, 자기 연민, 원한, 열등감, 거짓, 그릇된 자존감이란다."
> 할아버지는 손수 깎아 만든 긴 막대기로 잉걸불을 쑤시느라 잠깐 말을 멈추셨습니다. "다른 한 마리는 선이란다. 기쁨, 사랑, 희망, 평온, 겸손, 자애, 용서, 공감, 관대함, 진실, 연민, 믿음이지."
> 나는 잠깐 생각해본 뒤 머뭇거리며 물었습니다. "어떤 늑대가 이겨요?"
> 불똥이 춤추듯 벽을 향해 날아올랐습니다. 할아버지는 불꽃을 지그시 응시하면서 대답해주셨습니다. "네가 먹이를 주는 쪽이 이긴단다."

우리 안에는 다양한 욕구가 존재한다. 무엇인가를 성취하고 성공하려는 욕구, 타인의 사랑을 받으려는 욕구, 변화보다는 안정된 삶을 추구하려는 욕구 등이다. 어떤 영역에 특별한 관심과 열정을 보이는 경우도 있다. 음악을 즐긴다든지 사람들과의 만남을 좋아한다든지, 누군가를 섬기는 데 남다른 애정을 쏟을 수도 있다. 심지어 때로는 비교의식, 열등감, 과거의 아픔 같은 상처에 매여 있는 경우도 있다. 혹은 이런 욕망 중 유독 한두 가지가 크게 자리하고 있는 경우도 있다.

그렇다면 왜 이런 현상이 일어날까? 그 이유를 이 이야기 속 할아버지의 답변에서 찾을 수 있을 것 같다. 그것은 우리가 계속 먹이를 주었기 때문이다. 지속적으로 관심을 갖고 생각하며 행하고 키우는 것이 더 커질 수밖에 없다.

 오늘 당신은 어디에 먹이를 주고 있습니까? 세상이 주는 부나 명예, 성공과 성취, 과거의 상처 같은 것에 먹이를 주고 있지는 않습니까? 아니면 성경이 말하는 의미와 가치, 삶의 방식, 내일의 소망에 먹이를 주고 있습니까?

영적 성장 PLUS⁺ | 셋째 날

때로는 숭어도 필요합니다

20세기 영국의 역사가 아널드 토인비는 역사 연구의 기본 단위를 국가나 민족이 아닌 더 포괄적인 문명으로 보았다. 그는 역사의 기본 단위가 되는 문명의 발전과 쇠망을 '도전과 응전의 원리'로 설명했다. 그는 구약 성경의 '욥기'와 괴테의 『파우스트』에 나타나는 신과 악마와의 조우에서 도전과 응전이라는 개념을 얻었다고 한다. 토인비가 도전과 응전의 원리로 역사와 문명의 흥망성쇠를 설명할 때 즐겨 인용하는 예화가 있다.

런던 시민이 좋아하는 요리 가운데 청어 요리가 있는데, 특히 북해에서 잡힌 싱싱한 청어 요리를 좋아한다. 북해에서 잡은 청어를 런던까지 수송하려면 보통 빨라야 2-3일이 걸린다. 그동안 신선도가 떨어져 갓 잡은 싱싱한 청어의 맛을 잃어버리고 만다. 그런데 상인 가운데 유독 한 사람만은 언제나 싱싱하고 팔팔한 청어를 런던 시민에게 공급하여 많은 돈을 벌었다.

그래서 주위 사람들이 그에게 물었다. "당신은 어떻게 북해에서 잡은 청어를 그렇게 싱싱한 상태로 런던으로 가져올 수 있습니까?" 이 질문에 그는 이렇게 답했다. "저는 북해산 청어를 운송할 때 큰 물탱크에 숭어를 두세 마리 집어넣습니다. 그러면 그 숭어가 청어를 잡아먹으려 하기 때문에 청어들은 숭어를 피해 이리저리 도망 다닙니다. 물론 이 가운데 몇 마리는 잡아먹히게 되지만, 청어 대부분은 싱싱한 채로 런던까지 올 수 있게 되지요."

역사와 문명은 힘든 도전에 대한 지혜로운 응전이 있을 때 발전해나간다는 것을 이 비유로 설명한 것이다. 이것은 역사뿐만 아니라, 개인의 삶에도 마찬가지로 적용될 것이다. 인간의 삶에도 때로는 숭어의 역할을 해주는 요인이 필요하다. 만약 어려움이나 고난, 도전이 없다면 우리 인생은 어떤 성장이나 성숙도 기대하기 힘들 것이다. 우리의 삶이 더 창조적이고 생동감이 넘치기 위해서는 숭어 역할을 하는 도전이 필요할 것이다.

때로는 하나님이 우리 인생에 고난과 시련을 허락하실 때가 있다. 물론 이런 고난과 시험이 반갑지만은 않다. 하지만 이런 것을 허락하시는 이유가 우리 인생을 더욱 풍요롭게 하시기 위해서임을 기억해야 한다.

THINK 시련과 역경이 닥칠 때 그것을 어떻게 받아들입니까? 어떤 시련과 역경 중에도 하나님의 선하심과 섭리를 믿고 나아가고 있습니까? 아니면 그런 고난이 당신에게 닥친 것에 좌절만 하고 있습니까?

영적 성장 PLUS+ | 넷째 날

Fail, 실패? 다시!

어느 가장이 실직을 당하고 미래에 대해 두려움과 걱정으로 어깨를 축 늘어뜨린 채 무거운 발걸음을 끌며 집으로 향했다. 현관에 들어서자 게임에 열중하고 있는 아들이 보였다. 평상시 같으면 "너는 왜 공부는 안 하고 게임만 하느냐"고 잔소리를 했겠지만, 그날은 잔소리할 의욕도 없었다. 그저 게임을 하는 아들을 우두커니 바라보았다.

그렇게 보고 있는데 조금 이상했다. 게임에서 져서 'fail'이란 단어가 화면에 나오는데, 아들은 더 신이 난 것처럼 보였다. 그래서 아버지가 물었다.

"너 fail이 무슨 뜻인지 모르니?"

아들이 답했다. "실패했다는 뜻 아니에요?"

그러자 아버지가 다시 말을 이어갔다. "그런데 왜 그렇게 기뻐하니?"

아버지의 반문에 아들은 이렇게 답했다. "에이, 아빠도! 게임에서 실패란 '다시 해보라'는 뜻이잖아요! 새 게임을 할 수 있으니까 얼마나 좋아요!"

아들의 대답에 아버지의 마음에 깊이 다가온 무언가가 있었다. 아버지의 눈에서 그만 왈칵 눈물이 쏟아졌다. '그래, 네가 나보다 낫구나. 네 말처럼 실패는 끝이라는 소리가 아니구나. 다시 한번 해보라는 뜻이구나. 새롭게 시작하라는 뜻이니 오히려 신나는 일이 맞구나. 아빠도 이제 다시 한번 시작해봐야겠다.' 실직해서 낙심했던 아버지는 'fail'에 대한 아들의 이야기를 듣고 용기를 얻었다.

서양 속담에 이런 말이 있다. "인생의 10퍼센트는 어떤 일이 일어났느냐로 결정되지만, 나머지 90퍼센트는 그 일에 어떻게 반응했느냐로 결정된다." 우리 반응이 그만큼 중요하다. 같은 실패를 경험하더라도 어떤 사람은 그것을 좌절로, 어떤 사람은 새로운 도전으로 받아들인다. 그 반응에 따라 다른 삶을 살게 된다. 살다 보면 여러 가지 경험을 하게 되는데, 비록 좌절과 상처 같은 경험을 할지라도 그것을 어떻게 받아들이냐는 우리의 선택에 달려 있다. 자신에게 일어난 일을 다르게 해석하고 다르게 반응할 때 우리는 남다른 삶을 살아갈 수 있다.

> **THINK** 당신이 실패와 좌절을 경험할 때 삶의 모니터에는 어떤 글씨가 쓰입니까? 그리고 당신은 그 글씨를 어떻게 읽습니까? 모든 것에 합력하여 선을 이루어가시는 하나님을 바라봄으로, 오늘 주어진 단어를 다르게 읽고 다르게 쓸 줄 아는 사람이 되기를 바랍니다.

영적 성장 PLUS⁺ | 다섯째 날

동굴이 아니라 터널입니다

이지선 자매의 이야기다. 그녀는 스물세 살 젊은 나이에 불의의 교통사고를 당해 온몸에 화상을 입었다. 몸의 50퍼센트 이상에 3도 화상을 입었고, 의사들은 그녀가 생존할 수 없을 거라고 예상했다. 여러 번 수술을 받아 가까스로 생명은 구했지만, 사고 이전의 모습으로 돌아갈 수는 없었다. 턱이 내려앉고 입이 다물어지지 않았으며, 등이 굽어 척추에 압박 골절이 생겼다. 고개를 들고 앞을 보는 것조차 힘들었다.

이런 현실을 이겨내기 힘들어 그녀는 여러 번 자살을 시도했다. 오빠가 자신을 불타는 차에서 구한 것은 실수였다고 생각했다. 오빠 역시 차라리 발을 동동 구르며 지켜만 보고 있었을 것을, 괜히 동생을 구했다는 후회에 빠졌다. 어느 날 갑자기 찾아온 고난 때문에 그녀는 자신이 꿈꾸던 삶과는 전혀 다른 절망 가운데 살아갈 수밖에 없게 되었다.

하지만 그녀와 그의 가족은 믿음을 잃지 않고, 하나둘씩 어려움을 극복해나가기 시작했다. 그녀는 고통의 끝자락에서 '희망을 전하는 사람'이 되겠다고 다짐했다. 자신과 같은 고통을 당하는 사람들에게 삶은 선물이며 하나님이 주신 소망이라는 메시지를 전하는 사람이 되겠다고 다짐한 것이다.

그래서 그녀는 지난 고통에 대해 이렇게 말한다. "저는 저를 잃음으로써 더 많은 사람을 가슴으로 안을 수 있게 되었습니다. 고난이 아니면 결코 이렇게 될 수 없었을 것입니다." 비록 하나님이 자신에게 고통을 허락하셨지만, 이 과정에서 더 귀한 것을 얻었다는 뜻이다. 그리고 그녀는 이렇게 강조했다. "믿는 사람에게 어둠은 동굴이 아니라 터널입니다."

이지선 자매의 홈페이지에 보면 생일이 둘로 기록되어 있다. 하나는 태어난 날이고, 다른 하나는 사고가 난 날이다. 살다 보면 부득이하게 죽음과 같은 날들을 맞이할 수 있다. 하지만 우리에게는 죽은 자도 살리시는 하나님이 계신다. 그분을 바라본다면, 우리는 죽음과 같은 현실이 죽음이 아니라 또 다른 생일임을 고백할 수 있을 것이다.

 믿는 자에게 어둠은 동굴이 아니라 터널임을 믿습니까? 이 길의 끝에서 우리를 기다리시는 아버지를, 만나게 될 아름다운 여명을 바라봄으로 믿음의 발걸음을 내디딜 줄 아는 사람이 되길 바랍니다.

13과

교회란 무엇인가?

암송 구절 에베소서 4장 3-4절

"평안의 매는 줄로 성령이 하나 되게 하신 것을 힘써 지키라 몸이 하나요 성령도 한 분이시니 이와 같이 너희가 부르심의 한 소망 안에서 부르심을 받았느니라."

암송 구절은 반드시 암송해야 하는 것은 아니지만, 각 과의 핵심 구절이므로 숙지하는 것이 좋습니다. 함께 읽는 정도에서 시작해도 됩니다.

다루게 되는 내용

- 공동체를 주신 이유를 깨닫고 공동체의 소중함에 대해 배운다(1-2번).
- 성령 안에서 하나 됨의 의미를 이해한다(3-4번).
- 교회가 존재하는 목적 세 가지를 정리하고, 각 목적에 부합한 교회가 되기 위한 구체적인 계획을 세운다(5-10번).

마음의 문을 열며

하나님은 우리에게 공동체라는 선물을 주셨습니다. 달리 말하면 우리는 태어나면서부터 어딘가에 소속되도록 지어졌습니다. 따라서 공동체에 대해 배우는 일은 매우 중요합니다. 자신이 속한 공동체를 모르고서는 자신을 이해할 수 없기 때문입니다. 안타깝게도 개인주의가 만연한 이 시대에서는 공동체를 소중히 여기지 못하고 등한시하는 경우가 많습니다. 마더 테레사는 "오늘날 우리가 직면한 가장 무서운 병은 고독이다"라고 말했습니다. 그만큼 공동체가 주는 유익과 기쁨을 누리지 못한 채, 외로이 삶을 살아가며 영적으로나 정서적으로 메말라가는 사람이 많습니다. 당신은 어떻습니까? 얼마나 공동체의 소중함을 인식하고 있습니까? 이 시간에는 하나님이 교회 공동체를 주신 이유를 함께 살펴보려고 합니다. 이 과를 공부하며 함께 공동체에 담겨 있는 가치와 기쁨을 누리기를 바랍니다.

◉ '마음의 문을 열며'를 읽으면서 특별히 와 닿았던 표현이나 구절이 있었는가?
각자 이 부분을 읽으면서 들었던 생각을 나누어보라.

◉ '마음의 문을 열며'에서 하나님이 공동체라는 선물을 주셨다고 했다. 당신은 공동체가 선물이라고 생각해본 적이 있는가?
선물이라는 단어에는 '좋다'는 이미지가 담겨 있다. 선물을 싫어하는 사람은 없다. 선물은 받는 사람을 생각하며 선의의 마음으로 주는 것이기 때문이다. 다만 선물의 소중함을 깨닫고 준 선물을 잘 활용하는 것은 받은 사람의 책임이다. 마찬가지로 하나님은 공동체를 선물로 주셨다. 좋은 것을 주고 싶어 하는 아버지의 마음으로 귀한 것을 선물로 주신 것이다. 안타까운 점은 이런 하나님의 마음을 깨닫지 못하고, 공동체가 주는 유익을 누리지 못하는 경우가 많다는 것이다. 이 시간에는 공동체에 대해, 특히 교회 공동체에 대해 함께 배울 것이다. 공동체라는 선물을 주신 하나님의 마음을 이해하고, 이 선물을 자신의 것으로 가꾸어가도록 노력하자.

말씀의 씨를 뿌리며

공동체를 주신 이유

1. 우리는 공동체 가운데 존재하도록 지어졌습니다. 다음 성경 구절에서 성경에 나타난 공동체의 모습을 살펴봅시다.

> **창세기 2:18(창 1:26-27 참고)** 여호와 하나님이 이르시되 사람이 혼자 사는 것이 좋지 아니하니 내가 그를 위하여 돕는 배필을 지으리라 하시니라.

> **창세기 1:26-27** 하나님이 이르시되 우리의 형상을 따라 우리의 모양대로 우리가 사람을 만들고 그들로 바다의 물고기와 하늘의 새와 가축과 온 땅과 땅에 기는 모든 것을 다스리게 하자 하시고 하나님이 자기 형상 곧 하나님의 형상대로 사람을 창조하시되 남자와 여자를 창조하시고.

🔊 하나님이 사람을 만드시고 사람을 위해 행하신 일은 무엇인가?

돕는 배필을 지어주셨다. 공동체를 주신 것이다. 하나님이 사람을 지으시고 제일 먼저 그를 위해 주신 것이 바로 공동체다. 이런 공동체는 하나님의 속성이기도 하다. 창세기 1장 26-27절을 보면, "우리의 모양대로" 사람을 만들었다고 나온다. "우리"라는 표현에서 하나님의 공동체적 속성과 사람이 공동체 가운데 존재하도록 지어졌음을 알 수 있다.

> **사도행전 2:42** 그들이 사도의 가르침을 받아 서로 교제하고 떡을 떼며 오로지 기도하기를 힘쓰니라.

🔊 사도행전 2장 42절의 배경은 무엇인가?

성령이 임하시고 처음 교회가 세워지기 시작했을 때다. 다시 말하면, 성령님이 임하셔서 신자들이 다시 새롭게 태어난 시기였다. 이들이 초대교회를 세우고 무엇을 했다고 나오는가? 서로 교제하고 떡을 뗐다. 즉 신약교회도 공동체에서 시작되었음을 알 수 있다.

🔊 위의 말씀을 어떻게 정리할 수 있겠는가?

신구약 성경에서 일관되게 나오는 사실은, 사람이 그리고 성도가 공동체 가운데 존재하도록 지어졌다는 것이다. 그만큼 공동체는 우리 삶이나 신앙에서 아주 중요하다.

🔊 당신은 어떤가? 이런 공동체의 중요성을 깨닫고 있는가?

2 당신은 공동체의 소중함을 깨닫고 있습니까? 공동체가 왜 중요하다고 생각합니까?(전 4:9 참고)

> **전도서 4:9** 두 사람이 한 사람보다 나음은 그들이 수고함으로 좋은 상을 얻을 것임이라.

🔊 당신은 공동체가 왜 중요하다고 생각하는가?

각자 이야기를 나누어보라.

> ※공동체가 중요한 이유
> - 공동체는 고독에 대한 하나님의 해답이다. 가장 오래 길을 가는 방법은 함께 가는 것이다.
> - 공동체는 피로에 대한 하나님의 해답이다. 1+1은 그 이상이다. 하나의 눈송이는 무력하나, 많은 눈송이가 뭉치면 교통도 마비시킬 수 있다.
> - 공동체는 패배에 대한 하나님의 해답이다. 우리에게는 모두 약점이 있으며, 하나님은 이를 서로 보완하라고 우리에게 다른 사람들을 허락하셨다.
> - 공동체는 슬픔과 절망에 대한 하나님의 해답이다. 슬픔과 고통 중에 있을 때 다른 사람들이 우리와 함께 울어주는 것만으로도 회복될 수 있다.
> - 공동체는 두려움에 대한 하나님의 해답이다. 어떤 일을 할 때 혼자 하는 것보다 함께할 때 더 큰 용기를 얻게 된다.

🔊 하나님은 우리를 위해 공동체를 주셨다. 우리 각 사람에게 가정, 친구 등 다양한 공동체를 허락하셨다. 특히 교회라는 공동체를 주셨는데, 교회가 어떤 곳인지 함께 배워보도록 하자.

성령 안에서 하나 됨

3 성령님으로 말미암아 그리스도와 성도들이 유기적인 연합을 이루는 공동체를 교회라고 합니다. 그래서 교회는 세상 모임과는 다른 독특한 특징이 있습니다. 그것이 무엇인지 다음 성경 구절에서 찾아보십시오.

> 고린도전서 12:13 우리가 유대인이나 헬라인이나 종이나 자유인이나 다 한 성령으로 세례를 받아 한 몸이 되었고 또 다 한 성령을 마시게 하셨느니라.

🔊 유대인, 헬라인, 종, 자유인을 언급하신 이유와 이를 통해 알 수 있는 사실은 무엇인가?

교회 안에는 차별이 없다는 것이다. 왜 차별이 없는가? 다 같은 성령을 받아 한 몸, 즉 하나의 공동체가 되었기 때문이다. 교회 공동체의 일원이 되는 데는 신분이나 혈통, 그 무엇도 장애 요소가 되지 않는다. 또한 교회 공동체의 구성원이 되었으면, 그 사람의 외적인 조건이 차별이나 구별의 근거가 되어서는 안 된다.

> 교회는 십자가에 못 박히고 부활하신 그리스도 안에 참여함으로 사랑받는 공동체다. 교회는 하나님 나라에 대해 증언하기 위해, 그리스도가 죽기까지 사랑하신 세상을 향한 사명을 성취하기 위해 생겨났다. 따라서 사랑받는 공동체는 사람들을 종족과 계급으로, 고립된 비천한 개인으로 나누는, 즉 얼마나 많이 생산하고 소비하느냐에 따라 가치가 결정되는 사람으로 왜곡하고 격하하는 귀신의 세력과 맞서야 한다. 하나님 나라에 대한 근본적인 충성을 잃어버릴 때 교회는 타락한 권력이 된다. **폴 루이스 메츠거**(Paul Louis Metzger)

> **고린도전서 12:27** 너희는 그리스도의 몸이요 지체의 각 부분이라.

🔊 교회를 무엇이라고 부르는가? 여기서 알 수 있는 사실은 무엇인가?

그리스도의 몸이라고 부른다. 우선 교회의 머리는 그리스도이심을 알 수 있다. 그리스도가 교회의 머리이시라는 의미는 무엇인가? 교회의 주인이 그리스도이시고, 교회는 그리스도의 명령에 순종해야 하며, 그리스도로부터 나오는 힘으로 존재한다는 뜻이다.

🔊 또한 각 성도는 무엇이라고 표현되었는가? 여기서 알 수 있는 사실은 무엇인가?

몸의 지체라고 부른다. 여기서 알 수 있는 것은 우선 성도의 통일성이다. 성도는 한 몸이다. 한 몸이라는 표현은 일반적인 모임이 하나 되었다는 의미보다 더 강한 표현이다. 다리가 아프면 팔도 아프듯이, 성도는 그렇게 연결되어 있다. 둘째는 다양성이다. 성도는 각 지체다. 팔과 다리가 다르듯이 각자의 역할과 모양이 다르게 되어 있다.

> 머리라는 말은 성경에서 두 가지 의미가 있다. '생명의 근원'이라는 뜻과 '궁극적 권위'라는 뜻이다. 우리 사회에서 머리는 보통 권위나 무언가를 책임지고 있는 사람을 가리키지만, 원래 헬라어에서 머리는 '근원' 또는 '기원'을 가리키는 말이었다. 그래서 강물의 근원은 물머리로 불린다. 머리를 생명의 근원으로 생각할 경우, 바울이 에베소서 4장 15-16절에서 사용하는 머리의 의미를 이해할 수 있다. 또한 예수님이 머리이시라는 것은 교회가 그리스도의 권세에 직접 복종해야 한다는 뜻이다. 교회와 그리스도와의 관계는 하나님이 우리 각 사람에게 성령을 통하여 부여하신 특별한 역할을 순종하고 받아들이며 신실하게 완수한다는 뜻이다. 교회의 가장 기본적인 고백은 '예수는 주님이시다'라는 것이다. **그렉 옥던**(Greg Ogden)

> **에베소서 2:19** 그러므로 이제부터 너희는 외인도 아니요 나그네도 아니요 오직 성도들과 동일한 시민이요 하나님의 권속이라.

🔊 에베소서에서는 교회를 무엇이라고 부르는가? 여기서 알 수 있는 사실은 무엇인가?

> 하나님의 권속, 즉 가족이다. 더는 남이나 손님이 아니며, 피를 나눈 한 형제자매같이 친밀한 관계가 되었다는 의미다. 세상 모임은 남들이 모인 모임이라면, 교회는 하나님의 자녀들이 모인 가족과 같은 공동체다.

🔊 교회는 성령 안에서 하나, 한 몸, 한 가족이 된 공동체다. 이런 교회 구성원으로서 우리가 해야 할 일이 있다. 4번 질문을 보라.

---

4 당신은 모든 그리스도인이 성령 안에서 하나 된 존재임을 믿습니까? 성도의 하나 됨을 위해 우리가 해야 할 일은 무엇이라고 생각합니까?(엡 4:2-3, 빌 2:3-4 참고)

> **에베소서 4:2-3** 모든 겸손과 온유로 하고 오래 참음으로 사랑 가운데서 서로 용납하고 평안의 매는 줄로 성령이 하나 되게 하신 것을 힘써 지키라.

> **빌립보서 2:3-4** 아무 일에든지 다툼이나 허영으로 하지 말고 오직 겸손한 마음으로 각각 자기보다 남을 낫게 여기고 각각 자기 일을 돌볼뿐더러 또한 각각 다른 사람들의 일을 돌보아 나의 기쁨을 충만하게 하라.

🔊 성경에서는 교회가 성령 안에서 한 몸 된 공동체라고 말한다. 한 몸 된 공동체의 일원으로서 우리가 해야 할 일은 무엇이라고 생각하는가?

각자의 생각을 나누어보라. 첫째, 유대인이나 헬라인이나 종이나 자유인이나 하나다. 따라서 교회 안에서 성도를 사회적 조건이나 다른 조건들로 구별하고 차별해서는 안 된다. 둘째, 그리스도의 몸이자 지체다. 그리스도 안에서 통일성과 차별성을 인정해야 한다. 각자의 다름을 인정하고, 각 사람이 받은 은사와 생각을 존중하며, 서로 세워갈 수 있어야 한다. 당신의 신체 중 일부에 부족함이 있으면 어떻겠는가? 감싸고 보호하며 낫기를 바라고 애쓰지 않겠는가. 마찬가지로 서로 도울 수 있어야 한다. 셋째, 하나님의 가족이다. 가족끼리는 서로 사랑하게 되어 있다. 이산가족으로 오랫동안 흩어져 있다가도 가족이라는 사실을 확인하면 사랑하게 되어 있다. 하나님의 자녀로서 한 가족이 된 우리는 서로 사랑하고 섬기기 위해 노력해야 한다.

결국 교회를 어떻게 보느냐가 중요하다. 교회를 한 몸과 한 가족으로 보는 사람은 마땅히 그에 맞게 행동하게 되어 있다. 안타깝게도 많은 성도에게 교회가 한 몸, 한 가족이라는 의식이 없다. 그래서 다른 성도들을 대하고 바라보며 행동하는 데 문제가 생기는 것이다.

🔊 교회는 성령 안에서 하나 된 공동체다. 그런데 하나님이 이 땅에 교회를 세우신 목적이 있다. 그것이 무엇인지 계속해서 살펴보자.

교회의 목적

5 우리가 그리스도의 몸인 교회로 부름 받았다는 사실은 너무나 놀라운 축복입니다. 이런 축복을 받은 자로서 우리가 해야 할 일은 몸 된 교회를 바르게 세워가는 것입니다. 이를 위해서 하나님이 교회를 세우신 목적을 바르게 이해해야 합니다. 하나님이 교회를 세우신 첫째 목적은 하나님을 위해서입니다. 이 목적의 의미는 무엇입니까?

> **이사야 43:21** 이 백성은 내가 나를 위하여 지었나니 나를 찬송하게 하려 함이니라.

🔊 이스라엘 백성이 지어진 이유는 무엇인가?

> 하나님을 위해 지어졌다. 교회를 세우신 목적 중 하나는 하나님을 위해서다. 하나님을 위한다는 것을 오해해서는 안 된다. 하나님은 완전하시고 부족함이 없으신 분이다. 우리나 우리가 드리는 무엇인가가 필요한 분이 아니시다. 또한 하나님은 우리의 아버지 되신다. 하나님을 위하는 것은 곧 우리를 위하는 것임을 기억해야 한다.

🔊 그렇다면 하나님을 위해 우리가 해야 할 일은 무엇인가?

> **요한복음 4:23-24** 아버지께 참되게 예배하는 자들은 영과 진리로 예배할 때가 오나니 곧 이때라 아버지께서는 자기에게 이렇게 예배하는 자들을 찾으시느니라 하나님은 영이시니 예배하는 자가 영과 진리로 예배할지니라.

🔊 하나님을 위해서 우리가 해야 할 일은 무엇인가?

> 하나님을 예배하는 것이다. 그렇다면 예배란 무엇인가? 하나님의 하나님 되심을 인정하고 선포하며 그분의 이름을 높이는 것이다. 하나님이 우리

에게 바라시는 것은 하나님이 하나님 되심을 인정하는 것이다. 즉 하나님은 우리가 인생의 주인이 하나님이심을 인정하고 선포하길 바라신다. 따라서 예배는 단순히 공적인 예배에만 국한되지 않는다. 6번 질문을 보라.

6 하나님께 드리는 예배는 단순히 교회에서 드리는 공적 예배로만 국한해서 생각하면 안 됩니다. 로마서 12장 1-2절을 읽고, 하나님께 드려야 할 영적 예배가 무엇인지 알아보십시오.

> **로마서 12:1-2** 그러므로 형제들아 내가 하나님의 모든 자비하심으로 너희를 권하노니 너희 몸을 하나님이 기뻐하시는 거룩한 산 제물로 드리라 이는 너희가 드릴 영적 예배니라 너희는 이 세대를 본받지 말고 오직 마음을 새롭게 함으로 변화를 받아 하나님의 선하시고 기뻐하시고 온전하신 뜻이 무엇인지 분별하도록 하라.

🔊 영적 예배란 무엇을 의미하는가?

우리 몸을 거룩한 산제사로 드리는 것이다. 즉 우리의 삶을 하나님이 기뻐하시는 제물로 드리는 것이다. 삶의 매 순간 하나님이 기뻐하시는 선하고 온전한 뜻이 무엇인지 분별하고, 하나님의 뜻대로 행하려고 노력하는 것이 우리가 드릴 영적 예배다. 하나님이 우리 삶의 주인 되신다고 인정해보라. 하나님의 뜻이 우리 삶에 온전히 실현된다고 생각해보라. 우리 삶은 분명 더욱 귀하고 값진 것으로 채워질 것이다. 하나님을 위한 예배는 곧 우리를 위한 것이기도 하다.

🔊 당신은 어떤가? 하나님을 바르게 예배하고 있는가? 7번 질문을 보라.

7 공적인 예배와 삶에서의 예배를 어떻게 드리고 있는지 점검해보십시오. 두 가지 예배에서 당신은 하나님이 기뻐하실 만한 예배자의 삶을 살고 있습니까? 특별히 부족하다고 느끼는 점은 무엇입니까?

🔊 교회는 성도들의 모임이기도 하지만, 우리 각 사람이 교회이기도 하다. 교회 공동체의 일원이자 교회로서, 당신은 하나님을 얼마나 바르게 예배하고 있는가? 부족하다고 느끼는 점이 있다면 무엇인가?

> 각자 나누어보라. 먼저 공적 예배를 드리는 데 부족한 점은 없는지 살펴보라. 예배를 자주 빠지거나 예배에 집중을 못 하지는 않는가? 삶에서의 예배는 잘 드리고 있는가? 삶에서 얼마나 하나님의 하나님 되심을 인정하는가? 하나님의 뜻을 분별하며 순종하려고 노력하는가?
>
> 한 가지 기억할 점은 공적 예배와 삶에서의 예배가 구분되지 않는다는 것이다. 공적 예배를 드릴 때 받은 은혜로 삶 속에서도 예배자로 설 수 있다. 삶으로 예배드리고자 하는 사람에게는 공적 예배를 잘 드리려는 갈급함이 있을 수밖에 없다.

🔊 교회를 이 땅에 세우신 첫째 목적은 하나님을 위해서다. 둘째 목적은 성도, 교회, 지체를 위해서다. 8번 질문을 보라.

8 하나님이 이 땅에 교회를 세우신 둘째 목적은 성도를 위해서입니다. 이것은 구체적으로 어떤 의미입니까?

> 에베소서 4:11-16 그가 어떤 사람은 사도로, 어떤 사람은 선지자로, 어떤 사람은 복음 전하는 자로, 어떤 사람은 목사와 교사로 삼으셨으니 이는 성도를 온전하게 하여 봉사의 일을 하게 하며 그리스도의 몸을 세우려 하심이라 우리가 다 하나님의 아들을 믿는 것과 아는 일에 하나가 되어 온전한 사람을 이루어 그리스도의 장성한 분량이 충만한 데까지 이르리니 이는 우리가 이제부터 어린아이가 되지 아니

> 하여 사람의 속임수와 간사한 유혹에 빠져 온갖 교훈의 풍조에 밀려 요동하지 않게 하려 함이라 오직 사랑 안에서 참된 것을 하여 범사에 그에게까지 자랄지라 그는 머리니 곧 그리스도라 그에게서 온몸이 각 마디를 통하여 도움을 받음으로 연결되고 결합되어 각 지체의 분량대로 역사하여 그 몸을 자라게 하며 사랑 안에서 스스로 세우느니라.

🔊 교회에 영적인 지도자들(사도, 선지자, 복음 전하는 자, 목사, 교사)을 주신 이유는 무엇인가?

성도를 온전하게 하여 봉사하게 하고 그리스도의 몸을 세우기 위해서다. 온전하게 한다는 것은 그리스도인으로서 온전한 인격을 갖추게 한다는 의미다. 봉사의 일을 하게 한다는 것은 그리스도인으로서 온전한 섬김의 삶을 살게 한다는 뜻이다. 교회에 영적인 지도자를 주신 이유는 바로 온전한 인격을 갖춘 성도가 섬김의 삶을 살도록 인도하고 훈련하기 위해서다. 달리 말하면 교회가 성도들을 훈련하여 온전한 사람으로 만드는 일을 해야 한다는 뜻이다.

🔊 교회를 세운 목적은 성도를 훈련하기 위해서다. 그렇다면 성도인 우리가 해야 할 일은 무엇인가? 교회의 일원으로서 어떻게 훈련받고, 교회에서는 어떻게 훈련해야겠는가? 9번 질문을 보라.

9 당신은 지금까지 교회 내에서 어떤 신앙 훈련을 받아왔습니까? 이 훈련에서 얻은 유익은 무엇입니까? 혹시 부족함을 느껴 좀 더 훈련받고 싶은 부분이 있다면, 그것은 무엇입니까?

🔊 지금까지 교회 내에서 어떤 신앙 훈련을 받았는지, 이런 훈련에서 누린 유익이 있다면 그것은 무엇인가?

각자 받은 훈련이 무엇이었는지, 이를 통해 얻은 유익은 무엇인지 나누어보라. 그리고 부족하다고 느껴 더 훈련해야 하는 부분이 무엇인지도 나누어보라. 지금 하고 있는 모임 역시 좋은 훈련의 자리다. 지난 한 학기 동안 모임에서 누린 은혜와 영적인 유익이 있다면 나누어보라.

🔊 하나님은 그분 자신을 위해, 교회를 위해 그리고 이 세상을 위해 교회를 세우셨다. 10번 질문을 보라.

---

10 교회의 셋째 존재 이유는 세상을 위한 것입니다. 이는 믿지 않는 자들을 위한 하나님의 계획과 관련이 있습니다. 세상을 위한다는 말은 구체적으로 어떤 뜻입니까?

> **사도행전 1:8** 오직 성령이 너희에게 임하시면 너희가 권능을 받고 예루살렘과 온 유대와 사마리아와 땅끝까지 이르러 내 증인이 되리라 하시니라.

🔊 성도에게 성령님이 임하신 이유는 무엇인가? 여기서 알 수 있는 사실은 무엇인가?

우리가 권능을 받고 예루살렘과 온 유대와 사마리아와 땅끝까지 이르러 예수님의 증인이 되게 하기 위해서다. 여기서 권능을 받는다는 것은 통치를 받는다는 의미다. 증인이 된다는 것은 그리스도를 말과 삶으로 증거한다는 뜻이다. 하나님이 우리에게 성령님을 주신 이유는 세상에 복음을 증거하기 위해서다. 그리고 교회는 성령님이 임하심으로 시작되었다. 따라서 교회를 세우신 이유는 바로 세상에 복음을 증거하기 위해서다.

> **마태복음 24:14** 이 천국 복음이 모든 민족에게 증언되기 위하여 온 세상에 전파되리니 그제야 끝이 오리라.

🔊 세상의 종말은 언제 오는가?

복음이 땅끝까지 전파되면 세상의 종말이 온다. 주님은 교회에 세상 끝까지 가서 복음을 전하라는 사명을 주신 것이다.

> 선교하는 교회는 '세상에서 하나님의 선교에 참여하라고 부름 받고 보내졌다는 의미에서, 본질상 선교사 정신으로 창조된 공동체'다. 밴 겔더(Van Gelder)

삶의 열매를 거두며

성령님은 예수 그리스도를 믿는 사람에게 임하셔서 그를 작은 예수로 세우고, 세상 가운데 예수 그리스도의 향기를 드러내십니다. 또 그 작은 예수들을 연합하게 하셔서 그리스도를 머리로 삼은 공동체를 이루게 하십니다. 그 공동체를 통하여 하나님의 뜻이 온 세상에 실현됩니다. 성령 하나님의 놀라운 역사는 지금도 계속되고 있으며, 하나님의 나라는 계속 확장되고 있습니다. 예수 그리스도는 성령님을 통해, 각 사람을 통해 그리고 세계 모든 교회를 통해 그분의 사역을 이루어가십니다. 주님이 다시 오실 때까지 이 일은 계속될 것입니다. 이런 주님의 비전을 위해 당신이 해야 할 일은 무엇이라고 생각합니까?

🔊 교회의 일원으로서 그리고 교회로서 우리는 그리스도의 증인으로 부름 받았다. 이 사명을 이루기 위해 당신이 해야 할 일은 무엇인가?

각자 나누어보라. 무엇보다도 중요한 것은 그리스도의 증인이라는 사명

의식이다. 우리가 믿는 순간 하늘나라로 가지 않는 이유는 이 땅에서 해야 할 일이 있기 때문이다. 즉 우리는 이 땅에 보내심을 받았다. 하나님이 우리를 이 땅에 보내신 이유는 우리를 통해 복음을 증거하고 이 땅에 하나님 나라를 건설하기 위해서다. 내가 지금 속해 있는 가정이나 직장은 우연히 머물게 된 곳이 아니다. 하나님이 나를 그곳에 파송하셨다는 사명 의식을 품을 때 우리 삶은 완전히 달라질 것이다.

영적 성장 PLUS⁺ | 첫째 날

그를 살린 두 마디

현대 선교의 아버지라고 불리는 허드슨 테일러가 중국에서 사역할 때 일이다. 어느 날 그는 자신을 파송한 선교 단체에서 편지 한 통을 받았다. 그가 너무 저돌적으로 선교 사역을 전개한다는 우려의 내용이 담겨 있었다. 그래서 당시 진행하던 프로젝트를 중단하든지 아니면 선교 단체를 탈퇴하라는 이 편지는 한창 열정적으로 사역하던 그에게 큰 실망감을 주었다.

그런데 그에게 더 치명적인 편지 한 통이 날아왔다. 영국에 있던 연인에게서 결별을 알리는 편지가 온 것이었다. '너무 모험적인 생활 방식으로 사는 당신과 일생을 함께하기에는 불안해서 안 되겠다'라는 내용이었다. 이 두 통의 편지로 그는 깊은 절망에 빠졌다. 당시 선교는 물론이고 인생 자체를 포기하고 싶을 정도로 큰 충격을 받았다.

이렇게 마음이 무너져버린 그를 구해준 사람은 윌리엄 번스라는 친구였다. 그는 허드슨을 격려하면서 함께 여행을 떠나자고 권유했다. 그리고 무려 7개월 동안 중국의 이곳저곳을 함께 다니며 허드슨이 재충전하고 회복할 수 있도록 도왔다. 특히 그는 여행 기간에 두 문장을 계속해서 말해주었다고 한다. 그것은 "나는 자네를 믿네"와 "나는 자네를 따라가겠네"였다. 훗날 허드슨은 그때 그의 격려가 없었다면 오늘의 자신은 없었을 것이라고 고백한다.

인생을 살다 보면 크고 작은 어려움과 아픔을 경험할 때가 있다. 그 순간 진정으로 필요한 것은 무엇일까? 우리에게 이길 힘을 주는 것은 다른 무엇도 아닌, 우리를 믿어주고 격려하며 응원해주는 사람일 것이다. 어쩌면 이미 그런 사람을 많이 만났고, 그들이 보여준 따스한 말과 손길이 있었기에 오늘의 우리가 존재하는 것일지도 모른다.

공동체 역시 마찬가지다. 보이지는 않지만 수많은 지체의 수고와 헌신이 있었기에 하나님의 공동체가 존재할 수 있다. 지난 세월 우리에게 힘이 되었던 사람들의 따스한 말과 손길을 다시 한번 돌아보자. 그리고 사랑의 빚을 진 자로서, 다른 사람들에게 따스한 말과 손길을 전할 줄 아는 사람이 되라.

> **THINK** 하나님은 우리를 공동체로 부르셨습니다. 믿는 순간 하나님의 가족이 되는 것입니다. 하나님 가족의 일원으로서 우리는 서로에게 어떤 존재가 되어야 합니까? 오늘 당신의 따스한 말과 손길이 필요한 사람은 누구입니까?

영적 성장 PLUS⁺ | 둘째 날

4 곱하기 7은 27

옛날에 '고집 센 사람'과 '똑똑한 사람'이 있었다. 둘 사이에 다툼이 있었는데 다툼의 이유는 고집 센 사람은 4 곱하기 7을 27이라고 주장하고 똑똑한 사람은 28이라고 주장했기 때문이다. 똑똑한 사람의 입장에서는 답답할 수밖에 없었다. 사실 가당치도 않는 이유로 다투는 것이었다. 결국 할 수 없이 두 사람은 고을 원님을 찾아가서, 시비를 가려줄 것을 요청했다.

고을 원님은 한심스럽다는 표정으로 둘을 쳐다본 후 고집 센 사람에게 말했다. "네가 4 곱하기 7은 27이라 주장했느냐?"

"네, 당연한 사실을 말하는데 글쎄 저 사람이 28이라고 우기지 뭡니까?"

그러자 원님은 다음과 같이 말했다. "27이라 답한 사람은 풀어주고, 28이라 답한 사람은 곤장을 열 대 쳐라!"

고집 센 사람은 똑똑한 사람을 놀리며 그 자리를 떠났고, 똑똑한 사람은 억울하게 곤장을 맞았다. 이번에는 똑똑한 사람이 원님에게 억울하다고 하소연했다. 그러자 원님은 이렇게 대답했다.

"4 곱하기 7은 27이라고 우기는 사람이랑 싸운 네가 더 어리석다. 내 너를 벌해서 지혜를 깨우치게 하려 한 것이다."

고을 원님의 판결을 듣고 어떤 생각이 들었는가? 그는 왜 이런 판단을 내렸을까? 아마도 가능성 있는 사람을 가르치는 것이 낫다고 판단했기 때문일 것이다. 실제 인간관계에서도 이런 경우가 종종 있다. 형과 동생이 다툴 때, 형에게 양보하라고 말하는 경우가 대표적인 예다. 더 성숙하기 때문에, 더 성숙해지라고 양보하라는 것이다. 양보는 잘 모르거나 힘이 부족한 사람이 아닌 성숙한 사람만 할 수 있는 덕목이다. 이 사실을 깨닫고 다른 사람을 좀 더 품어주자고 생각할 때 더 나은 인간관계를 유지할 수 있다. 우리는 모두 부족하고 연약한 존재다. 그래서 서로 상처와 아픔을 주는 경우가 많다. 그래도 하나님이 나를 성숙하게 하시려고 똑같이 연약함이 있는 사람들을 만나게 하셨음을 기억해야 한다.

 하나님은 우리를 성숙하게 하는 도구로 사람과 환경을 사용하십니다. 우리에게 공동체를 허락하신 이유도 이 때문입니다. 그런데 때로는 너무 견디기 힘든 상황이나 사람을 만나게 하실 때도 있습니다. 그럴 때라도 하나님을 신뢰하겠습니까? 자신이 어떤 태도와 자세로 상황이나 사람을 대하는지 점검해보십시오.

영적 성장 PLUS⁺ | 셋째 날

칭찬인 줄 알았습니다

'너 없으니까 일이 안 된다.' 칭찬인 줄 알았습니다. 내가 정말 필요하고 중요한 존재라는 생각에 기분이 좋았습니다. 그러나 내가 없으면 공동체가 무너질 정도로 공동체를 나에게 의존하게 만든 것은 나의 이기적인 만족일 수 있습니다.

'너만 있으면 된다.' 칭찬인 줄 알았습니다. 내가 아주 능력이 많은 사람이라는 생각에 어깨가 으쓱했습니다. 하지만 이것은 독재를 하고 있다는 말일 수 있습니다.

'야! 너 천재구나!' 칭찬인 줄 알았습니다. 기발한 아이디어가 풍부한 똑똑한 사람이라는 생각에 코가 높아졌습니다. 그러나 이것은 다른 사람들을 세워주지 못하고 있다는 말일 수 있습니다.

'시키는 대로 잘하네!' 칭찬인 줄 알았습니다. 내가 말을 잘 듣고 착한 천사와 같다는 생각에 기뻤습니다. 그런데 이 말은 새로운 생각을 하지 못하는, 변화를 두려워하는 사람이라는 뜻일 수 있습니다.

하나님은 우리가 서로 격려하며 세워가길 바라신다. 분명 격려는 우리 삶에 활력을 주고, 우리의 성장을 돕는 중요한 도구가 된다. 따라서 우리는 서로에게 진심 어린 칭찬과 격려를 주고받을 줄 알아야 한다. 다만 우리는 혼자가 아니라 함께할 때 가장 빛나는 존재임을 잊지 말아야 한다.

밤하늘의 별을 보라. 혼자 빛날 때 돋보일 것 같지만, 수많은 별과 함께 빛날 때 더욱 빛나는 것을 보게 된다. 하나님은 아브라함에게 그의 후손이 하늘의 별과 같이 많아질 것이라고 약속하셨다. 우리는 모두 하늘의 별과 같은 존재다. 다만 홀로가 아니라 함께 빛날 때 그 빛이 더욱 아름다워질 것이다. 이는 세상 무리와 다른 하나님 나라의 공동체에만 있는 독특한 힘과 아름다움일 것이다. 홀로 빛나는 데 너무 익숙해져 있지는 않은가? 서로 빛나게 할 줄 아는, 그래서 함께 아름답게 빛나는 존재가 되길 소망한다.

그리스도인은 교회라는 공동체로 부르심을 받았습니다. 그리고 하나님의 공동체는 함께 빛날 때 가장 아름답게 세워져갈 것입니다. 지금까지 공동체의 구성원으로서 당신은 어떤 마음과 자세로 교회를 섬겨왔습니까? 겸손과 섬김으로, 다른 사람들과 협력하여 공동체를 세우고 있습니까?

영적 성장 PLUS+ | 넷째 날

두 고아원 이야기

2차 대전 당시 이탈리아에 있는 작은 도시에 강 하나를 사이에 두고 두 고아원이 있었다. 한 고아원은 연합군의 도움을 받아 시설도 좋고, 영양도 충분하게 공급했다. 하지만 다른 고아원은 시설도 열악하고 기본 영양도 제대로 공급해주지 못했다. 그런데 시설이 좋았던 고아원보다 오히려 시설이 열악한 고아원의 질병 발병률이나 사망률이 낮았다고 한다.

전쟁이 끝나고 몇몇 학자가 이를 연구하는 과정에서 흥미로운 사실을 발견했다. 전쟁이 한창일 때 시설이 안 좋은 고아원에 자기 아이를 잃어버리고 정신이 이상해진 여인이 한 명 들어왔다. 그 여인은 고아원 아이들을 자기 아이로 착각하여 날마다 아이들을 번갈아 안아주고 쓰다듬었다. 이 여인의 존재가 두 고아원의 결정적 차이를 낳았던 것이다.

UCLA에서 조사한 연구 결과에 따르면 육체적, 정신적 건강을 유지하기 위해서 매일 8-10번 정도의 의미 있는 접촉이 필요하다고 한다. 여기서 의미 있는 접촉이란 남편이나 아내, 부모 혹은 가까운 친구들같이 '소중한 사람'과 가볍게 두드리거나 쓰다듬거나 입 맞추거나 포옹하는 것을 말한다. 이런 단순한 접촉만으로도 수용과 확신과 사랑의 느낌을 받을 수 있다고 한다.

환경과 조건은 이 땅을 살아가는 데 아주 중요한 요소다. 그래서 우리는 더 좋은 환경과 조건을 갖추려고 늘 노력한다. 그러나 이것보다 더 소중하고 필요한 것은 내 삶에 관심을 가져주는 한 사람일 것이다. 작아 보이더라도 한 사람의 관심과 격려는 큰 차이를 낳기 때문이다. 이런 차이로 우리 인생은 전혀 다른 방향으로 나아가게 된다.

> 나는 대학에서 미식축구 선수였다. 하지만 체격도 크지 않고 유능한 선수도 아니었다. 게다가 부상도 많이 당했다. 한번은 팔도 부러지고 목게 부상도 입었다. 코는 여섯 번이나 부러졌다. 내가 이런 말을 하면 사람들은 항상 이렇게 묻는다 "그런데 왜 계속하세요?" 오랫동안 대답할 말을 떠올리지 못하다가 어느 날 갑자기 할 말이 생각났다. "만약 가족과 친구들, 관중석에서 나를 응원하고 격려하는 팬들이 없다면 그렇게 힘든 경기를 할 수도 없고 하려고 하지도 않을 겁니다. 그러나 거기에 그들이 있었기에 나는 완벽하게 해낼 수 있었습니다." 톰 말론

 환경과 사람 중 무엇이 더 소중하다고 생각합니까? 공동체는 하나님이 우리 삶을 더욱 풍요롭게 만드시기 위해 주신 선물입니다. 하나님이 주신 공동체의 소중함을 깨닫고, 공동체를 통해 더욱 영적으로 성숙해지는 사람이 되십시오.

영적 성장 PLUS+ | 다섯째 날

더디 가도 괜찮습니다

존 프랭클린은 영국 해군의 제독이자 북극해 일대를 탐사한 탐험가이며, 호주 식민지의 총독을 지낸 인물이다. 또 북극해를 탐사하면서 쓴 책으로 대중의 사랑을 받은 작가이고, 북극을 탐험하다가 생을 마감한 불굴의 도전자이기도 하다. 그의 생을 다룬 스텐 나돌리가 쓴 실화 소설인 『느림의 발견』은 독일 최고 권위의 잉게보르크 바하만 상을 수상할 정도로, 그의 인생은 많은 사람에게 특별한 영감을 주었다.

그런데 이룬 업적과 달리, 그는 대단한 능력을 소유한 사람은 아니었다. 어렸을 때는 말과 행동이 너무 느려, 늘 따돌림의 대상이 되었다. 존처럼 느린 그의 어머니와 바다에 가고 싶다는 존을 바다에 데려가겠다고 약속한 친구 매슈를 제외하고는 아무도 그를 이해하지 못했다. 존은 열 살이 되서도 공도 하나 제대로 잡지 못할 정도로 또래보다 느렸다. 말과 행동이 느린 것은 큰 장애였지만 그는 이것을 극복하지 못했다.

생사가 오가는 전쟁터에서 싸워야 하는 군인이나, 미지의 땅에서 온갖 위험을 헤쳐가야 할 탐험가에게 느림은 추천할 만한 덕목이 아니다. 그런데 느린 대신 그는 모든 사물을 꼼꼼하고 치밀하게 들여다보고 생각하는 습관을 길렀다. 또 어렸을 때 받았던 놀림과 따돌림 때문에 인내심이 길러졌다. 덕분에 그는 여러 어려운 순간을 극복하고, 군인으로서나 탐험가로서 인정받게 되었다.

'시간은 돈'이라는 말처럼 속도는 부를 창출하는 기반이자 경제 성장의 중요한 동력이다. 그러나 속도보다 중요한 것은 방향이다. 때로는 더디 갈 때 더 많은 것을 배울 수 있다. 마치 고속도로를 달릴 때는 보지 못했던 풍경의 아름다움과 자연의 정취를 국도를 달리면서 보고 느끼게 되는 것과 같은 원리다. 인생을 살다 보면, 조금 더디 가야 할 때도 있고, 먼 길을 돌아가야 할 때도 있다. 그 순간 더 빨리 가지 못해 안타까워하기보다는, 느리게 가기 때문에 누릴 수 있는 것들을 만끽하는 것이 좋다. 하나님은 더딤과 느림을 통해 우리를 더욱 아름답게 다듬어가실 것이다.

> 나는 천천히 가는 사람입니다. 그러나 뒤로는 가지 않습니다. 에이브러햄 링컨

 영적 성장과 성숙의 길은 한순간에 이루어지지 않습니다. 지난 시간 영적 성장의 길을 배우게 하신 하나님께 감사하며, 앞으로도 계속해서 배움의 길을 걸어가길 바랍니다. 지속적인 영적 성장을 위해 당신이 해야 할 일은 무엇인지 정리해보십시오.